창업 및 퓨전 음식

황재희 · 정수진

도서출판 효 일
www.hyoilbooks.com

머리말

오늘날 국가의 경쟁력이 높아지고 경제 수준이 향상되면서 국민들의 식생활 및 생활 습관 그리고 환경에도 많은 변화가 일어났다.

특히 건강은 인류 최대 관심사 중의 하나로 최근 사회 흐름 가운데 하나인 웰빙(well-being)에 대한 관심이 고조되면서 미식(味食)을 추구하는 기능 음식이 주류를 이루게 되었고 이에 따라 퓨전음식에 대한 관심 또한 고조되고 있다.

그러나 이와 같은 사회적·학문적 요구에도 불구하고 창업 및 퓨전음식에 관한 체계적인 학습 자료를 구하기가 쉽지 않은 것이 현실이다.

따라서 본 저자들은 이와 같은 환경에서 관련 학습 자료의 절실함을 깨닫고 그간 연구한 자료를 모아 정리하여 보았다.

이 책에서는 현대인들이 바쁜 일상과 스트레스, 운동부족, 각종 공해와 환경호르몬, 인스턴트 식품, 생활리듬의 파괴 등에 시달리면서도 건강한 육체와 정신을 추구하고자 하는 라이프 스타일에 맞춘 음식을 만들어 창업하고자 하는 이들에게 조금이라도 도움을 주고자 작성하였다.

이 책에서는 조리법을 중심으로 내용을 전개하지 않고 식품 종류로 대별하여 조리법을 서술하였다. 즉 곡류음식, 서류음식, 두류음식, 채소류 및 과일류음식, 육류음식, 달걀류 및 우유류음식, 어패류음식, 해초류음식, 버섯류음식, 저장음식(김치류, 젓갈류, 장류, 장아찌류, 부각·튀각류, 식초류, 주류)으로 구분하였다.

이 책이 조리전공 및 식품영양전공 대학생, 영양사, 조리사, 조리 관련 종사자, 주부 및 일반인 등 많은 사람들에게 지침서가 되었으면 하는 바람이다.

끝으로 이 교재가 출간되기까지 열과 성을 다하여 주신 도서출판 효일의 김홍용 사장님과 편집부 여러분, 주위에서 도와주시고 조언을 주신 여러분들께 깊은 감사의 뜻을 전해드린다.

2008년 1월

저자씀

contents

contents

contents

contents

contents

contents

contents

contents

제3장 저장 음식

contents

contents

contents

contents

chapter 1

창업 및 퓨전 음식의 개념

1. 창업 음식
2. 퓨전 음식

1. 창업 음식

창업은 사업체를 만들어 제품과 서비스 등을 제공하여 실질적인 이윤을 추구하며 더 나아가 개인 창업은 사업의 자아를 실현시키는 데 그 의의가 있다. 또한 경제활동을 통하여 인간적인 삶을 영위하며 지역사회와 국가의 경제에 이바지하게 된다.

특히 음식점 창업은 소액투자로 높은 이익을 올릴 수 있는 장점이 있어 많은 사람들이 도전하고 있으며 다른 사업에 비해 순이익 발생률이 높다고 할 수 있다.

보통 일반인들이 음식점을 선택할 때 기준은 그 식당의 메뉴를 보고 방문하게 되나 같은 음식이라도 서비스와 분위기에 따라 만족도가 달라진다. 음식점에서 가장 중요한 세 가지는 음식과 서비스, 분위기라 할 수 있다.

즉 고객은 새로운 것을 추구하고 끊임없이 변화되므로 고객들의 예민한 욕구에 부응할 수 있는 환경이 조성되어야 한다. 다른 음식점과 질적으로 차이가 없다면 절대적으로 성공할 수 없으므로 반드시 고객이 원하는 방향으로 음식의 차별화를 추구하여야 한다.

일반적으로 대부분의 손님들은 알고 있는 음식, 이제 까지 먹어 왔던 요리라는 틀 내에서 좀 더 맛있고 개성 있는 음식을 원하는 것이지 전혀 새로운 것을 먹고 싶어 하지 않는다. 음식은 보수적인 것으로 새로운 메뉴라도 그 바탕은 어디까지나 예전 음식이며 그것을 조금이라도 변화시킴에 따라 개성이 나타난다. 즉 바로 맛의 평준화가 문제이며 작은 차이가 명품을 만든다는 것을 인식해야 한다. 따라서 음식의 개발방법을 다음과 같이 정리해 볼 수 있다.

첫째, 조리법을 개발하여 변화시킨다.

둘째, 조미료 및 양념류의 배합을 변화시킨다.

셋째, 다양한 식재료를 사용하여 조합을 변화시킨다.

넷째, 메뉴의 특징을 살릴 수 있는 식재료를 사용한다.

다섯째, 신선한 계절 및 향토식재료를 사용한다.

여섯 번째, 음식에 맞는 그릇을 선택하고 담는 방법을 연구한다.

결론적으로 메뉴개발의 성공적인 요소는 인간의 오감을 살리는 것으로 오감이란 시각, 청각, 미각, 촉각, 후각의 다섯 가지의 감각을 말하며 보통 음식이라고 하면 맛만 강조되기 쉬우나 오감을 만족시킬 수 있어야 한다고 생각된다.

또한 근래에 와서 웰빙메뉴에 대한 인기가 급상승하고 있으며 웰빙음식을 중시하여 영양과 건강을 강조하다 보니 맛이 뒤떨어지는 경향이 있다. 이 또한 고객들에게 인기가 없고 성공할 수 없으며 웰빙음식의 가치를 향상시키기 위해서는 식재료나 조미료 사용의 배려뿐만이 아니라 음식을 먹어 보고 싶은 욕구가 생기도록 메뉴를 개발해야 한다. 따라서 호응도가 높은 메뉴, 음식과 그릇의 조화 등을 잘 선택하는 것이 필수적이다.

2. 퓨전 음식

퓨전(fusion) 음식이란 음식재료와 조리방법이 혼합된 음식을 말하며 서로 다른 문화권의 식품재료와 조리법이 합쳐진 것이다.

문화와 문화가 만나면서 새로운 음식문화가 발생된 것으로 다양한 문화가 공존하고 있는 미국에서 시작되어 발전했다.

이국적 취향의 문화가 유행하고 성행하면서 사람들이 이국적인 맛에 관심과 흥미를 갖게 되면서 급속도로 번지게 되었다.

이국적인 음식이 발달되고 이에 따라 여러 가지 조리법이 개발되면서 색다른 맛을 원하고 음식의 다양성을 찾는 고객들의 요구에 맞추게 된 것이 바로 퓨전 음식이다.

퓨전(fusion)이라는 말이 용해, 융해라는 뜻을 내포하고 있어 퓨전 음식은 기본적으로 대중적이며 고객중심의 산물이라 할 수 있다. 특히 과학과 산업, 기술의 발달로 인한 세계화 추세에 발맞춰 확산된 문화교류의 결과물이라 할 수 있다.

퓨전 음식은 재료선택의 폭이 넓고 조리방법의 다양성을 활용할 수 있는 복합적인 요리로 조리사들의 잠재된 능력을 십분 발휘할 수 있는 아이템이라 할 수 있다.

그러나 무엇보다 중요한 것은 조화에 있으며, 조리사의 창의력을 중요하게 생각하지만 음식재료와 조리법 사이에 조화가 이루어지지 않으면 오히려 음식재료의 장점을 파괴시키는 결과를 가져오게 된다.

우리나라에서는 일부 카페에서 퓨전 음식이 시작되었으며 점차 발전되고 대중화되어 여러 곳에 퓨전 음식 전문점이 성행하고 있는 실정이다.

chapter 2

음식의 종류

1. 곡류 음식
2. 서류 음식
3. 두류 음식
4. 채소류 및 과일류 음식
5. 육류 음식
6. 달걀류 및 우유류 음식
7. 어패류 음식
8. 해초류 음식
9. 버섯류 음식

1. 곡류 음식

1) 약수영양돌솥밥

재료 및 분량

쌀 $1\frac{1}{2}$컵, 닭살 200g, 수삼 1뿌리, 밤 3개, 대추 3개, 건표고버섯 2개, 은행 4개, 약수 3컵, 술 2큰술, 간장 1큰술, 양념장(간장 2큰술, 깨소금 1작은술, 참기름 1작은술)

만드는 법

(1) 쌀은 씻어 30분 정도 물에 불린 후 건져 놓고, 닭살은 굵게 채 썰어 간장, 후춧가루, 술을 뿌려 간을 한다.

(2) 수삼은 깨끗하게 씻어서 어슷어슷하게 썰고, 은행은 기름 두른 팬에 볶아 속껍질을 벗긴다.

(3) 건표고버섯은 따뜻한 물에 불려 저며 채 썰어 간장, 참기름으로 간을 한다.

(4) 밤은 껍질을 벗겨 반으로 잘라 놓고, 대추는 씨를 빼고 굵게 채 썬다.

(5) 돌솥에 쌀을 안친 후 준비한 재료들을 모두 올리고 약수를 붓는다. 밥물은 보통 밥할 때보다 약간 적게 붓는다.

Tip

인삼에는 수삼, 건삼(수삼을 그대로 말린 것), 홍삼(쪄서 말린 붉은 빛깔의 인삼)이 있다.

2) 녹차영양돌솥밥

재료 및 분량

현미 2컵, 물 3컵, 녹차 2작은술, 불린 표고버섯 2개, 대추 6개, 고구마 약간, 완두콩 약간, 양념장(간장 2큰술, 고춧가루 2큰술, 청주 1큰술, 다진 파 · 다진 마늘 · 참기름 약간)

만드는 법

(1) 녹차에 뜨거운 물을 부어 먼지를 제거한 후 15분 정도 우려 낸다.
(2) 현미를 씻어 채 썬 표고버섯, 대추, 고구마를 함께 혼합한다.
(3) 녹찻물 3컵을 부어 밥을 짓고 뜸이 들 때 찻잎과 완두콩을 얹는다.
(4) 양념장을 만든 후 밥과 같이 곁들여 낸다.

Tip

녹찻물은 물을 끓여 한 김 나간 후 녹차를 넣어 우리면 떫은맛이 나지 않고 단맛이 나서 맛있는 밥을 지을 수 있다.

3) 단호박영양밥

재료 및 분량

단호박(작은 것 4개), 찹쌀 $1\frac{1}{2}$컵, 흑미찹쌀 1/4컵, 대추 8개, 밤 4개, 은행 5개

만드는 법

(1) 씻어 놓은 찹쌀과 흑미는 각각 물에 담가 1시간 정도 불린 후 체에 밭친다. 대추는 씨를 빼고 말아 둥글고 얇게 썰고 밤은 4등분한다.
(2) 은행은 팬에 기름을 두르고 소금을 친 후 볶아 껍질을 벗긴다.
(3) 단호박은 표면을 깨끗이 씻은 후 윗부분을 잘라 뚜껑을 만들고 속을 파 낸다.
(4) 단호박 속에 찹쌀, 흑미와 대추, 밤, 은행을 넣고 물을 부어 단호박 뚜껑을 덮는다.
(5) 압력솥에 물을 붓고 찜틀에 단호박을 얹은 후 센 불에서 끓인다.

(6) 압력솥의 추가 흔들리면 중불로 낮추고 6~8분 정도 찐 후 불을 끈다.

(7) 어느 정도 뜸이 들어 김이 빠지면 단호박영양밥을 꺼낸다.

4) 잡곡밥

재료 및 분량

쌀 2컵, 흑미 1/4컵, 조 1/4컵, 팥 1/2컵, 풋콩 1/2컵, 밤 8개, 고구마 1개, 은행 8개

만드는 법

(1) 쌀은 씻어 30분 정도 불리고 팥은 오랫동안 삶는다.

(2) 밤은 반으로 자르고 고구마는 사방 2cm로 썬다.

(3) 은행은 팬에 기름을 두르고 소금을 친 후 볶아 껍질을 벗긴다.

(4) 쌀을 냄비에 안치고 조, 밤, 고구마, 팥을 넣어 밥을 짓는다.

(5) 밥이 끓어 오르면 저어 주고 풋콩과 은행을 넣어 뜸을 들인다.

Tip

밥을 지을 때 사용하는 솥은 무쇠솥이나 곱돌솥, 압력솥이 좋고 많은 양의 밥을 할수록 구수하고 밥맛이 좋다.

5) 홍합밥

재료 및 분량

홍합살 100g, 쌀 2컵, 양파 1/3개, 소금, 후추, 버터 1작은술, 식용유 1/2큰술, 물 2.5컵, 비빔양념장(간장 2큰술, 물 1큰술, 설탕 1작은술, 다진 마늘 1/2작은술, 고춧가루 1$\frac{1}{2}$큰술, 깨소금 1큰술, 참기름 1큰술, 후춧가루 약간)

만드는 법

(1) 홍합살은 수염을 제거하고 소금물에 씻어 건져 굵게 다진다.

(2) 쌀은 씻어 건지고 양파는 굵게 다진다.

(3) 냄비에 기름과 버터를 두르고 양파를 볶다가 쌀과 홍합살을 넣어 다시 볶는다.

(4) (3)에 소금, 후추로 간을 한 후 물을 부어 센 불에서 끓인 후 한 번 끓어오르면 중불로 줄이고 약불에서 뜸을 들인다.

(5) 충분히 뜸이 들면 그릇에 담고 양념장을 곁들여 낸다.

Tip

볶는 밥은 쌀을 오래 불리면 밥이 고슬하지 않고 질어진다. 부재료로 콩류, 당근, 버섯류를 넣어도 좋다.

6) 굴밥

재료 및 분량

굴 100g, 쌀 2컵, 양파 1/3개, 소금, 후추, 버터 1작은술, 식용유 1/2큰술, 물 2.5컵, 비빔양념장(간장 2큰술, 물 1큰술, 설탕 1작은술, 다진 마늘 1/2작은술, 고춧가루 1$\frac{1}{2}$큰술, 깨소금 1큰술, 참기름 1큰술, 후춧가루 약간)

만드는 법

(1) 굴은 손질하고 연한 소금물에 씻어 건져 굵게 다진다.

(2) 쌀은 씻어 건져 놓고 양파는 굵게 다진다.

(3) 냄비에 기름과 버터를 두르고 양파를 볶다가 쌀과 굴을 넣어 볶는다.

(4) (3)에 소금, 후추로 간을 한 후 물을 부어 센 불에서 끓인 후 한 번 끓어 오르면 중불로 줄이고 약불에서 뜸을 들인다.

(5) 충분히 뜸이 들면 그릇에 담고 양념장을 곁들여 낸다.

Tip

굴은 맹물로 씻으면 단맛과 수용성 성분이 빠져나오므로 연한 소금물에 헹군다.

7) 산마밥

재료 및 분량

마 100g, 멥쌀 1컵, 양념장(진간장 3큰술, 깨소금 1작은술, 참기름 1작은술)

만드는 법

(1) 마는 껍질을 벗겨 30분 정도 물에 담가 아린 맛을 빼고 사방 1cm로 썬다.

(2) 씻어 불린 쌀을 마와 같이 냄비에 넣고 밥을 짓는다.

(3) 양념장을 곁들인다.

8) 콩나물국밥

재료 및 분량

밥 4공기, 콩나물 300g, 무 40g, 쇠고기 200g, 표고버섯 4개, 실파 60g, 홍고추 2개, 고춧가루 2큰술, 다진 마늘 1큰술, 국간장, 소금, 참기름, 후춧가루, 고기양념(간장 3큰술, 다진 마늘 1/2큰술, 다진 파 1큰술, 참기름 1/2큰술, 후춧가루 약간)

만드는 법

(1) 콩나물은 다듬어 씻어 놓고 무는 굵게 채 썬다.

(2) 쇠고기는 채 썰어 고기양념하고 표고버섯은 불려 채 썬다.

(3) 실파는 5cm로 썰고 홍고추는 씨를 제거하고 채 썬다.

(4) 냄비에 양념한 고기를 넣고 볶다가 물 10컵을 붓고 끓인다.

(5) (4)에 콩나물, 무, 표고버섯을 넣고 한소끔 끓으면 밥을 넣고 다진 마늘, 실파, 홍고추, 고춧가루를 넣어 끓인다.

(6) 국밥이 거의 끓으면 국간장, 소금을 넣어 간을 맞추고 참기름을 넣는다.

Tip

콩나물밥을 할 때 쌀 위에 콩나물을 얹고 지으며 콩나물이 물에 잠기지 않아도 김으로 익게 된다. 끓을 때 뚜껑을 열면 비린내가 나므로 충분히 끓인 후 뚜껑을 여는 것이 좋다.

9) 삼색주먹밥

재료 및 분량

밥 5컵, 달걀 1개, 단무지 20g, 우엉조림 30g, 오이 1개, 김 4장, 식초 2큰술, 설탕 2큰술, 소금 1/2작은술, 물 1/2작은술, 소금 · 식용유 · 참기름 · 흑임자 적당량, 촛물(간장 1큰술, 설탕 1/2큰술, 식초 1/2큰술)

만드는 법

(1) 고슬고슬하게 지은 밥에 끓인 촛물을 넣고 버무린 후 참기름을 넣는다.

(2) 오이는 껍질을 돌려 깎고 잘게 다져 소금에 절였다가 물기를 빼고 기름을 두른 팬에 볶는다.

(3) 기름 두른 팬에 달걀을 풀어 소금을 치고 저으면서 익힌 후 칼로 다진다. 단무지도 곱게 다져 볶고 우엉조림은 잘게 다진다.

(4) 달걀과 단무지가 혼합된 노란색, 오이의 파란색, 우엉의 갈색에 밥을 각각 섞어 주먹모양으로 빚는다.

(5) 초밥의 가운데에 김을 길게 잘라 두르고 그 위에 흑임자를 뿌린다.

10) 쌈밥

재료 및 분량

돼지고기(삼겹살) 300g, 낙지 150g, 양파 50g, 당근 40g, 청파프리카 1개, 홍파프리카 1개, 대파 1대, 청양고추 4개, 홍고추 3개, 새송이버섯 3개, 쑥갓 4줄기, 유기농쌈채소 800g, 돼지고기 양념(고추장 2큰술, 정종 2큰술, 고춧가루 2큰술, 된장 2/3큰술, 다진 마늘 $1\frac{1}{2}$큰술, 물엿 · 국간장 · 생강즙 · 후춧가루 약간), 낙지양념(양파즙 1큰술, 다진 마늘 1큰술, 생강즙 1작은술, 고운 고춧가루 $1\frac{1}{2}$큰술, 다시마국물 2큰술, 액젓 적당량, 고추장 3큰술, 간장 1큰술, 참기름 2작은술, 후춧가루 · 설탕 약간)

만드는 법

(1) 돼지고기는 양념장에 무쳐 30분간 재운다.
(2) 양파, 당근, 청파프리카, 홍파프리카는 먹기 좋게 썰고 대파, 청양고추, 홍고추는 어슷어슷하게 썬다.
(3) 쌈채소는 씻어 체에 밭쳐 물기를 빼고 낙지는 끓는 물에 데쳐 먹기 좋게 썬다.
(4) 팬에 기름을 두르고 양파 · 당근의 1/2개, 청양고추, 홍고추를 볶다가 양념한 돼지고기와 대파를 넣고 볶은 뒤 쑥갓을 얹는다.
(5) 팬에 기름을 두르고 나머지 양파, 당근과 청파프리카, 홍파프리카, 버섯을 볶다가 낙지양념을 넣고 볶은 뒤 낙지를 넣어 살짝 볶는다.
(6) 접시에 돼지고기와 낙지볶음을 담고 쌈채소를 곁들여 낸다.

11) 튀김두부비빔밥

재료 및 분량

밥 4공기, 두부 300g, 냉이겉절이 100g, 달걀 1개, 상추 60g, 쑥갓 60g, 부추 30g, 고추장 양념장 적당량, 소금 약간, 녹말가루 6큰술, 튀김기름 적당량

만드는 법

(1) 두부는 2×2cm로 썬 다음 소금을 뿌려 간을 한다.

(2) 간을 한 두부의 물기를 제거하고 녹말가루를 묻힌다.

(3) 160℃의 튀김기름에 (2)의 두부를 넣어 고루 튀긴다.

(4) 밥 위에 튀김두부와 냉이겉절이, 상추, 쑥갓, 부추, 달걀 프라이를 얹고 고추장 양념장을 끼얹어 낸다.

12) 해초비빔밥

재료 및 분량

밥 4공기, 해초 200g, 씀바귀채소겉절이 · 고추장 양념장 적당량, 설탕 2큰술, 식초 2큰술, 깨소금 2작은술, 소금 약간

만드는 법

(1) 해초는 소금물에 씻어 건져 적당하게 썬다.

(2) 식초에 설탕, 깨소금을 넣고 섞은 후 해초를 넣어 버무린다.

(3) 밥에 양념장을 넣고 씀바귀채소겉절이와 양념한 해초를 넣은 후 비빈다.

Tip

비빔밥의 재료는 제철에 많이 나는 나물, 채소류,해초류, 버섯류가 전부 가능하며 부재료에 따라 각기 독특한 맛과 향을 낸다.

13) 새싹채소비빔밥

재료 및 분량

새싹채소(적로메인, 치커리, 신선초, 롤라로사, 비타민, 청경채), 참기름 1작은술, 비빔장(고추장 4큰술, 식초 1큰술, 설탕 1큰술, 참기름 1작은술, 육수 1큰술)

만드는 법

(1) 새싹채소는 씻어 체에 밭쳐 물기를 뺀다.

(2) 그릇에 밥을 담아 참기름을 뿌리고 새싹채소를 올린다.

(3) 비빔장은 따로 상에 내고 싹이 뭉개지지 않도록 젓가락으로 살살 비벼 먹는다.

14) 닭카레라이스

재료 및 분량

닭고기 600g, 카레가루 5인분, 물 5컵, 과일칵테일(통조림) 2컵, 우유 1컵, 양상추 4잎, 완두 1/8컵

만드는 법

(1) 냄비에 물을 붓고 토막 낸 닭고기를 넣고 끓이다가 카레가루를 넣고 끓인다.

(2) (1)에 우유를 넣어 은근히 끓여 맛이 우러나면 불을 끄고 과일칵테일의 건지와 완두를 넣는다.

(3) 오목한 접시에 밥을 담고 양상추를 깔고 닭고기카레와 과일칵테일을 옆옆이 놓는다.

Tip

닭고기는 근육 속에 지방이 섞여 있지 않고 맛이 담백하며 소화, 흡수가 잘될 뿐만 아니라 육질이 연하고 부드러우며 필수아미노산을 많이 갖고 있는 고단백식품이다.

15) 닭고기카레덮밥

재료 및 분량

밥 3공기, 닭고기 400g, 당근 150g, 감자 1개, 양파 1/2개, 셀러리 · 홍피망 1/2개, 완두 2큰술, 월계수잎 1개, 카레가루 5큰술, 육수 2컵, 소금 · 후춧가루 약간씩

만드는 법

(1) 닭고기는 사방 2cm로 썰고 감자, 당근, 양파, 피망은 사방 1cm 크기로 썬다.

(2) 셀러리는 줄기를 벗기고 어슷어슷하게 썬다.

(3) 냄비에 버터를 두르고 닭고기와 각종 채소를 볶다가 카레가루와 육수를 붓고 월계수잎을 넣어 끓인다.

(4) 거의 끓여지면 소금과 후춧가루로 간한다.

16) 시금치연두부덮밥

재료 및 분량

밥 3공기, 시금치 100g, 연두부 1모, 피망 1/2개, 팽이버섯 1봉지, 대파 1대, 다진 마늘 1큰술, 건새우 끓인 물 2컵, 녹말 약간, 식용유, 소금 · 참기름 약간

만드는 법

(1) 시금치는 다듬어 씻어 5cm로 자르고, 피망은 채 썬다.

(2) 팽이버섯은 밑둥을 자르고, 연두부는 사방 1cm로 썬다.

(3) 팬에 기름을 두르고 시금치와 다진 마늘, 어슷어슷하게 썬 파를 볶다가 새우육수를 넣고 끓인다.

(4) 새우육수에 연두부와 팽이버섯을 넣고 끓이다가 참기름과 녹말을 넣고 다시 한 번 더 끓인다.

(5) 그릇에 밥을 담고 시금치소스를 끼얹는다.

17) 산야초초밥

재료 및 분량

밥 3공기, 엄나무순 · 곤달비 · 더덕 · 두릅 · 고사리 적당량, 참기름 · 국간장 · 참깨 약간씩, 초밥용 촛물(간장 1큰술, 흑설탕 1/2큰술, 감식초 1/2큰술), 산야초용 절임양념〈버섯물(표고버섯과 다시마 다린 물) 1큰술, 간장 1/2작은술, 흑설탕 1/4작은술, 감식초 1/4작은술〉

만드는 법

(1) 밥을 고슬고슬하게 지어 한 김 식힌 뒤 촛물을 만들어 고루 섞는다.
(2) 손에 밥을 한 줌씩 쥐어 초밥알 모양을 만든다.
(3) 산야초를 깨끗이 다듬고 더덕은 얇고 넓적하게 썬다.
(4) 팬에 산야초용 절임양념을 끓이다가 고사리, 더덕을 넣어 조린다.
(5) 두릅, 곤달비, 엄나무순은 끓는 물에 데쳐 국간장과 참기름, 참깨를 넣고 각각 무친다.
(6) 밥에 각각의 산야초를 얹어 낸다.

18) 콘필래프

재료 및 분량

쌀 4컵, 옥수수(통조림) 200g, 당근 100g, 양파 1/2개, 건포도 4큰술, 완두 50g, 슬라이스 아몬드 30g, 파슬리 20g, 닭육수 2컵, 소금 약간

만드는 법

(1) 양파, 당근은 사방 0.4cm로 썰고 옥수수는 물기를 건져 놓고 건포도는 불려서 굵게 다진다. 쌀은 씻어 놓는다.
(2) 냄비에 버터를 두르고 양파, 당근을 볶다가 쌀을 넣어 볶는다.
(3) (2)에 닭육수를 붓고 옥수수, 건포도, 소금을 넣고 밥을 짓는다.
(4) 틀에 밥을 넣고 모양을 내어 접시에 담고 아몬드와 파슬리로 장식한다.

19) 새우필래프

재료 및 분량

쌀 2컵, 잔새우 200g, 양송이 6개, 양파 1/2개, 완두 1/3컵, 버터 2큰술, 물 $2\frac{1}{2}$컵, 소금 · 흰후춧가루 약간

만드는 법

(1) 양파는 잘게 다지고 양송이는 도톰하게 썰고 완두와 쌀은 씻어 놓는다.

(2) 새우는 머리, 꼬리를 없애고 껍질을 벗겨 등쪽의 내장을 제거한다.

(3) 버터를 두른 냄비에 양파를 볶다가 쌀을 넣어 볶는다.

(4) 분량의 물을 붓고 소금과 흰후춧가루로 간을 한 다음 손질한 새우, 양송이, 완두를 넣고 밥을 짓는다.

Tip

필래프란 쌀에 고기, 새우, 버터, 양념 등을 넣어 볶은 터키식 음식이다.

20) 새우누룽지탕

재료 및 분량

새우 200g(소금 1/2작은술, 물녹말 2작은술), 완두콩 1/4컵, 누룽지 10조각, 육수 2컵, 물녹말 2큰술, 토마토케첩 3큰술, 소금 1작은술, 설탕 1 큰술, 식초 1큰술, 물 · 식용유 적당량

만드는 법

(1) 새우는 껍질을 벗기고 소금과 물녹말에 재웠다가 볶는다.

(2) 누룽지는 튀기고 완두콩은 끓는 물에 데친다.

(3) 육수 2컵을 끓이다가 토마토케첩과 소금, 식초, 설탕을 넣고 끓인다.

(4) (3)에 물녹말을 풀고 새우와 완두를 섞는다.

(5) 튀겨 놓은 누룽지에 (4)를 끼얹는다.

21) 채소죽

재료 및 분량

쌀 1컵, 굴 200g, 표고버섯 3개, 당근 200g, 근대 100g, 다진 마늘 1/2큰술, 다진 파 1큰술, 소금 · 간장 · 참기름 · 후춧가루 약간

만드는 법

(1) 쌀은 씻어서 30분 정도 물에 불린 후 건져 싸라기로 간다.

(2) 굴은 연한 소금물로 씻어서 물기를 빼 주고 당근은 곱게 다지며, 근대는 곱게 채 썬다.

(3) 표고버섯은 따뜻한 물에 불려 저며 채 썰어 간장, 다진 마늘, 다진 파, 참기름, 후추 등으로 양념한다.

(4) 냄비에 참기름을 두르고 표고버섯, 당근, 근대를 넣고 볶다가 갈아 놓은 쌀을 넣고 충분히 볶은 후 굴과 물을 넣어 은근한 불에서 오랫동안 끓인다.

Tip 죽을 맛있게 끓이려면

- 수분을 충분히 흡수시키기 위해 쌀을 미리 물에 불린다.
- 물의 양은 쌀의 5~7배로 한다.
- 죽을 쑤는 냄비나 솥은 두꺼운 재질의 것으로 범랑이나 뚝배기가 좋다.
- 나무주걱을 사용하며 너무 자주 젓지 않는다.
- 중간 불 이하로 하여 오랫동안 끓이며 죽의 간은 마지막에 맞추어야 죽이 삭지 않는다.

22) 참취나물호두죽

재료 및 분량

참취나물 200g, 호두 10알, 찹쌀 4컵, 참기름 2작은술, 대추 1개, 소금 약간

만드는 법

(1) 찹쌀은 1시간쯤 물에 불려 믹서에 굵게 간다.
(2) 참취나물은 삶아 찬물에 우렸다가 믹서에 간 다음 체에 걸러 즙을 낸다.
(3) 호두는 미지근한 물에 불려 속껍질을 벗긴 후 굵게 간다.
(4) 참기름을 두른 냄비에 찹쌀가루를 볶다가 참취나물즙을 붓고 센 불에서 끓인다.
(5) 끓기 시작하면 갈아 놓은 호두를 넣고 중간 불에서 끓인다.
(6) 푹 퍼지면 소금으로 간을 하고 말아 썰은 대추와 통호두를 고명으로 올려 상에 낸다.

23) 참마현미죽

재료 및 분량

찹쌀현미 1컵, 마 100g, 소금, 참기름 1큰술, 완두 1/3컵, 물 8컵

만드는 법

(1) 찹쌀현미는 잘 씻은 후 10시간 정도 물에 불린다.
(2) 마는 씻어서 껍질을 벗겨 썰고, 완두는 씻는다.
(3) 냄비에 참기름을 두르고 현미찹쌀을 넣고 볶다가 물을 붓고 마와 완두를 넣는다.
(4) 현미죽이 끓으면 불을 줄이고 저으면서 현미찹쌀이 퍼지도록 끓인 다음 소금으로 간을 한다.

24) 멸치죽

재료 및 분량

쌀 2큰술, 멸칫가루 1작은술, 참기름 약간, 물 1컵

만드는 법

(1) 쌀을 씻어 30분 정도 불린 다음 건져 믹서에 간다.
(2) 냄비에 참기름을 두르고 쌀을 넣어 볶다가 분량의 물과 멸칫가루를 넣어 나무주걱으로 저으면서 끓인다.
(3) 끓기 시작하면 불을 줄여 쌀알이 고루 퍼질 때까지 끓인다.

25) 재첩죽

재료 및 분량

재첩 300g, 쌀 1/2컵, 파 썬 것 1큰술, 참기름 1/2큰술, 소금 약간, 물 5컵

만드는 법

(1) 재첩은 옅은 소금물에 담갔다가 건지고 쌀은 씻어 불려 건진다.
(2) 냄비에 재첩과 물을 붓고 국물이 뽀얗게 될 때까지 끓인다.
(3) 냄비에 참기름을 두르고 쌀을 넣고 볶다가 재첩국물을 부어 끓인다.
(4) 쌀알이 퍼지면 소금으로 간을 하고 파를 올린다.

26) 치즈죽

재료 및 분량

쌀 3큰술, 육수 1컵, 치즈 1/2장, 소금 · 참기름 약간

만드는 법

(1) 쌀은 씻어 불려 건지고 치즈는 잘게 다진다.
(2) 데워진 냄비에 참기름을 두르고 쌀을 넣어 볶는다. 쌀이 푹 퍼지면 치즈, 소금을 넣어 간을 하고 살짝 끓인다.

27) 우유굴죽

재료 및 분량

불린 쌀 1/2컵, 우유 1컵, 생굴 100g, 파마산치즈 1작은술, 물 3컵, 소금 약간

만드는 법

(1) 쌀은 씻어 30분 정도 불려 건져 물기를 뺀다.
(2) 생굴은 손질하여 연한 소금물에 2~3번 행군 후 건져 물기를 뺀다.
(3) 냄비에 쌀을 넣고 잠시 볶다가 분량의 물을 넣어 끓인 다음 굴과 우유를 넣고 서서히 끓여 쌀이 충분히 퍼지면 소금간을 한다.
(4) 그릇에 죽을 담고 파마산치즈를 뿌려 예열한 오븐에 10분 정도 넣었다가 꺼낸다.

28) 우유땅콩죽

재료 및 분량

우유 6컵, 불린 쌀 2컵, 땅콩 1컵, 물 4컵, 소금 · 설탕 약간

만드는 법

(1) 땅콩은 껍질을 벗겨 씻어서 충분히 불린 다음 쌀과 함께 믹서에 곱게 간다.

(2) 냄비에 갈아 놓은 땅콩, 쌀과 함께 물, 우유를 붓고 나무주걱으로 저으면서 은근한 불에서 끓인다.

(3) 충분히 퍼지도록 끓여지면 소금이나 설탕으로 간을 한다.

29) 시금치생선죽

재료 및 분량

쌀 1컵, 시금치 200g, 흰살 생선 100g, 물 6컵, 참기름 약간

만드는 법

(1) 쌀은 물에 불려 건져 놓고, 시금치는 끓는 소금물에 데쳐 잘게 썬다.

(2) 흰살 생선은 끓는 물에 삶아 잘게 부순다.

(3) 냄비에 참기름을 두르고 쌀을 볶다가 생선 끓인 물을 넣고 끓인다.

(4) 쌀이 퍼지면 시금치와 생선살을 넣고 푹 퍼지도록 끓인다.

30) 대추죽

재료 및 분량

불린 쌀 4컵, 대추 10개, 물 3컵

만드는 법

(1) 대추는 깨끗이 씻어 냄비에 물 4컵과 함께 푹 삶아 씨를 제거한다.

(2) 믹서에 쌀과 대추를 넣고 간다.

(3) 냄비에 (2)를 넣고 주걱으로 저으면서 끓인다.

(4) 끓으면 불을 줄이고 10~15 분정도 끓여 소금으로 간을 한다.

31) 흑두부죽

재료 및 분량

불린 쌀 100g, 불린 검은쌀 50g, 두부 200g, 애호박 100g, 배추 100g, 참기름 20g, 물 4 ℓ

만드는 법

(1) 불린 쌀, 불린 검은쌀, 애호박, 배추를 각각 곱게 갈고, 두부는 곱게 으깬다.

(2) 냄비에 참기름을 두르고 쌀을 넣어 볶다가 물을 붓고 끓인다. 쌀이 퍼지면 두부, 애호박, 배추 순으로 넣고 끓인다.

32) 게살채소죽

재료 및 분량

불린 쌀 1/2컵, 게살 50g, 시금치 1/2단, 달걀 1개, 당근 1/4개, 표고버섯 2장, 실파 2대, 참기름 · 소금 약간

만드는 법

(1) 쌀은 씻어 충분히 불린 뒤 믹서에 싸라기로 간다.
(2) 게살은 물에 씻어 건지고, 표고버섯은 기둥을 제거하고 저며 채 썬다.
(3) 시금치는 끓는 소금물에 데쳐 건지고, 당근은 잘게 다지고 실파는 송송 썬다.
(4) 데운 냄비에 참기름을 두르고 갈아 놓은 쌀을 넣어 볶은 후 표고버섯, 시금치, 게살을 넣고 볶는다.
(5) 쌀의 5배 정도의 물을 붓고 끓으면 달걀물을 붓고 저으면서 한 번 더 끓인다.
(6) 소금을 곁들여 낸다.

33) 해초죽

재료 및 분량

쌀 1½컵, 파래 15g, 김가루 15g, 마른 미역 10g, 물 11~12컵, 간장 약간, 참기름 약간, 소금 약간

만드는 법

(1) 쌀은 30~40분 정도 불린 후 건져 믹서에 굵게 간다.
(2) 파래는 씻어 물기를 빼고, 미역은 물에 충분히 불려 곱게 다진다.
(3) 냄비에 참기름을 두르고 파래와 미역을 볶다가 쌀을 넣어 볶는다.
(4) (3)에 물을 붓고 나무주걱으로 저어 가며 중간 불에서 30분쯤 끓인다.
(5) 죽이 푹 퍼지면 간장으로 간을 하고 김가루와 깨소금을 뿌린다.

34) 현미수프

재료 및 분량

현미찹쌀 1컵, 현미쌀눈 3큰술, 물 5컵, 국간장 약간

만드는 법

(1) 현미찹쌀은 씻어 1시간 정도 물에 불리고, 불린 물과 함께 믹서에 간다.
(2) 두꺼운 냄비에 현미쌀을 붓고 중불에서 끓이다가 약한 불로 은근하게 끓인다.
(3) 죽이 완성되면 현미쌀눈을 넣고 10분 정도 더 끓인 뒤 국간장을 곁들여 낸다.

35) 옥수수수프

재료 및 분량

옥수수 1/2통(통조림), 양파 1/4개, 버터 $1\frac{1}{2}$큰술, 밀가루 2큰술, 육수 4컵, 소금 · 후춧가루 · 월계수잎 · 다진 파슬리 약간, 우유 $1\frac{1}{3}$컵

만드는 법

(1) 옥수수는 물기를 빼고, 양파는 채 썬다.
(2) 냄비에 기름을 두르고 옥수수와 양파를 볶다가 버터와 밀가루를 넣어 충분히 볶는다.
(3) (2)에 육수를 붓고 월계수잎을 넣어 20분 정도 끓인 후 월계수잎은 건져 내고 한김 나간 후 믹서에 갈아 체에 거른다.
(4) (3)을 냄비에 담고 우유를 넣은 다음 소금, 흰후춧가루로 간을 하여 끓인다.

36) 율무수프

재료 및 분량

율무가루 4큰술, 옥수수수염 끓인 물 2컵, 옥수수통조림 3큰술, 당근20g, 양파 1/4개, 표고버섯 2장, 셀러리 1/2줄기, 소금 약간

만드는 법

(1) 옥수수수염은 깨끗이 씻어 물을 붓고 푹 끓인 후 거즈에 걸러 놓는다.

(2) 당근, 양파, 표고버섯, 셀러리는 잘게 썰어 기름에 볶는다.

(3) 옥수수수염 삶은 물에 율무가루를 풀어 저은 후 채소를 넣고 끓인다.

(4) (3)이 끓으면 옥수수를 넣고 소금간을 한다.

37) 닭칼국수

재료 및 분량

닭 1kg(파 2대, 마늘 4개, 생강 1개), 당근 1/2개, 표고버섯 4장, 호박 1/2개, 양파 1/2개, 밀가루 4컵, 콩가루 1/2컵(소금, 따뜻한 물, 달걀 1개), 다진 파 1큰술, 다진 마늘 1/2큰술, 참기름 1큰술, 깨소금 1작은술, 후춧가루 · 소금 약간

만드는 법

(1) 닭은 내장을 제거하고 깨끗이 씻어 냄비에 물을 붓고 파잎, 마늘, 생강과 함께 넣어 삶아 닭육수를 낸다.

(2) 밀가루와 콩가루에 소금과 달걀을 넣어 익반죽하여 30분 정도 둔다.

(3) 표고는 채 썰어 간장, 설탕에 볶고, 양파는 채 썰어 볶고, 당근도 소금에 절여 볶는다.

(4) 호박은 반달썰기를 하여 소금간을 하고 물기를 제거한다.

(5) 삶은 닭은 살을 찢어 다진 파, 다진 마늘, 소금, 깨소금, 후춧가루, 참기름을 넣어 양념한다.
(6) 반죽은 밀대로 밀어 채를 썬다.
(7) 닭육수를 체에 걸러 끓으면 국수를 넣고 끓인 후 그릇에 담고 준비한 고명을 얹는다.

Tip

- 국수반죽 시 달걀이나 식용유를 넣으면 국수의 면발이 윤기 나고 쫄깃해진다.
- 국수를 반죽하여 밀어 썰 때 덧가루로 밀가루를 많이 쓰면 국물이 걸쭉해지고 탁해지므로 끓일 때 훌훌 털어서 넣는다.

38) 팥칼국수

재료 및 분량

팥 2컵(불린 팥 4컵), 물 20컵, 소금, 설탕, 잣 5알, 호두 2알, 국수반죽(밀가루 2컵, 물 · 소금 · 식용유 적당량)

만드는 법

(1) 팥에 물을 부어 끓인 후 첫물은 버리고 다시 물을 부어 한소끔 끓어 나면 불을 약하게 줄여 오랫동안 삶는다.
(2) 국수는 반죽하여 젖은 헝겊으로 덮어 둔다.
(3) 팥을 비벼 부숴지면 체에 쏟아 주걱으로 으깨어 팥물을 내린다.
(4) 밑에 앙금이 가라앉고 위에 맑은 팥물이 뜨면 맑은 팥물만 냄비에 담고 끓인다.
(5) 팥물이 끓으면 칼국수를 넣어 저으면서 반쯤 익힌 후 가라앉은 팥앙금을 넣고 국수가 완전히 익을 때까지 저으면서 끓인 후 소금, 설탕으로 간을 한다.
(6) 그릇에 담고 잣, 호두를 곁들인다.

39) 허브칼국수

재료 및 분량

밀가루 2컵, 물 1/2컵, 멸치다시마국물 3컵, 홍화 1큰술, 하이비스커스 1큰술, 로즈메리 1큰술, 바질 1/3작은술, 오레가노 1/3작은술, 무 20g, 양파 20g, 호박 20g, 새우 20g, 바지락 20g, 대파 1/3대, 소금 적당량

만드는 법

(1) 밀가루에 홍화, 하이비스커스, 로즈메리, 물, 소금을 넣고 반죽해 냉장고에 두었다가 밀어 가늘게 채 썬다.

(2) 무, 양파, 호박은 채 썰고 대파는 어슷어슷하게 썬다.

(3) 바지락은 소금물에 해감시키고 새우는 손질해 둔다.

(4) 냄비에 물과 멸치다시마국물을 담고 무, 양파, 호박, 새우, 바지락을 넣어 한소끔 끓인다.

(5) 국물에 면을 넣고 바질, 로즈메리, 오레가노, 타임 가루를 넣은 뒤 소금, 다진 마늘로 간을 한다.

(6) 채 썬 대파를 넣고 살짝 끓여 낸다.

Tip

멸치국수장국 만드는 요령으로 장국멸치는 내장을 제거하고 마른 프라이팬에 살짝 볶아 낸 다음 냄비에 물을 붓고 끓여야 비린내가 나지 않는다.

40) 육개장칼국수

재료 및 분량

칼국수 200g, 쇠고기(양지머리) 300g, 쇠고기 등뼈 300g, 오이 4개, 숙주 500g, 소금 4큰술, 설탕 1작은술, 국간장 1큰술, 맛즙 1큰술, 양념장(맛즙 1작은술, 국간장 1큰술, 조림장 1큰술, 고춧가루 2큰술, 다진 파 2큰술, 다진 마늘 1큰술, 참기름 1큰술, 후춧가루 약간), 물 8컵

만드는 법

(1) 냄비에 물을 붓고 쇠고기 등뼈를 넣은 다음 은근한 불에서 국물이 우러날 때까지 끓인다.
(2) 국물에 소금, 설탕, 국간장을 넣어 육수를 끓이고 칼국수는 삶아 놓는다.
(3) 쇠고기 양지는 채 썬 다음 팬에 살짝 볶는다.
(4) 숙주는 깨끗하게 다듬어 끓는 물에 살짝 볶는다.
(5) 오이는 씻어서 6cm로 채 썬 다음 맛즙과 소금을 넣고 절인 다음 꼭 짠다.
(6) 준비한 쇠고기, 숙주, 오이에 분량의 양념장 재료를 넣어 무쳐 둔다.
(7) 육수에 삶은 칼국수를 토렴한 후 쇠고기, 숙주, 오이 양념한 것을 얹는다.

41) 버섯매운탕칼국수

재료 및 분량

칼국수 500g, 생표고버섯 7개, 느타리버섯 70g, 팽이버섯 1봉지, 당근 1/2개, 양파 1개, 쪽파 5뿌리, 청양고추 1개, 홍고추 1개, 후춧가루 약간, 소금 약간, 양념(국간장 2작은술, 고춧가루 2큰술, 다진 마늘 1작은술, 다진 파 2작은술), 국물(다시마 7cm, 모시조개 2팩, 멸치국수장국 4큰술, 물 10컵)

만드는 법

(1) 표고버섯은 저며 채 썰고 느타리버섯은 가늘게 찢고 팽이버섯은 밑둥을 자른다.

(2) 당근과 양파는 6cm로 채 썰고 쪽파도 6cm로 썰며 고추는 어슷썰기 한다.

(3) 해감시킨 조개를 다시마와 함께 끓이고 멸치국수장국을 넣어 맛을 더한다.

(4) 다른 냄비에 물을 붓고 끓여 칼국수를 삶아 놓는다.

(5) (3)의 국물에 채소를 넣어 끓인 후 양념을 풀어 준다.

(6) (5)에 버섯들을 넣고 끓인 후 삶아 놓은 칼국수를 넣어 한 번 더 끓인 다음 후춧가루를 뿌린다.

42) 쑥장국수

재료 및 분량

쑥국수 200g, 쇠고기 200g, 오이 1/3개, 당근 1/3개, 표고 2장, 달걀 1개, 고기양념(간장 1큰술, 설탕 1/2 작은술, 마늘 1/3큰술, 파 다진 것 1/2큰술, 깨소금 · 후춧가루 · 참기름 약간)

만드는 법

(1) 쇠고기 100g은 채 썰어 고기양념을 하고 나머지 100g은 육수를 낸 후 면보자기에 걸러 간장, 소금으로 간을 한다.

(2) 당근은 5cm로 가늘게 채 썰어 볶고, 오이는 5cm로 채 썰어 소금에 절였다가 물기를 짜서 볶는다.

(3) 표고버섯은 저민 후 채 썰어 간장, 설탕, 참기름을 넣고 볶는다.

(4) 달걀은 황백지단을 부쳐 5cm 길이로 채 썬다.

(5) 쑥국수는 삶아 잘 헹군 후 그릇에 담고 준비한 고명을 올린 후 끓인 육수를 부어 준다.

43) 미역냉국국수

재료 및 분량

소면 200g, 미역 15g, 오이 1/3개, 양파 1/4개, 무침양념(국간장 1큰술, 설탕 1큰술, 식초 1큰술, 다진 마늘 1작은술, 실파 송송 썬 것 2큰술, 다진 고추 1큰술, 참기름 1작은술, 고춧가루 1작은술, 통깨 1/2큰술), 국물(육수나 생수 2컵, 국간장 1큰술, 식초 2큰술, 설탕 2큰술, 소금 약간)

만드는 법

(1) 미역은 물에 불려 주물러 씻은 다음 끓는 물에 데친 후 헹궈 물기를 짠다.
(2) 오이는 둥글게 썰고 양파는 채 썬다.
(3) 미역에 오이와 양파 썬 것을 넣고 무침양념으로 무친다.
(4) 분량대로 국물을 만든다.
(5) 냄비에 물을 붓고 끓으면 국수를 펼쳐서 넣고 젓가락으로 젓는다.
(6) 국수가 충분히 끓으면 소쿠리에 쏟아 물에 씻어 건져 물기를 뺀다.
(7) 그릇에 국수를 담고 양념으로 무친 미역과 오이를 올리고 냉국을 붓는다.

44) 장국국수

재료 및 분량

국수 2인분, 팽이버섯 1봉지, 대파 10cm, 콩나물 100g, 북어 30g, 다시마 30g, 장국용 멸치 50g, 물 4컵

만드는 법

(1) 냄비에 물과 다시마, 장국용 멸치를 넣고 끓여 다시물을 만든다.
(2) 팽이버섯은 밑둥을 잘라 내고 씻어서 물기를 빼고 대파는 어슷하게 썬다.
(3) 콩나물은 씻어 물기를 제거하고, 북어는 잘게 찢어서 물에 씻은 후 꼭 짠다.
(4) 다른 냄비에 물을 붓고 끓으면 국수를 넣고 삶아 찬물에 헹궈 건진다.
(5) 다시물에 북어, 콩나물, 팽이버섯을 넣고 끓이다가 국수를 넣어 그릇에 담는다.

45) 잣국수

재료 및 분량

잣 1/2컵, 닭육수 4컵(닭 1/2마리, 파, 마늘, 생강), 쑥국수 200g, 체리 2개, 물 5컵, 소금 약간

만드는 법

(1) 닭 1/2마리를 냉수에 담궈 핏물을 뺀다.

(2) 냄비에 물을 붓고 닭, 파, 마늘, 생강을 넣어 끓인 후 육수물이 충분히 우러나면 고기는 건져 찢어 놓고 육수는 면보자기에 거른다.

(3) 잣은 고깔을 떼어내고 씻어 믹서에 닭육수와 함께 간다.

(4) 끓는 물에 쑥국수를 넣고 끓어 오르면 2~3번의 찬물을 부어 준 후 물에 헹궈 체에 밭친다.

(5) 그릇에 쑥국수를 담고 찢어 놓은 닭고기살과 체리를 얹고 잣국물을 붓는다.

(6) 소금을 곁들여 낸다.

46) 샐러드국수

재료 및 분량

국수(소면) 200g, 달걀 1개, 게맛살 2개, 양상추 2잎, 오이 1/2개, 체리토마토 2개, 크레송, 소금 약간, 소스(다시마국물 5큰술, 케첩 2큰술, 설탕 2작은술, 간장 1큰술, 다진 파 1작은술, 양파즙 1큰술, 깨소금 · 참기름 약간)

만드는 법

(1) 끓는 물에 국수를 넣어 끓어 오르면 3~4회 찬물을 붓고 끓여 헹군다.

(2) 달구어진 팬에 달걀을 풀어 소금으로 간을 하고 젓가락으로 저어 가며 반숙으로 익힌다.

(3) 오이, 양상추는 가늘게 채 썰고, 게맛살은 4cm로 토막을 낸 다음 찢어 놓는다.
(4) 그릇에 국수를 담고 위에 준비한 채소를 얹고 크레송과 체리토마토로 장식한 후 분량의 소스를 곁들여 낸다.

47) 해산물칼국수볶음

재료 및 분량

생칼국수 3인분, 표고버섯 3개, 양배추 9장, 파프리카 1개, 대파 1대, 캔죽순 70g, 해삼 2마리, 새우 9마리, 마늘 3쪽, 식용유 3큰술, 간장 5큰술, 맛술 3큰술, 참기름 3큰술, 물 4큰술, 소금 · 후춧가루 약간

만드는 법

(1) 생칼국수는 끓는 물에 삶아 체에 건져 물기를 빼고, 죽순은 모양을 살려 썬다.
(2) 표고버섯, 양배추, 파프리카는 채 썰고, 대파는 5cm 길이로 채 썬다.
(3) 해삼은 적당한 크기로 자르며, 새우는 꼬리만 남기고 껍질을 벗긴다.
(4) 팬에 식용유를 두르고 뜨거워지면 손질한 새우, 해삼을 넣고 볶는다.
(5) 볶은 재료에 죽순, 표고버섯, 양배추 순으로 넣어 살짝 볶는다.
(6) (5)에 삶아 놓은 면을 넣고 간장, 맛술, 물을 넣어 면이 끊어지지 않도록 나무젓가락을 이용해 센 불에서 재빨리 볶는다.
(7) 소금, 후춧가루로 간을 맞추고 참기름을 넣는다.

48) 국수전골

재료 및 분량

우동국수 300g, 유부 7장, 쇠고기 150g, 모시조개 12개, 팽이버섯 1봉, 표고버섯 10장, 청고추 3개, 홍고추 3개, 미나리 70g, 대파 1대, 육수 8컵, 다진 마늘 1큰술, 국간장 · 후춧가루 · 참기름 약간

만드는 법

(1) 우동국수는 끓는 물에 삶아 건져 사리를 만든다.
(2) 모시조개는 연한 소금물에 담가 해감시킨다.
(3) 육수에 모시조개를 넣고 끓인 후 입이 벌어지면 조개는 건지고 국물을 받친다.
(4) 표고버섯은 불려 채 썰고, 팽이버섯은 밑동을 잘라 내고 씻어 둔다.
(5) 청고추, 홍고추는 어슷하게 썰어 씨를 제거하고 대파도 어슷하게 썬다.
(6) 쇠고기는 얇게 썰어 고기양념을 하고 미나리는 4cm 길이로 썬다.
(7) 전골냄비에 재료를 돌려 담고 육수에 간을 맞춘 후 부어 끓인다.

49) 수란순두부국수

재료 및 분량

생소면 500g(3인분), 순두부 2팩, 멸치국물 5컵(장국용 멸치 300g, 다시마 100g, 마늘 6쪽, 양파 1개), 미역 20g, 달걀 3개, 간장 $1\frac{1}{2}$큰술, 소금 1큰술, 식초 · 후춧가루 약간

만드는 법

(1) 냄비에 물과 멸치국물 재료들을 넣고 끓여 체에 받친다.
(2) 생소면은 끓는 물에 삶아 체에 밭쳐 물기를 빼고 그릇에 담는다.
(3) 국자에 달걀을 넣어 끓는 물에 올려 수란을 만들고 미역은 충분히 불린 후 3cm 길이로 자른다.

(4) 냄비에 멸치국물을 붓고 간장, 소금, 후춧가루로 간을 맞춘 다음, 미역과 순두부를 넣고 살짝 더 끓인다.
(5) 소면을 그릇에 담고 간을 한 국물과 미역, 순두부를 올리고 수란을 얹는다.

50) 쌀국수볶음

재료 및 분량

쌀국수 300g, 돼지고기 180g, 당근 1/3개, 양파 1개, 대파 1대, 마늘 4개, 청피망 1개, 홍피망 1개, 다진 생강 2작은술, 참기름 1큰술, 돼지고기 양념(간장 3큰술, 녹말가루 6큰술, 청주 $1\frac{1}{2}$큰술, 후춧가루 약간), 양념장(간장 6큰술, 두반장 6큰술, 설탕 1큰술, 물녹말 3큰술, 청주 6큰술, 육수 $1\frac{1}{2}$컵, 소금 약간)

만드는 법

(1) 끓는 물에 삶아 건진 쌀국수를 찬물에 헹궈 건진다.
(2) 돼지고기는 곱게 채 썰어 돼지고기 양념장에 무쳐 놓고 당근, 양파, 피망, 대파는 5cm로 곱게 채 썰고 마늘은 편으로 썬다.
(3) 뜨거워진 팬에 기름을 두르고 마늘, 생강, 대파를 볶다가 양념한 돼지고기를 볶으면서 당근과 양파, 양념장을 넣고 볶는다.
(4) (3)에 쌀국수와 피망을 넣어 거의 볶아지면 참기름을 둘러 마무리한다.

Tip

쌀을 주원료로 만든 쌀국수는 쉽게 붇지 않고 쫀득거리며 밀국수보다 열량이 낮고 소화가 잘되어 다이어트 식품으로 좋다.

51) 우동볶음

재료 및 분량

우동 400g, 쇠고기 채 썬 것 200g, 냉동새우 8마리, 표고버섯 4개, 숙주 200g, 청 · 홍 피망 각각 1개, 우스터소스 2큰술, 녹말가루 1큰술, 설탕 · 참기름 약간

만드는 법

(1) 우동은 체에 넣어 끓는 물을 끼얹는다.
(2) 기름을 팬에 두르고 채 썬 고기를 넣고 볶는다.
(3) 우스터소스, 녹말가루, 설탕, 참기름을 섞어 약한 불에 조린다.
(4) (2)에 새우, 포고버섯, 숙주, 우동을 차례로 넣은 후 (3)의 소스를 조금씩 부어가며 볶는다.
(5) 마지막에 채 썬 피망을 넣어 살짝 한 번 볶은 뒤 참기름으로 마무리한다.

52) 유부카레우동

재료 및 분량

우동국수 200g, 다시마물 2컵, 간장 1큰술, 미림 1큰술, 카레가루 1큰술, 전분가루 1/2큰술, 유부 100g, 실파 5줄기, 소금 약간

만드는 법

(1) 실파와 유부를 6cm 길이로 썰어 놓고, 우동국수는 끓는 물에 삶는다.
(2) 다시마물, 간장, 미림, 소금을 넣고 끓이다가 카레가루를 적당히 푼다.
(3) (2)에 전분가루, 유부, 실파 등을 넣어 끓이다가 삶은 우동국수를 넣는다.

53) 어복쟁반

재료 및 분량

양지머리 600g, 표고버섯 10개, 느타리버섯 400g, 배 1개, 메밀국수 3사리, 쑥갓 200g, 젓 1큰술, 녹두 1컵, 메추리알 5개, 양념장(간장 3큰술, 다진 파 2작은술, 다진 마늘 1작은술, 깨소금 1작은술, 참기름 1작은술, 고춧가루 약간)

만드는 법

(1) 끓는 물에 양지머리와 대파, 통마늘을 넣고 삶아서 편육과 육수를 만든다.

(2) 표고버섯은 미지근한 물에 불려 채 썰고, 느타리버섯은 끓는 물에 데쳐 가늘게 찢는다.

(3) 녹두는 곱게 갈아 소금간을 하여 얇게 부친 후 적당하게 썬다.

(4) 메추리알은 삶아 껍질을 벗기고, 냉면은 삶아서 사리를 만들고 배는 채 썬다.

(5) 큼직한 놋쟁반 가운데에 양념그릇을 놓고 준비한 재료들을 돌려 가며 담고 간을 한 육수를 붓는다.

54) 도토리쟁반국수

재료 및 분량

도토리냉면 400g, 편육 200g, 새우 300g, 쑥갓 150g, 래디시 6개, 당근 1개, 오이 1개, 배 1개, 깻잎 25장, 상추 10잎, 깨소스 A(볶은 깨 4큰술, 육수 1/2큰술, 식초 5큰술, 다진 마늘 2큰술, 설탕 3큰술, 겨자 갠 것 1/2작은술), 깨소스 B(볶은 깨 4큰술, 육수 1/2컵, 참기름 1작은술, 다진 파 2큰술, 소금 1/2 작은술)

만드는 법

(1) 도토리냉면은 끓는 물에 삶아 냉수에 건져 소쿠리에 담는다.

(2) 편육은 얇게 썰어 놓고 새우는 내장을 제거하고 껍질을 벗겨 소금, 청주를 넣고 삶아 건진다.

(3) 쑥갓은 4cm로 썰고, 래디시는 둥글고 얇게 썬다.

(4) 당근, 오이, 배, 깻잎, 상추는 1×4cm로 썰고 배는 설탕물에 담갔다가 건진다.

(5) 모든 재료를 옆옆이 색스럽게 담고 깨소스를 만들어 올린다.

Tip

물에 담가 쓴맛과 떫은맛을 제거한 도토리녹말로 묵을 쑤어야 맛이 있다.

55) 쟁반국수

재료 및 분량

메밀국수(삶은 것) 300g, 사태 600g(파잎 2대, 마늘 4개), 오이 1개, 당근 1/2개, 쑥갓 50g, 상추 50g, 깻잎 50g, 배 1/2개, 양념장(고춧가루 2큰술, 고추장 2큰술, 간장 1큰술, 설탕 3큰술, 식초 3큰술, 통깨, 육수 1컵, 겨자 갠 것 2큰술, 참기름 · 대파 · 다진 마늘 약간)

만드는 법

(1) 오이, 당근은 5cm로 토막 낸 다음 도톰하게 썬다.

(2) 상추, 깻잎은 굵게 썰고, 쑥갓은 다듬어 5cm 길이로 썬다.

(3) 배는 채 썰어 연한 설탕물에 담갔다가 건진다.

(4) 냄비에 파잎, 마늘, 사태를 넣고 삶아 납작하게 썰어 편육으로 만들고 육수는 체에 거른다.

(5) 분량대로 양념장을 만든다.

(6) 메밀국수를 삶아서 건진 다음 체에 밭쳐 물기를 뺀다.

(7) 접시에 메밀국수, 편육, 각종 채소를 돌려 담고 양념장을 곁들인다.

Tip

국수는 삶는 방법에 따라 맛이 결정되는데 강한 불에서 국수가 뭉치지 않도록 펼쳐 주면서 넣고 끓이다가 넘칠 듯이 끓어 오르면 찬물을 한 컵 붓고 이것을 3~4번 정도 반복하면 탄력을 유지하면서 속까지 균일하게 익게 된다.

56) 조갯살편수

재료 및 분량

밀쌈피(밀가루 2컵, 끓는 물 1/4컵, 찬물 1/4컵, 소금 약간), 조갯살 400g, 양파 1/2개, 배춧잎 4잎, 파 다진 것 2큰술, 다진 마늘 1큰술, 다진 생강 1작은술, 깨소금 1큰술, 참기름 1/2큰술, 소금 · 후춧가루 · 식용유 · 국간장 · 육수 적당량, 초간장(간장 1큰술, 식초 1큰술, 물 1큰술, 설탕 1/4작은술)

만드는 법

(1) 밀가루에 물, 소금을 넣어 반죽한 후 젖은 행주로 30분간 감싸 둔다.
(2) 반죽을 지름이 8cm되게 얇게 밀어 만두피를 만든다.
(3) 조갯살은 연한 소금물에 씻고 손질하여 잘게 다진다.
(4) 배추는 잘게 썰어서 식용유에 소금, 후춧가루로 간을 하여 볶는다.
(5) 다진 조갯살, 볶은 배추, 다진 양파, 다진 생강, 다진 파, 다진 마늘, 깨소금, 참기름, 소금을 넣어 고루 섞어 소를 만들어 만두를 빚는다.
(6) 육수를 끓이고 국간장으로 간을 하여 냉장고에 넣어 차게 만든다.
(7) 냄비에 물이 끓으면 만두를 넣고 삶아 냉수에 건져 그릇에 담고 찬 육수를 부어 준다.

57) 메밀쌈

재료 및 분량

메밀가루 2컵, 쇠고기 350g, 오이 1/2개, 당근 1/2개, 무 1/3개, 표고버섯 4개, 쪽파 100g, 다진 파 1/2큰술, 다진 마늘 1/2큰술, 깨소금 1작은술, 고기양념(간장 2큰술, 설탕 1큰술, 다진 마늘 1/2큰술, 다진 파 1큰술, 참기름 1작은술, 깨소금 1작은술, 후춧가루 약간)

만드는 법

(1) 쇠고기, 표고버섯은 채 썰어 고기양념을 한 다음 팬에 각각 볶는다.

(2) 오이는 껍질을 벗기고 채 썰어 소금에 살짝 절여 꼭 짠 다음 참기름에 볶는다.

(3) 당근도 채 썰어 참기름에 볶고, 무는 채 썰어 소금에 절였다가 참기름을 넣고 볶다가 파, 마늘, 깨소금으로 간을 한다.

(4) 메밀가루에 물과 소금을 넣어 잘 풀어 준 후 체에 거른다.

(5) 팬에 기름을 두르고 메밀가루 반죽을 한 수저씩 떠 넣어 약한 불에서 8cm 정도로 둥근 모양으로 지져 낸다.

(6) 준비해 놓은 재료를 메밀전에 넣고 둥글게 싸서 삶은 쪽파잎으로 묶고 초장을 곁들여 낸다.

58) 밀전병말이

재료 및 분량

반죽(밀가루 6컵, 소금 약간, 시금치 국물 2컵, 달걀 2개), 표고버섯 150g(간장 4작은술, 설탕 2작은술), 오이 2개(소금 1작은술, 설탕 1작은술), 당근 150g(소금 약간)

만드는 법

(1) 기본 밀가루와 시금치국물, 당근즙의 각각에 달걀, 소금을 넣어 반죽하여 삼색을 만든다.

(2) 표고버섯은 채 썰어 양념하고 오이는 채 썰어 소금에 절여서 가볍게 물기를 짜고 당근도 채 썬다.

(3) 오이, 당근, 표고버섯 순으로 볶고 팬에 밀전병을 얇게 부친다.

(4) 밀전병에 각각의 재료를 놓고 말아서 2cm 길이로 썬다.

59) 오징어먹물스파게티

재료 및 분량

오징어먹물스파게티 250g, 오징어 3마리, 새우살 50g, 오징어먹물 30g, 마늘 5개, 토마토페이스트 3큰술, 화이트와인 1컵, 다진 파슬리 1큰술, 올리브오일 3큰술, 소금 · 후춧가루 약간

만드는 법

(1) 오징어는 내장을 제거하고 껍질을 벗긴 후 오징어 안쪽에 칼집을 넣고 2×4cm로 썬다.

(2) 새우는 내장을 빼고 껍질을 벗겨 손질한다.

(3) 마늘은 편으로 썰어 뜨거워진 팬에 올리브오일을 누르고 볶아 향을 낸다.

(4) (3)에 오징어, 새우살, 다진 파슬리를 넣고 볶다가 화이트와인을 뿌린 후 토마토페이스트를 넣어 볶는다.

(5) 오징어먹물스파게티면은 끓는 물에 넣어 삶아 체에 밭쳐 건진다.

(6) 스파게티면 삶은 물에 오징어먹물을 넣어 먹물소스를 만들고, 스파게티면을 넣고 볶으면서 소금, 후춧가루로 간을 한다.

(7) (6)에 삶아 건진 스파게티면을 넣어 섞어 접시에 담는다.

Tip

오징어먹물은 특별한 영양가는 없으나 항암작용 및 항균작용이 있어 오늘날 인기가 많다. 먹물을 가진 어류로는 오징어, 문어, 쭈꾸미 등이 있다. 오징어 등을 먹물이 들어 있는 통째로 삶거나 찌든지 또는 국수, 수제비, 파스타 등 각종 음식에 첨가하여 섭취할 수 있다.

60) 찹쌀버섯말이

재료 및 분량

찹쌀가루 2컵, 표고버섯 4개, 느타리버섯 100g, 석이버섯 30g, 애호박 1개, 쇠고기 400g, 달걀 2개, 소금 약간, 물 적당량, 쇠고기 양념(간장 2큰술, 다진 파 1큰술, 다진 마늘 1/2큰술, 참기름 1큰술, 설탕 2작은술, 청주 2작은술, 후춧가루 약간)

만드는 법

(1) 표고버섯은 곱게 채 썰고, 느타리버섯은 끓는 소금물에 데친 후 가늘게 찢어 놓는다. 석이버섯은 뜨거운 물에 불려 이끼를 제거하고 곱게 채 썬다.

(2) 채 썬 표고버섯, 느타리버섯, 석이버섯은 팬에 기름을 두르고 소금간을 하여 각각 볶는다.

(3) 쇠고기는 6cm로 채 썰어 양념장에 무쳐 볶는다. 애호박은 5cm로 채 썰어 소금에 절인 후 물기를 제거하고 팬에 기름을 두르고 볶는다.

(4) 찹쌀가루에 소금을 넣어 뜨거운 물로 익반죽하여 민 다음 얇고 네모지게 모양을 만든다.

(5) 데워진 팬에 기름을 두르고 노릇노릇하게 지진다.

(6) 찹쌀전병에 준비한 재료를 가지런히 얹어 김밥 싸듯이 꼭꼭 만다.

(7) 말아 놓은 것을 6cm 크기로 썰어 접시에 담는다.

Tip

찹쌀가루 반죽 시 노랑(단호박), 주황(당근), 분홍(백년초), 녹색(오이) 등의 색깔을 물들일 수 있다.

61) 자장소스스파게티

재료 및 분량

시금치 스파게티국수(시금치 삶은 것 40g, 밀가루 2컵, 식용유 2큰술, 소금 약간), 대파 1대, 맛살 50g, 시금치 데친 것 40g, 버터 · 식용유 적당량, 달걀노른자 1개, 소스(자장 1큰술, 돼지고기 다진 것 50g, 양파 다진 것 30g, 마늘 다진 것 1큰술, 풋고추 작게 썬 것 1큰술, 붉은 고추 작게 썬 것 1큰술, 대파 썬 것 30g, 육수 3/4컵, 설탕 1/2큰술, 간장 약간, 식용유 적당량)

만드는 법

(1) 시금치의 일부는 삶아 곱게 다져 밀가루, 소금, 식용유와 섞어 반죽한다.

(2) 반죽을 밀어 스파게티국수로 썰어 끓는 물에 삶아서 건진다.

(3) 기름을 두른 팬에 스파게티국수를 볶는다.

(4) 남아 있는 시금치는 4cm 길이로 썰고 맛살도 4cm 길이로 가늘게 찢는다.

(5) 오목한 팬에 식용유를 두르고 다진 양파, 다진 마늘을 볶다가 다진 돼지고기를 넣고 볶는다.

(6) 간장과 자장을 넣고 볶다가 육수를 부어 끓이면서 고추, 대파를 넣고 끓여 소금과 후추로 간을 한다.

(7) 접시에 스파게티국수 볶은 것을 담고 맛살, 시금치, 대파를 얹은 후 소스를 끼 얹고 달걀노른자를 뿌린다.

62) 명란젓알스파게티

재료 및 분량

스파게티 250g, 명란젓 2알, 치즈가루 3큰술, 올리브오일 5큰술, 마늘 4개, 당근 1/2개, 건고추 약간, 화이트와인 1/2컵, 소금 · 후춧가루 약간

만드는 법

(1) 스파게티는 끓는 물에 삶아 건져 뜨거울 때 치즈가루와 올리브오일을 뿌려 버무린다.
(2) 마늘, 당근, 건고추는 곱게 채 썰고 명란젓은 명란의 껍질을 벗기고 알알이 만든다.
(3) 뜨거워진 프라이팬에 올리브오일을 두르고 마늘과 건고추를 볶다가 당근과 명란을 넣어 볶으면서 화이트와인을 뿌려 향을 낸다.
(4) (3)에 (1)의 스파게티면을 넣고 볶으면서 소금, 후춧가루로 간을 한다.

63) 생크림치즈라면

재료 및 분량

라면 2개, 파프리카 1개, 표고버섯 4개, 당근 1/2개, 양파 1개, 식용유 적당량, 생크림치즈 소스(버터 1큰술, 마늘 1/2큰술, 달걀 2개, 가루치즈 5큰술, 생크림 1/2컵, 소금 · 흰후춧가루 약간)

만드는 법

(1) 파프리카, 당근, 양파는 씻어 가늘게 채 썬다.
(2) 식용유를 두른 팬에 양파, 당근, 표고버섯을 넣어 볶다가 파프리카를 넣어 살짝 볶으면서 소금으로 간을 한다
(3) 냄비에 버터를 두르고 마늘을 넣어 볶다가 가루치즈, 생크림, 달걀을 넣고 잘 섞고 소금과 후춧가루로 간을 한다.
(4) 라면을 삶아 찬물에 헹궈 물기를 없애고 소스와 채소를 같이 넣어 섞는다.

64) 자장면그라탱

재료 및 분량

인스턴트자장면 4개, 양파 2개, 당근 1개, 브로콜리 200g, 피자치즈 400g, 식용유 적당량

만드는 법

(1) 브로콜리는 송이로 잘라 끓는 소금물에 데쳐 헹구고 양파, 당근은 채 썬다.
(2) 팬에 기름을 두르고 브로콜리, 양파, 당근을 볶아 소금으로 간을 한다.
(3) 면을 삶아 익으면 수프를 넣어 자장면을 만든다.
(4) 그라탱 그릇에 볶은 채소와 자장면을 섞어 담은 후 다진 피자치즈를 고루 뿌려서 220℃의 예열된 오븐에서 굽는다.

65) 중국식볶음우동

재료 및 분량

우동면 2개, 당근 150g, 양파 1/2개, 중국부추 1단, 표고버섯 5장, 양념(굴소스 4큰술, 설탕 1큰술, 청주 2큰술), 참기름 2큰술, 물 1컵, 후춧가루 약간

만드는 법

(1) 당근과 양파는 가늘게 채 썰고, 중국부추는 씻어 5cm 길이로 썬다.
(2) 표고버섯은 따뜻한 물에 불려 기둥을 제거하고 채 썬다.
(3) 데워진 팬에 기름을 두르고 당근, 양파, 표고버섯을 센 불에서 볶은 후 굴소스, 청주, 설탕으로 만든 양념을 넣어 한 번 더 볶는다.
(4) (3)에 우동면과 중국 부추를 넣고 한 번 더 볶다가 후춧가루와 참기름을 넣어 간을 한다.

66) 라면카레치즈구이

재료 및 분량

라면 1개, 양파 1/2개, 양배추 4잎, 청피망 1/2개, 홍피망 1/2개, 슬라이스 치즈 3장, 다진 마늘 1큰술, 카레가루 1큰술, 다진 파슬리 1/2큰술, 샐러드유 · 소금 · 후춧가루 적당량

만드는 법

(1) 끓는 물에 라면을 삶고 피망, 양파, 양배추는 먹기 좋게 채 썬다.
(2) 피자치즈는 슬라이스치즈를 선택하여 적당하게 채 썬다.
(3) 데워진 팬에 샐러드유 또는 버터를 두른 후 다진 마늘을 볶다가 카레가루, 피망, 양파, 양배추 등을 넣고 함께 볶는다.
(4) (3)에 라면을 넣고 소금, 후추로 간을 한다.
(5) 구이용 그릇에 볶은 라면을 담고 썰어 두었던 치즈를 올린 후 다진 파슬리를 뿌리고 오븐이나 전자레인지에 치즈가 녹을 때까지 굽는다.

67) 쌀피자

재료 및 분량

쌀가루 6컵, 달걀 1개, 우유 1컵, 대추 100g, 밤 60g, 잣 60g, 땅콩 50g, 감 2개, 은행 60g, 치즈 300g, 소금 1큰술, 물엿 200g

만드는 법

(1) 쌀가루로 반죽하여 피자껍질을 만들어 파이그릇에 맞추어 깔고 그 위에 소스를 바른다. 치즈는 채 썰어 놓는다.
(2) 밤은 삶아 곱게 으깨고, 은행은 프라이팬에 볶아 반으로 가른다.
(3) 대추, 감은 채 썰고 땅콩은 으깨어 놓고 잣은 다듬어 놓는다.
(4) 피자껍질 위에 모든 재료를 가지런히 얹고 치즈를 뿌린 후 오븐에서 구워 낸다.

68) 파스타

재료 및 분량

참치통조림 150g, 양파 1/2개, 마늘 4쪽, 파마산치즈 100g, 생크림 $1\frac{1}{2}$컵, 우유 1/2컵, 파스타 250g, 올리브오일 · 소금 · 후추 적당량

만드는 법

(1) 참치는 물기를 제거한 후 짜놓고, 양파와 마늘은 손질하여 다진다.

(2) 데워진 팬에 올리브오일을 넣고 마늘, 양파를 볶아 향을 낸다.

(3) (2)에 참치를 넣고 센 불에서 볶은 후 중불로 낮추고 생크림, 우유를 넣고 졸이다가 소금간을 한다.

(4) 파스타는 물에 소금을 넣어 삶아 물기를 제거한 후 소스에 버무려 치즈를 뿌린다.

69) 김치파스타

재료 및 분량

김치 300g, 참치통조림 150g, 양파 1/2개, 마늘 4쪽, 파마산치즈 200g, 생크림1컵, 우유 1/2컵, 파스타 250g, 올리브오일 · 소금 · 후추 적당량

만드는 법

(1) 김치, 양파, 마늘은 손질하여 다지고 참치는 물기를 제거한 후 꼭 짠다.

(2) 데워진 팬에 올리브오일을 넣고 마늘, 양파를 볶아 향을 낸 후 참치를 넣고 센 불에서 볶는다.

(3) (2)에 김치를 넣고 중불로 볶다가 생크림과 우유를 넣고 조린 후 소금간을 한다.

(4) 파스타는 물에 소금을 넣어 삶아 물기를 제거한 후 (3)에 버무려 치즈를 뿌린다.

70) 알팔파메밀묵무침

재료 및 분량

메밀묵 400g, 알팔파 50g, 참깨소스(간장 4작은술, 식초 2작은술, 설탕 2작은술, 통깨 2작은술)

만드는 법

(1) 메밀묵은 3×6cm로 썰고, 알팔파는 씻어 물기를 뺀다.

(2) 분량의 재료를 혼합하여 참깨소스를 만든다.

(3) 접시에 메밀묵을 담고 알팔파를 올리고 소스를 뿌린다.

Tip

알팔파는 서양에서 매우 인기가 있는 허브의 일종으로 항암작용, 항산화작용이 있으며 육류와 함께 섭취하면 콜레스테롤의 수치를 낮추어 주고 배변촉진, 간장보호, 다이어트에 효과가 있다.

71) 떡탕수육

재료 및 분량

가래떡 400g, 파프리카 1개, 토마토 4개, 양파 1/2개, 설탕 2작은술, 식초 2큰술, 간장 1작은술, 녹말 1작은술, 물 1컵

만드는 법

(1) 5cm 길이로 썬 떡을 반으로 잘라 팬에서 천천히 굽고 양파, 토마토, 파프리카는 6등분한다.

(2) 물에 설탕, 간장, 식초를 넣어 끓이다가 양파와 토마토를 넣어 끓인다.

(3) (2)에 녹말을 풀어 국물을 걸쭉하게 만든 후 파프리카를 넣는다.

(4) 구운 떡 위에 뜨거운 탕수를 붓는다.

72) 오징어링부추빈대떡

재료 및 분량

오징어(작은 것) 2마리, 부추 150g, 양파 1/2개, 풋고추 1개, 붉은 고추 1개, 밀가루 1/2컵, 부침가루 1컵, 달걀 1개, 다시마국물 1/3컵, 깨소금 1큰술, 소금 · 식용유 적당량

만드는 법

(1) 오징어의 몸통은 껍질째 1cm 두께의 링으로 썰고 다리는 씻는다. 끓는 물에 소금을 넣고 오징어다리와 오징어 링을 넣어 함께 삶는다.

(2) 오징어다리, 양파, 부추는 잘게 썰어 달걀과 부침가루, 깨소금을 넣어 다시마국물로 반죽한다.

(3) 오징어 링 안쪽에 밀가루를 묻힌다.

(4) 식용유를 두른 팬에 오징어 링을 하나씩 얹어 굽다가 반죽을 한 순가락씩 채워 넣는다.

(5) 오징어 링 부침을 뒤집기 전 풋고추와 붉은 고추를 곱게 채 썰어 고명으로 올려 지진다.

73) 샌드위치도시락

재료 및 분량

슬라이스식빵 8쪽, 오이 1개, 감자 400g, 당근 150g, 완숙달걀 4개, 적채 50g, 햄 40g, 완두콩(통조림) 50g, 소금 · 후춧가루 · 마요네즈 · 버터 적당량

만드는 법

(1) 오이는 길이로 반을 자른 후 어슷하게 썰어 소금에 절이고, 감자는 삶아 체에 내린다.

(2) 당근은 소금물에 삶아 얇게 썰고, 적채는 채 썰어 소금에 절인 후 물기를 뺀다.

(3) 햄과 완숙달걀은 얇게 썰고, 식빵은 각각 한쪽면에 버터를 바른다.
(4) 오이, 감자, 당근, 적채, 완두콩에 마요네즈, 소금, 후춧가루를 넣어 샐러드를 만든다.
(5) 식빵 사이에 샐러드, 햄, 달걀을 평평하게 얹고 맞붙여 준다.
(6) 샌드위치는 가장자리를 정리하고 원하는 모양으로 자른다.

74) 옥수수치즈구이

재료 및 분량

옥수수(통조림) 300g, 당근 40g, 완두콩 40g, 마요네즈 4큰술, 피자치즈 60g

만드는 법

(1) 옥수수는 마른 행주나 종이 타월에 싸서 물기를 제거한다.
(2) 사방 0.5cm로 썬 당근과 완두콩은 소금물에 데쳐 낸 뒤 물기를 뺀다.
(3) 옥수수, 당근, 완두콩은 마요네즈에 버무린다.
(4) (3)에 피자치즈를 얹어 오븐 또는 전자레인지에 3분간 굽는다.

Tip

치즈는 감자, 버섯, 토마토, 빵, 포도주와 잘 어울리며 수분이나 향에 따라 가루로 만들거나 조각을 내어 곁들이면 좋다.

삼색밀전병

삼색만두

새싹채소비빔밥

수란순두부국수

약수영응돌솥밥

쟁반국수

채소죽

닭칼국수

2. 서류 음식

1) 감자수프

재료 및 분량

감자 4개, 베이컨 1줄, 파슬리 3개, 양파 1/2개, 브로콜리 약간, 생크림 3큰술, 버터 2작은술, 월계수잎 · 소금 · 후추 약간

만드는 법

(1) 다진 감자와 양파를 버터를 두른 팬에 넣고 볶다가 물(육수)을 넣고 끓인다.

(2) 파슬리 줄기와 월계수잎을 육수에 넣고 끓인 후 믹서에 간다.

(3) (2)를 냄비에 넣고 다시 끓인 후 불을 끄고 소금, 후추, 생크림으로 간을 한다.

(4) 데친 브로콜리 송이는 잘게 자르고 베이컨도 잘게 썰어 수프 위에 얹어 낸다.

2) 감자오이수프

재료 및 분량

감자 600g, 오이 $1\frac{1}{2}$개, 양파 1개, 육수(물) 1.2ℓ, 생크림 30cc, 버터 30g, 레몬 1개, 소금 · 후춧가루 약간, 잣가루 약간

만드는 법

(1) 껍질을 벗긴 감자와 양파는 손질하여 반달모양으로 썬다.

(2) 오이는 씻어 길이로 반을 자른 후 반달모양으로 썬다.

(3) 뜨거워진 냄비에 버터를 두르고 감자와 양파를 넣어 볶은 후 오이를 넣어 다시 볶는다.
(4) (3)에 육수를 붓고 채소를 넣고 약한 불에 서서히 끓인다.
(5) 채소가 충분히 익으면 식혀 믹서에 갈아 채에 밭쳐 거른다.
(6) (5)에 생크림을 넣어 소금과 후춧가루로 간을 한다.
(7) 수프를 그릇에 담고 레몬즙을 뿌리고 잣가루를 얹는다.

3) 감자국

재료 및 분량

쇠고기 100g, 감자 1개, 양파 1/2개, 애호박 1/2개, 표고버섯 3장, 물 6컵, 고추장 3큰술, 대파 1/2개, 다진 마늘 1큰술, 소금 · 국간장 · 후춧가루 약간

만드는 법

(1) 껍질을 벗긴 감자와 호박은 사방 2cm로 도톰하게 썬다.
(2) 양파와 표고버섯도 사방 2cm로 도톰하게 썰고 쇠고기는 납작하게 썬다.
(3) 냄비에 물을 붓고 쇠고기를 넣어 끓이다가 고추장을 풀고 손질한 감자, 호박, 양파, 표고버섯을 넣고 끓인다.
(4) 감자가 충분히 익으면 어슷어슷하게 썬 대파, 다진 마늘, 후춧가루를 넣고 국간장과 소금으로 간을 한다.

4) 감자수제비

재료 및 분량

감자 3개, 밀가루 3컵, 달걀물 2큰술(달걀, 소금, 따뜻한 물), 호박 1/2개, 당근 1/2개, 표고버섯 5장, 달걀 1개, 양파 1/3개, 마늘 1큰술, 장국용 멸치 15마리, 물 8컵, 소금 · 간장 · 후춧가루 약간

만드는 법

(1) 껍질을 벗긴 감자를 강판에 갈아 체에 밭쳐 물기를 빼고 면보자기에 싸서 다시 한 번 꼭 짠다.

(2) 밀가루에 (1)을 넣어 버무리고 따뜻한 물과 소금, 달걀물을 넣고 반죽한다.

(3) 양파, 당근은 채 썰고 호박은 반달썰기하여 소금에 절인 다음 물기를 제거한다.

(4) 표고버섯은 채 썰어 간장, 설탕을 조금 넣어 버무린다.

(5) 호박, 당근, 표고버섯은 팬에 기름을 두르고 볶아 내고 달걀은 황백으로 지단을 부쳐 채 썬다.

(6) 멸치를 손질하여 멸치국물을 내어 끓으면 반죽을 얇게 펴서 한입 크기로 떼어 끓인다.

(7) (6)에 마늘, 소금, 간장을 넣어 간을 맞추고 한소끔 끓어 오르면 냉수를 약간 부어 다시 끓인 뒤 당근, 표고버섯, 양파, 호박을 넣는다.

(8) 대접에 (7)을 담고 달걀지단을 고명으로 얹는다.

Tip

- 감자수제비의 변형으로 녹차 우린 물에 삶아 으깬 감자, 팔마산치즈, 소금, 후춧가루, 식용유를 그릇에 넣어 고루 섞어 반죽하여 녹차수제비를 만들 수 있다.
- 녹차 외에 백년초, 치자, 비트, 당근 등의 즙을 낸 후 반죽에 섞어 다양한 색깔의 수제비를 만들 수 있다.
- 수제비 반죽 시 녹말가루를 섞으면 쫄깃하고 더 매끈거린다.
- 수제비는 얇게 떼어 넣을수록 보기도 좋고 맛이 있다.

5) 감자토마토조림

재료 및 분량

알감자 300g, 토마토 1개, 간장 3큰술, 케첩 3큰술, 우스터소스 3큰술, 소금 · 후추 약간

만드는 법

(1) 냄비에 알감자를 넣어 충분히 삶아지면 불을 약하게 하여 간장, 케첩, 우스터소스, 소금, 후추를 넣어 조린다.

(2) 거의 익으면 토마토 잘게 썬 것을 넣고 살짝 끓여 준다.

6) 감자막가리만두

재료 및 분량

감자 5개, 돼지고기 200g, 부추 50g, 감자녹말 2큰술, 소금 약간, 고기양념(간장 1작은술, 다진 파 1작은술, 다진 마늘 1/2작은술, 깨소금 1/2작은술, 참기름 1/2작은술, 후추 · 소금 약간)

만드는 법

(1) 껍질 벗긴 감자는 강판에 갈아 건지와 녹말앙금을 얻는다.

(2) 부추는 씻어 송송 썰고 돼지고기는 다져 양념한다.

(3) 감자건지와 녹말앙금, 감자녹말, 소금을 섞어 반죽하여 만두피를 만든다.

(4) (3)의 만두피에 (2)의 소를 넣어 만두를 빚는다.

(5) 찜통에 젖은 면보자기를 깔고 빚어 놓은 만두를 찐다.

Tip

- 찜 요리 시 반드시 증기가 오른 후 재료를 넣는다.
- 찌는 도중 뚜껑을 자주 열면 잘 쪄지지 않는다.

7) 감자팬케이크

재료 및 분량

감자 100g, 달걀 50g(1개), 우유 100g, 생크림 5g, 밀가루 10g, 통조림체리 30g, 식용유 약간

만드는 법

(1) 껍질 벗긴 감자는 채 썰어 냉수에 헹군다.
(2) 달걀, 우유, 밀가루에 소금, 후춧가루로 간을 하여 팬케이크 반죽을 만든 후 감자를 섞는다.
(3) 팬에 식용유를 두르고 감자반죽을 반 국자씩 떠 얹어 얇게 펴 감자 팬케이크를 만든다.
(4) 얇게 썬 체리를 생크림과 버무려 팬케이크 위에 얹고 김밥처럼 돌돌 말아 적당한 크기로 썬다

8) 감자브로콜리치즈구이

재료 및 분량

감자 4개, 브로콜리 100g, 양파 1개, 소시지 80g, 치즈 2장, 각종 소스(케첩 · 칠리소스 · 핫소스 ·양겨자 적당량)

만드는 법

(1) 깨끗이 씻은 감자의 밑부분을 1cm 정도 남기고 반을 자른다.
(2) 감자를 종이에 싸서 전자레인지나 찜통에 넣어 익힌다.
(3) 브로콜리는 작은 송이로 썰어 끓는 소금물에 데쳐 찬물에 헹군다.
(4) 양파는 채 썰어 볶고, 소시지는 둥글게 썰고, 치즈도 채 썬다.
(5) 감자 안쪽에 원하는 소스를 바르고 양파, 브로콜리, 소시지, 치즈를 얹는다.

9) 고구마스낵

재료 및 분량

밤고구마(중) 4개, 달걀 2개, 우유 3큰술, 밀가루 1½컵, 흑임자 1/2컵, 소금 · 식용유 적당량

만드는 법

(1) 찜통에 찐 밤고구마는 껍질을 벗기고 뜨거울 때 체에 내린다.

(2) (1)에 밀가루, 달걀, 흑임자, 소금, 우유를 넣어 되직하게 반죽한 후 얇게 민다.

(3) 반죽을 모양틀에 찍어 160℃ 기름에서 두 번 바삭하게 튀겨 낸다.

10) 고구마케첩조림

재료 및 분량

고구마 3개, 돼지고기 300g, 땅콩 30알, 브로콜리 100g, 녹말 1/2컵, 달걀 1개, 토마토케첩 1컵, 설탕 3큰술, 육수 5큰술, 물녹말 2큰술, 소금 · 후춧가루 · 간장 · 식용유 · 참기름 적당량

만드는 법

(1) 고구마는 껍질을 벗겨 세모지게 썰어 기름에 두 번 튀긴다.

(2) 돼지고기는 납작하게 썰어 간장, 후춧가루, 생강즙에 양념한 후 녹말가루와 달걀을 넣어 되직한 튀김반죽에 묻혀 기름에 두 번 튀긴다.

(3) 땅콩도 기름에 살짝 튀긴다.

(4) 팬에 토마토케첩, 설탕, 육수(물)를 넣고 한소끔 끓으면 물녹말을 약간 넣어 걸쭉해지면 참기름을 넣는다.

(5) 튀긴 고구마, 돼지고기, 땅콩을 (4)의 소스에 골고루 묻혀 그릇에 담는다.

(6) 브로콜리는 소금물에 데쳐 찬물에 헹구고 먹기 좋은 크기로 쪼갠 후 소금, 후추, 참기름에 무치고 소스에 버무린 튀긴 고구마, 돼지고기, 땅콩 위에 올려 장식한다.

11) 곤약과일국수

재료 및 분량

실곤약 300g, 양상추 3장, 배 1/2개, 파인애플(통조림) 2개, 복숭아(통조림) 3조각, 키위 2개, 바나나 1/2개, 방울토마토 5개, 소스(오렌지주스 1/3컵, 설탕 1큰술, 물녹말 적당량)

만드는 법

(1) 실곤약은 끓는 물에 삶아 찬물에 헹궈 건진다.

(2) 냄비에 오렌지주스와 설탕을 넣어 끓이다가 물녹말을 넣어 걸쭉하게 되면 불을 끈다.

(3) 양상추는 적당하게 찢고 배, 복숭아, 키위, 바나나, 파인애플은 한입 크기로 썰고 방울토마토는 씻는다.

(4) 접시에 양상추를 깔고 과일들을 올리고 실곤약을 얹어 소스를 끼얹어 비빈다.

Tip

곤약은 끓는 물에 식초를 넣고 데친 후 사용하면 곤약 특유의 냄새를 없애고 부드럽게 요리할 수 있다. 곤약은 95%가 수분으로 구성되어 포만감을 주며 변비예방 및 다이어트에 좋다. 곤약과일샐러드, 곤약인절미, 곤약비빔면, 실곤약잡채 등으로 쓰인다.

12) 곤약잡채

재료 및 분량

곤약 300g, 감자 2개, 양파 1/2개, 당근 1/2개, 풋고추 5개, 쇠고기 100g, 마늘 3쪽, 통깨 · 간장 약간, 정종 1큰술, 후춧가루 · 참기름 · 식용유 적당량

만드는 법

(1) 곤약은 깨끗이 씻어 길게 채 썬다.

(2) 감자는 껍질을 벗기고 채 썰어 물에 씻고 소금에 살짝 절인 다음 물기를 뺀다.

(3) 양파, 당근, 풋고추도 채 썰고 쇠고기는 결대로 채 썰어 간장, 설탕, 다진 파, 다진 마늘, 깨소금, 후춧가루, 참기름에 버무려 재워 놓는다.

(4) 데워진 팬에 식용유를 두르고 곤약, 감자, 양파, 풋고추, 당근, 쇠고기를 차례로 볶아 간장, 설탕, 참기름, 깨소금을 뿌려 간을 하여 버무린다.

13) 곤약채소조림

재료 및 분량

곤약 300g, 감자 1개, 양파 1개, 당근 1/2개, 아스파라거스 300g, 소금 약간, 조림양념(간장 4큰술, 정종 3큰술, 멸칫물 2컵, 설탕 2큰술, 마늘즙 2큰술, 생강즙 1큰술, 설탕 2큰술, 물엿 2큰술)

만드는 법

(1) 곤약은 냉수에 1시간 이상 담가 쓴맛을 우려내고 먹기 좋은 크기로 썬다.

(2) 감자와 당근은 껍질을 벗겨 밤알크기로 썰어 모서리를 다듬는다.

(3) 아스파라거스는 단단한 줄기와 뿌리부분을 잘라 내고 알맞은 길이로 썬다.

(4) 끓는 물에 소금을 약간 넣고 감자와 당근, 아스파라거스를 넣고 데친다.

(5) 분량의 간장에 정종, 설탕, 물엿, 멸칫물, 마늘즙, 생강즙을 섞어 조림양념을 만든다.

(6) 조림양념을 냄비에 담고 곤약을 넣고 끓여 간이 배면 감자와 당근을 넣고 조리다가 토막 낸 양파와 아스파라거스를 넣고 조린다.

14) 참마피만두

재료 및 분량

쇠고기 200g, 돼지고기 200g, 알로에 20cm, 참마 100g, 소금 $1\frac{1}{2}$큰술, 솔잎 100g, 식용유 1큰술, 생강 약간, 물 적당량

만드는 법

(1) 갈아 놓은 쇠고기와 돼지고기에 물을 조금씩 부으면서 잘 갠다.
(2) (1)에 기름, 생강, 소금을 넣고 끈기가 생기도록 치댄다.
(3) 알로에는 잘게 썰어서 물기를 닦아 내고 기름을 넣고 버무린 후 고기와 섞는다.
(4) 참마는 갈아서 물을 붓고 전자레인지에서 5분쯤 가열하여(또는 찜통에 찐다.) 뜨거운 물과 밀가루를 넣어 반죽한다.
(5) 만두피가 완성되면 소를 넣고 만두를 빚는다.
(6) 솥에 깨끗이 씻은 솔잎을 깔고 만두를 올려 약 15분간 쪄 낸다.

Tip

참마는 산약이라고도 하며 디아스타제라는 소화효소가 많아 소화가 잘되며 끈적끈적한 뮤신이라는 점액질이 있어 자양강장제로도 쓰인다. 참마는 즙이나 샐러드, 국, 전, 볶음, 조림, 튀김, 산적 등 다양한 조리로 이용할 수 있다.

15) 참마샐러드

재료 및 분량

마 1/2뿌리(100g), 키위 1개, 딸기 12개(120g), 양파 1/3개, 강낭콩 2큰술, 치커리 60g, 매실젤리(한천 불린 것 1/3컵, 물 1/3컵, 매실 또는 매실장아찌 3개, 설탕 1큰술), 생크림소스(마요네즈 3큰술, 생크림 1큰술, 레몬즙 1큰술, 설탕 1/2큰술, 소금 약간)

만드는 법

(1) 마는 씻어서 껍질을 벗기고 먹기 좋은 크기로 썬다.

(2) 딸기는 옅은 소금물에 씻은 후 2등분하고 키위는 반달모양으로 썬다.
(3) 양파는 작은 것으로 동그랗게 썰고 강낭콩은 삶아 건진다.
(4) 양파 썬 것과 치커리는 냉수에 담가 건져 놓는다.
(5) 마요네즈와 생크림, 설탕, 레몬즙, 소금을 섞어 소스를 만든다.
(6) 불린 한천에 물을 붓고 매실장아찌즙과 설탕을 넣어 반으로 줄도록 끓여 굳힌 다음 썰어 준다.
(7) 샐러드 그릇에 위의 재료들을 담고 소스를 뿌린다.

16) 마전병

재료 및 분량

마 200g, 달걀 1개, 당근 1/3개, 밀가루 5큰술, 피망 1/2개, 소금 1작은술, 김 2장

만드는 법

(1) 마는 껍질을 벗겨 강판에 갈고 피망은 곱게 다진다.
(2) 당근은 곱게 다져 뜨거운 물에 데쳐 찬물에 헹궈 물기를 뺀다.
(3) 갈아 놓은 마와 다진 당근, 피망, 달걀, 밀가루, 소금을 섞어 반죽을 만든다.
(4) 팬이 뜨거워지면 기름을 두르고 한 수저씩 떠 넣고 구운 김을 부수어 얹어 지진다.

17) 마즙국

재료 및 분량

참마 300g, 된장 3큰술, 파래김 약간, 다시마국물 3컵

만드는 법

(1) 다시마국물을 끓여 된장을 풀고 한소끔 끓인 뒤 불을 끈다.
(2) 참마는 껍질을 벗기고 강판에 간다.

(3) 젓가락을 2개를 돌려 가며 강판에 간 참마를 엉겨 붙게 해 국그릇에 담고 뜨거운 국물을 부은 다음 파래김을 띄운다.

18) 산마즙

재료 및 분량

산마 300g, 메추리알 2개, 채 썬 김 · 소금 · 식초 약간

만드는 법

(1) 산마는 껍질을 벗기고 약간의 촛물에 담가 놓았다가 강판에 갈아 소금으로 간을 한다.

(2) 작은 찻잔에 갈아 놓은 산마를 담고 메추리알을 깨서 넣고 채 썬 김을 얹는다.

19) 마버섯찜

재료 및 분량

마 200g, 새송이버섯 2개, 송이버섯 2개, 은행 10알, 대추 4개, 설탕 1큰술, 참기름 4큰술, 소금 2큰술

만드는 법

(1) 껍질을 벗긴 마를 믹서에 갈고 은행은 볶아 속껍질을 제거한다.

(2) 새송이버섯, 송이버섯은 굵게 채 썰고 대추는 돌려 깎아 씨를 빼고 3개는 채 썰고 1개는 말아 둥글게 썬다.

(3) 찜솥에 내열그릇을 얹고 마와 대추채를 혼합하여 담은 후 그 위에 은행, 버섯, 둥글게 썬 대추를 올려 낮은 불에서 약 20분간 찐다.

20) 토란토마토스튜

재료 및 분량

토란 300g, 방울토마토 14개, 양파 1개, 방울양배추 14개, 밀가루 3큰술, 토마토페이스트 3큰술, 케첩 3큰술, 우스터소스 2작은술, 육수 3컵, 소금 · 후춧가루 · 식용유 적당량

만드는 법

(1) 토란을 껍질을 벗기고 소금물에 데친다.

(2) 방울양배추는 소금물에 데치고 방울토마토는 데쳐서 껍질을 벗긴다.

(3) 양파는 네모나게 썰고 밀가루는 약한 불에서 갈색이 나게 볶는다.

(4) 데워진 냄비에 기름을 두르고 양파, 토란, 방울토마토를 넣어 충분히 볶는다.

(5) 토마토페이스트와 케첩을 넣어 살짝 볶은 후 볶은 밀가루와 육수를 넣어 덩어리지지 않게 잘 풀어 푹 끓인다.

(6) 우스타소스, 소금과 후춧가루로 간을 한다.

Tip

토란은 소금을 넣은 속뜨물에 삶아 찬물에 씻어 사용하는 것이 좋다. 삶지 않고 국을 끓이면 빛이 검고 미끈거린다. 또한 토란은 말려 가루로 해서 깨소금과 섞어서 음식양념으로 사용할 수 있다.

21) 연근새우살튀김

재료 및 분량

연근 300g, 새우살 200g, 소금 · 후춧가루 약간, 달걀 푼 물 2큰술, 밀가루 · 튀김기름 적당량, 간장 2큰술, 튀김옷반죽(밀가루 1컵, 달걀노른자 2개, 우유 1컵, 소금 약간)

만드는 법

(1) 껍질을 벗긴 연근을 씻어 0.5cm 두께로 썬 다음 양면에 밀가루를 묻힌다.

(2) 새우는 내장을 제거하고 껍질을 벗겨 다지고 소금, 후춧가루로 간을 한 다음 달걀물에 섞어 놓는다.

(3) 연근과 연근 사이에 새우살을 넣고 맞붙인다.

(4) 밀가루, 달걀노른자, 우유를 섞어서 만든 튀김옷에 연근을 묻혀 기름에 넣어 바삭하게 튀긴다.

Tip

연근의 끈적거리는 성분인 뮤신은 소화를 촉진시키고 탄닌과 철분이 많아 잘랐을 때 검게 변하게 된다. 연근 조림 시 연근은 썰어 식초를 넣은 물에 담그면 연근의 전분이 빠져나가 투명하게 조려지며 식초성분이 연근을 더 희게 한다.

감자국

감자수제비

감자수프

감자토마토조림

고구마케첩조림

곤약잡채

곤약채소조림

마전병

3. 두류 음식

1) 통두부맛찜

재료 및 분량

두부 1모, 쇠고기 150g, 양송이버섯 5개, 홍고추 1개, 마늘 4쪽, 밀가루 · 소금 · 후춧가루 · 식용유 · 잣가루 적당량, 찜양념(육수 2컵, 간장 8큰술, 정종 4큰술, 설탕 4큰술, 참기름 1큰술)

만드는 법

(1) 소금물에 두부를 통째로 담궈 건져 물기를 닦고 밀가루를 묻혀 뜨거운 기름에 살짝 튀겨 낸다.

(2) 큼직하게 썬 쇠고기는 끓는 기름에 살짝 튀겨 내고 양송이버섯은 기둥을 짧게 자르고 홍고추는 어슷하게 썰어 씨를 털어 낸다.

(3) 냄비에 찜양념과 마늘, 홍고추를 넣어 끓이다가 두부, 쇠고기, 양송이를 넣고 뚜껑을 덮어 다시 끓인다.

(4) 찜이 어느 정도 끓으면 남은 양념국물을 끼얹어 가면서 조리다가 참기름을 두른다.

(5) 통두부와 쇠고기는 알맞은 크기로 썰어 담고 양송이, 마늘, 홍고추를 곁들여 올리고 잣가루를 뿌린다.

Tip

두부는 소화, 흡수가 잘되며 콩의 이소플라본은 노화방지, 치매예방, 콜레스테롤의 수치저하, 항암작용, 심장병예방 등 다양한 약리작용을 한다.

2) 쇠고기소스를 얹은 두부

재료 및 분량

두부 400g, 쇠고기 60g, 붉은 고추 50g, 쪽파 4대, 볶음 참깨 5g, 다진 마늘 10g, 고운 고춧가루 20g, 간장 5g, 설탕 10g, 미림 10g, 물엿 25g, 소금 3g, 녹말가루 6g, 식용유 적당량, 물 150cc

만드는 법

(1) 두부는 4×1×5cm로 썰어 물기를 빼고 뜨거워진 팬에 기름을 두르고 지진다.
(2) 붉은 고추는 반으로 갈라 씨를 빼고 다지고 쇠고기와 쪽파도 곱게 다진다.
(3) 뜨거워진 팬에 기름을 두르고 쇠고기를 볶다가 물을 붓고 간장, 다진 마늘, 설당, 미림, 물엿, 고춧가루를 넣고 중불에서 국물이 기의 없도록 조린다.
(4) (3)에 붉은 고추 · 다진 쪽파를 넣고 다시 한번 더 조리다가 소금으로 간을 하고 녹말가루를 묽게 풀어 넣어 걸쭉하게 만든다.
(5) 지진 두부 위에 (4)의 쇠고기소스를 끼얹는다.

3) 두부소스찜

재료 및 분량

연두부 50g, 새우 2마리, 밀가루 2작은술, 버터 2작은술, 육수 1컵, 소금 약간

만드는 법

(1) 연두부는 썰어 놓는다.
(2) 데워진 팬에 버터를 두르고 밀가루를 넣고 볶다가 새우를 넣어 볶는다.
(3) 육수를 붓고 덩어리지지 않게 풀어 주면서 끓인다.
(4) 소금으로 간을 하고 연두부를 넣어 소스찜을 한다.

Tip

두부를 구입하였을 때 팩에 든 두부는 반드시 냉장고에 보관해야 하며 포장이 된 두부는 날짜를 확인하여야 한다.

4) 두부튀김

재료 및 분량

두부 1모, 밀가루 1컵, 들깨즙 2컵, 미나리 100g, 대파 1줄기, 달래 100g, 식용류 적당량

만드는 법

(1) 두부는 사방 2㎝로 썰어 밀가루를 묻힌 후 기름에 튀긴다.

(2) 튀긴 두부 위에 들깨즙을 끓여 붓고 미나리, 대파, 달래를 고명으로 올린다.

5) 중국식두부양념볶음

재료 및 분량

두부 1모, 당근 1개, 실파 5줄기, 목이버섯 100g, 팽이버섯 1봉지, 밀가루 · 튀김기름 적당량, 조미국물(고추기름 1작은술, 식초 1/2컵, 간장 1/2컵, 참기름 3큰술, 설탕 2작은술)

만드는 법

(1) 두부를 면보자기에 싸서 무거운 것을 올려 25분 정도 둔 다음 물기를 뺀다.

(2) 껍질을 벗긴 당근을 3cm 길이로 채 썰고 실파는 잘게 썬다.

(3) 따뜻한 물에 목이버섯을 불려 찢어 놓고, 팽이버섯은 밑동을 자르고 길이로 반을 자른 후 잘게 찢는다.

(4) 끓는 물에 당근과 팽이버섯을 넣어 각각 데친 후 체에 건져 물기를 뺀다.

(5) 물기를 뺀 두부를 네모나게 썰어 밀가루를 묻히고 170~180℃ 기름에서 뒤집어 가면서 튀긴다.

(6) 팬에 고추기름, 간장, 식초, 참기름, 설탕, 파, 당근, 목이버섯, 팽이버섯을 넣고 끓인 후 조미국물을 만든다.

(7) 접시에 두부를 담고 조미국물과 채소를 두부 위에 얹는다.

6) 두부그라탱

재료 및 분량

두부 1/2모, 참치(통조림) 1/2통, 양파 1/2개, 삶은 달걀 1개, 소금 · 후춧가루 · 피자치즈가루 · 빵가루 · 파슬리가루 약간, 화이트소스(버터 2큰술, 밀가루 2큰술, 우유 2컵, 소금 · 후춧가루 · 월계수잎 약간)

만드는 법

(1) 사방 2cm로 썬 두부에 소금, 후추로 간을 하고 물기를 없앤 후 팬에 기름을 두르고 지진다.

(2) 채 썬 양파는볶고, 참치는 체에 밭쳐 기름기를 뺀다.

(3) 화이트소스는 분량대로 넣어 만들고, 달걀은 삶아 도톰하게 썬다.

(4) 버터를 바른 그라탱 그릇에 양파, 두부, 참치, 달걀을 담고 소스를 부어 준다. 피자치즈가루와 빵가루를 뿌려 오븐에 굽는다.

7) 두부장떡

재료 및 분량

두부 1모, 오징어 1마리, 고추 3개, 부추 100g, 고추장 2큰술, 밀가루 1/2컵, 찹쌀가루 1/2컵, 다진 마늘 1큰술, 식용유 · 물 적당량

만드는 법

(1) 두부는 면보자기에 싸서 물기를 짜고 으깬다.

(2) 오징어는 껍질을 벗겨 잘게 썰고, 부추와 고추는 송송 썬다.

(3) 그릇에 밀가루와 찹쌀가루를 섞고 체에 내린 후 고추장과 물을 섞고 반죽한다.

(4) (3)에 두부, 오징어, 부추, 다진 마늘을 넣어 섞어 준 다음 팬에 기름을 두르고 노릇하게 지진다.

8) 두부김치말이

재료 및 분량

두부 1모, 배추김치 400g, 베이컨 4장, 팽이버섯 100g, 버터 2큰술, 참기름 2큰술, 다진 마늘 1큰술

만드는 법

(1) 두부는 살짝 데쳐 사방 3cm 크기로 썰고 팽이버섯은 5cm 크기로 자른다.
(2) 데워진 팬에 참기름을 두르고 팽이버섯을 살짝 볶고, 베이컨은 앞뒤로 살짝 굽는다.
(3) 배추김치의 잎사귀는 물에 씻는다.
(4) 버터를 두른 팬에 다진 마늘을 볶다가 배추김치의 잎사귀를 올려 약한 불에서 볶는다.
(5) 두부, 베이컨, 팽이버섯 순으로 올리고 김치로 돌돌 말아 접시에 담아 낸다.

9) 두부쑥갓무침

재료 및 분량

두부 1/2모, 쑥갓 500g, 게살 120g, 홍피망 1개, 다진 마늘 약간, 참깨 6g, 참기름 4g, 소금 5g

만드는 법

(1) 면보자기에 두부를 싸서 꼭 짠 다음 칼등으로 잘게 으깬다.
(2) 다듬어 놓은 쑥갓을 끓는 소금물에 데쳐 물기를 제거하고 3cm로 썬다.
(3) 홍피망은 반으로 갈라 속을 제거하고 곱게 채 썬다.
(4) 게살은 잘게 찢어 4cm로 자른다.
(5) 두부, 쑥갓, 게살, 홍피망에 다진 마늘, 참깨, 참기름, 소금을 넣어 무친다.

10) 연두부무순냉국

재료 및 분량

무순 50g, 연두부(1팩) 300g, 청고추 1/2개, 붉은 고추 1/2개, 대파(흰 부분) 5cm, 냉국 국물(육수 2컵, 국간장 2큰술, 식초 2작은술, 설탕 1작은술, 다진 마늘 약간)

만드는 법

(1) 씻어 놓은 무순은 물기를 빼고 대파, 고추는 2cm로 잘라 가늘게 채 썬다.

(2) 냉장고에 냉국 국물을 넣어 차갑게 한다.

(3) 연두부, 무순, 파채, 고추채 순으로 그릇에 담고 국물을 붓는다.

11) 연두부크림탕

재료 및 분량

흰살 생선 익힌 것 1/3컵, 연두부 1/2컵, 슬라이스 아메리칸치즈 1/2장, 베샤멜소스(버터 1/3큰술, 밀가루 1/2큰술, 우유 3/4컵)

만드는 법

(1) 냄비에 분량의 버터를 녹인 후 밀가루를 넣어 고소하게 볶는다.

(2) 볶은 밀가루에 우유를 조금씩 넣어 덩어리지지 않게 풀어 준다.

(3) (2)에 익힌 흰살 생선을 넣고 끓이다가 아메리칸치즈는 잘게 뜯어 넣고 서서히 녹인다.

(4) 그릇에 데친 연두부를 담고 소스를 끼얹는다.

12) 두부냉채

재료 및 분량

두부 1모, 토마토 2개, 달걀 1개, 소금 약간, 마늘소스(다진 마늘 2큰술, 참기름 2큰술, 물 2큰술, 식초 2큰술, 소금 · 간장 약간)

만드는 법

(1) 4등분한 두부를 끓는 소금물에 데친다.
(2) 데친 두부를 찬물에 헹궈 속까지 식힌 후 먹기 좋은 크기로 썬다.
(3) 달걀은 황백지단을 부쳐 채 썰고 토마토는 적당하게 썬다.
(4) 접시에 준비한 재료를 모양 있게 담고 마늘소스를 끼얹는다.

13) 두부커틀릿

재료 및 분량

두부 2모, 달걀 1개, 빵가루 1컵, 밀가루 조금, 흰깨 3큰술, 물(또는 우유) 2큰술, 레몬 1개, 무순 30g, 미역 30g, 당근 30g, 소금 · 후춧가루 · 튀김기름 · 간장 적당량

만드는 법

(1) 두부는 면보자기에 싸서 무거운 것으로 눌러 물기를 뺀 후 반으로 자르고 3~4cm 두께로 썬다.
(2) 빵가루는 흰깨와 함께 섞고, 달걀은 풀어서 물 또는 우유와 섞는다.
(3) 밀가루를 묻힌 두부를 달걀물에 적시고 빵가루를 묻힌다. 손으로 가볍게 두들겨서 빵가루가 떨어지지 않게 한다.
(4) 무순과 채 썬 당근을 찬물에 담가 둔다.
(5) 미역은 끓는 물에 데쳐 4cm로 썬다.
(6) 중불에 튀긴 두부를 썰어 당근채, 무순, 미역, 레몬을 곁들여 담는다.
(7) 두부커틀릿 위에 레몬즙을 뿌린다. 간장을 곁들인다.

14) 열무들깨된장국

재료 및 분량

된장 5큰술, 열무 200g, 들깨가루 6큰술, 쌀뜨물 5컵, 양파 1/2개, 호박 1/2개, 대파 1/2개, 무 1/5개, 마늘 4쪽, 다시마(10× 10cm) 1장, 풋고추 3개, 붉은 고추 1개, 표고버섯가루 3큰술, 다시마가루 2큰술, 고춧가루 3큰술

만드는 법

(1) 쌀뜨물에 다시마, 무, 양파, 마늘, 대파를 넣고 30분쯤 끓여 국물을 우린다.
(2) 열무는 끓는 물에 살짝 데치고 짠 다음 적당하게 썰어 들깨가루를 무친다.
(3) 호박은 반달모양으로 썰고 풋고추, 붉은 고추는 송송 썬다.
(4) (1)의 물에 된장, 고춧가루, 다시마가루, 표고가루를 체에 담아 국물에 풀어 끓인다.
(5) (4)에 열무, 호박, 고추를 넣고 한 번 더 끓인다.

15) 된장찌개(1)

재료 및 분량

무 2/3개, 호박 1/2개, 두부 1/2개, 표고버섯 5개, 양송이 6개, 바지락 300g, 미더덕 200g, 대파 1개, 다진 마늘 2큰술, 풋고추 6개, 붉은 고추 2개, 된장 2큰술, 고추장 1큰술, 들깨가루 2큰술, 물 적당량

만드는 법

(1) 무는 껍질을 벗겨 납작하게 썬다.
(2) 호박, 두부, 표고버섯, 양송이는 도톰하게 썬다.
(3) 끓는 물에 바지락을 데쳐서 건지고 국물은 받아 두고 미더덕은 씻는다.
(4) 바지락국물을 뚝배기에 담고 된장과 고추장을 푼다.
(5) (4)에 무를 넣어 한소끔 끓으면 미더덕과 바지락을 넣어 끓인 후 대파, 고추를 넣고 한 번 더 끓인다.

Tip

찌개는 뚝배기에 끓이면 오랫동안 뜨겁게 먹을 수 있어 좋으며 찌개에 쓰는 장은 된장, 청국장, 막장, 담북장, 고추장이 있으며 쌀뜨물로 끓이면 더 맛이 있다.

16) 된장찌개(2)

재료 및 분량

된장 2큰술, 두부 1/2모, 멸칫가루 1작은술, 다진 마늘 1큰술, 붉은 고추 1개, 풋고추 3개, 호박 1/2개, 바지락 100g, 팽이버섯 1봉지, 대파 약간, 양파 1/4개, 물 2컵

만드는 법

(1) 붉은 고추, 풋고추, 호박, 양파, 두부는 사방 2cm로 썰고 대파는 어슷하게 썬다.
(2) 팽이버섯은 밑둥을 잘라 내고 물에 씻고 바지락은 연한 소금물에 담가 해감한다.
(3) 뚝배기에 물을 붓고 된장, 멸칫가루, 다진 마늘을 넣고 끓으면 바지락을 넣고 끓인다.
(4) (3)에 호박, 양파, 고추, 두부, 대파를 넣어 한소끔 끓으면 팽이버섯을 넣는다.

17) 된장찌개(3)

재료 및 분량

된장 5큰술, 멸치 다시물 5컵, 두부 1/2모, 감자 2개, 양파 1/2개, 호박 1/2개, 대파, 풋고추 2개, 붉은 고추 1개, 고춧가루 약간

만드는 법

(1) 두부, 감자, 양파는 사방 2cm로 썰고 호박은 0.5cm 두께로 반달썰기 한다.
(2) 멸치 다시물을 끓이다가 된장, 고춧가루를 풀어서 한 번 더 끓인다.
(3) (2)에 두부, 감자, 양파, 호박을 넣고 끓인다.
(4) 한소끔 끓으면 거품을 거둬 내고 어슷하게 썬 풋고추, 붉은 고추, 대파를 넣고 다시 한 번 더 끓인다.

18) 청국장 된장찌개

재료 및 분량

쇠고기 200g, 애호박 1/2개, 청양고추 2개, 양파 1개, 대파 2대, 달래 5뿌리, 두부 1/2모, 바지락 20개, 고춧가루 2작은술, 청국장 2큰술, 된장 6큰술, 다시마국물 2컵, 멸치다시마국물〈다시마(10×10cm) 2장, 장국용 멸치 10마리, 양파 1/2개, 무 40g, 대파 1대〉

만드는 법

(1) 분량의 재료를 넣어 멸치다시마국물을 끓인 후 맛이 우러나면 체에 밭쳐 국물을 받는다.

(2) 호박은 반달썰기, 양파와 두부는 사방 1cm로 썰기, 고추는 어슷하게 썰기, 달래는 4cm로 썰며 쇠고기는 먹기 좋게 납작하게 썬다.

(3) 바지락은 연한 소금물에 담가 해감시키고 체에 건져 물기를 뺀다.

(4) 멸치다시마국물을 냄비에 붓고 분량의 청국장과 된장, 고춧가루를 풀어 끓인 후 호박, 양파, 고추, 바지락, 쇠고기를 넣어 다시 끓인다.

(5) (4)에 두부, 달래를 넣고 한소끔 더 끓인다.

19) 두부찌개(1)

재료 및 분량

두부 1/2모, 명란젓 300g, 호박 1/2개, 대파 1/2개, 풋고추 2개, 붉은 고추 1개, 다진 마늘 1큰술, 고춧가루 2큰술, 다시마 1장(10×10cm), 후춧가루 · 소금 약간, 물 4컵

만드는 법

(1) 두부, 호박은 사방 2cm로 썰고 명란젓은 반으로 자른다.

(2) 대파, 풋고추, 붉은 고추는 어슷하게 썬다.

(3) 뚝배기에 물과 다시마를 넣어 끓이다가 다시마는 건져 내고 두부, 호박, 명란을

넣고 끓인다.

(4) 충분히 끓으면 고춧가루, 후춧가루, 소금으로 간을 하고 한소끔 더 끓여 마늘, 대파, 고추를 넣는다.

20) 두부찌개(2)

재료 및 분량

두부 2/3모, 돼지고기(사태) 200g, 새우젓 2큰술, 양파 1/4개, 대파 1대, 다진 마늘 1큰술, 고춧가루 1큰술, 물 2컵

만드는 법

(1) 돼지고기는 납작하게 썰어 다진 마늘, 고춧가루, 새우젓을 넣어 버무린다.

(2) 두부는 큼직큼직하게 썰고 양파는 사방 2cm, 대파는 어슷하게 썬다.

(3) 뜨거운 냄비에 돼지고기를 넣어 볶다가 물을 부어 끓인다.

(4) 끓어나면 양파, 두부, 대파를 넣어 한소끔 더 끓인 후 새우젓으로 간을 한다.

21) 콩즙사골찌개

재료 및 분량

흰콩(메주콩) 1컵, 사골국물 3컵, 쇠고기 100g, 물오징어 1마리, 배추김치 200g, 대파 2대, 풋고추 2개, 붉은 고추 2개, 양념(고춧가루 2큰술, 다진 마늘 2큰술, 다진 파 2큰술, 새우젓 2큰술, 소금 약간)

만드는 법

(1) 불린 콩은 껍질을 벗기고 사골국물을 부어 믹서에 간다.

(2) 물오징어, 배추김치, 쇠고기는 먹기 좋게 썰고 대파, 풋고추, 붉은 고추는 어슷하게 썬다.

(3) 냄비에 기름을 두르고 물오징어, 배추김치, 쇠고기를 볶다가 양념을 하고 나머지 사골국물을 부어 끓으면 (1)을 부어 젓지 말고 끓인다.
(4) 충분히 끓으면 대파, 풋고추, 붉은 고추를 넣어 살짝 끓인다.

Tip
콩비지 끓일 때 저으면 콩이 삭아 비린내가 나므로 젓지 않는다.

22) 두부소스

재료 및 분량

두부 간 것 2큰술, 땅콩 간 것 2큰술, 셀러리 간 것 1큰술, 유자청 1큰술, 황설탕 2큰술, 감식초 2큰술, 겨자 1작은술, 소금 1작은술

만드는 법

위의 모든 재료를 고루 잘 섞어 각종 채소 샐러드의 소스로 이용한다.

23) 두부찜

재료 및 분량

두부 2모, 쇠고기 150g, 표고버섯 3장, 대파 1대, 소금 · 후춧가루 약간, 소스(육수 1컵, 녹말 1큰술, 간장 · 술 · 소금 · 참기름 약간)

만드는 법

(1) 두부는 가장자리를 0.7cm씩 남기고 칼집을 돌려 가며 넣어 속을 깊이 판다.
(2) 불린 표고버섯은 곱게 채 썰고 대파는 어슷어슷하게 썬다.
(3) 다진 쇠고기는 두부 파낸 속과 합쳐 소금, 후춧가루로 양념하여 두부 속에 채워 넣은 후 찜통에 쪄 낸다.

(4) 냄비에 육수를 넣고 끓이다가 간장, 소금, 술로 간을 한 후 표고버섯과 대파를 넣고 끓인다.

(5) (4)에 녹말을 풀어 넣어 걸쭉하게 익힌 후 참기름을 넣어 소스를 만든다.

(6) 접시에 쪄 낸 두부를 담고 소스를 위에 끼얹는다.

24) 두부단호박구이

재료 및 분량

단호박 1/3개, 두부 1/2모, 녹말가루 · 밀가루 적당량, 소금 · 식용유 · 붉은 고추 약간

만드는 법

(1) 껍질을 벗긴 단호박을 찜통에 넣고 쪄 낸 후 곱게 으깬다.

(2) 으깬 두부에 소금간을 하고 단호박과 1 : 1로 섞은 후 녹말가루와 밀가루를 조금씩 넣어 반죽한다.

(3) 반죽을 떼어 먹기 좋은 크기로 만들어 팬에 식용유를 두르고 지진다.

(4) 고명으로 송송 썬 붉은 고추를 얹는다.

25) 두부버섯스테이크

재료 및 분량

두부 2모, 느타리버섯 1팩, 표고버섯 6개, 잔멸치 6큰술, 쪽파 4대, 간장 2큰술, 우스터소스 3큰술, 청주 1큰술, 다진 마늘 2작은술, 후춧가루 · 참기름 약간

만드는 법

(1) 두부는 면보자기에 싸서 15~20분 정도 무거운 것으로 눌러 물기를 뺀다.

(2) 느타리버섯은 찢어 놓고 표고버섯은 4~6등분하고 쪽파는 송송 썬다.

(3) 뜨거워진 팬에 참기름을 두르고 중간 불에서 큼직하게 썬 두부를 얹어 뚜껑을 덮고 속까지 익힌다. 노릇하게 색깔이 나면 뒤집어서 다시 지진다.

(4) 두부가 지져지면 간장과 우스터소스를 각각 1/2분량씩 끼얹고 후춧가루도 약간 뿌린다.

(5) 팬에서 두부를 꺼내 놓고 다시 팬에 참기름을 두른 후 다진 마늘을 넣고 약한 불에서 볶다가 느타리버섯과 표고버섯을 넣고 볶는다.

(6) (5)에 잔멸치를 넣고 볶으면서 청주, 남은 간장과 우스터소스를 넣고 후춧가루를 조금 뿌린다.

(7) 접시에 두부를 담고 느타리버섯, 표고버섯, 잔멸치를 얹은 후 송송 썬 쪽파를 뿌린다.

26) 두부땅콩볶음

재료 및 분량

두부 1모, 브로콜리 1/2개, 대파(흰 부분) 1대, 옥수수(통조림) 6큰술, 땅콩 6큰술, 참기름 약간, 땅콩버터소스(깨소금 3큰술, 땅콩버터 1큰술, 우스터소스 1큰술, 간장 2큰술, 청주 2큰술, 맛술 1큰술, 소금 1/2작은술)

만드는 법

(1) 두부는 면보자기에 싸서 15~20분 정도 무거운 것으로 눌러 물기를 빼고 사방 2cm로 썬다.

(2) 브로콜리는 작은 송이로 나누어 데친 후 물기를 빼고 대파는 송송 썬다. 옥수수는 체에 밭쳐 물기를 빼고 땅콩은 굵게 다진다.

(3) 참기름을 두른 냄비에 땅콩을 넣고 볶다가 두부, 대파, 옥수수를 넣어 센 불에서 볶는다.

(4) 두부가 노릇노릇해지면 브로콜리와 땅콩버터소스를 넣어 물기가 없어질 때까지 볶는다.

27) 두부요구르트

재료 및 분량

두부 1/2모, 플레인 요구르트 2병

만드는 법

(1) 데친 두부를 요구르트와 함께 믹서에 간다.

(2) 간식 및 아침식사 대용으로 이용하면 좋다.

28) 두부버섯쌈장

재료 및 분량

두부 1모, 쇠고기등심 200g, 새송이버섯 6개, 표고버섯 4개, 양파 1개, 풋고추 5개, 대파 1/2대, 고기양념(다진 마늘 · 생강즙 · 설탕 · 간장 · 참기름 1작은술씩, 후춧가루 약간), 양념된장(된장 1/2컵, 육수 1컵, 참기름 · 꿀 1큰술씩, 고추장 2큰술, 다진 마늘 1/2큰술), 쌈채소 · 식용유 적당량

만드는 법

(1) 두부는 으깨고 새송이버섯, 표고, 양파, 풋고추, 대파는 사방 0.5cm로 썬다.

(2) 잘게 썬 쇠고기는 고기양념에 무쳐 기름 두른 팬에 볶다가 두부, 새송이버섯, 표고버섯, 양파, 풋고추, 대파를 넣고 양념된장과 함께 볶아 낸다.

29) 두부된장과일샐러드

재료 및 분량

두부 1모, 제철과일(오렌지 1개, 바나나 1/2개, 사과 1/2개, 배 1/2개), 오이 1개, 땅콩 · 강낭콩 1/2컵씩, 된장 3큰술, 청국장 5큰술, 참깨 3큰술, 참기름 · 들기름 2큰술씩, 소금 · 후춧가루 약간

만드는 법

(1) 뜨거운 소금물에 두부를 넣어 데친 후 물기를 뺀다.
(2) 껍질을 벗긴 과일과 오이를 작고 네모나게 썬다.
(3) 속껍질을 벗긴 땅콩은 반으로 가르고 강낭콩은 끓는 물에 데쳐 건진다.
(4) 된장과 청국장에 참깨를 갈아 넣고 들기름과 참기름을 넣고 버무려 소스를 만든다.
(5) 그릇에 두부, 과일, 오이, 강낭콩, 땅콩을 넣고 소스로 버무려 낸다.

Tip

된장을 이용한 소스에는 된장마늘소스, 된장유자소스, 된장마요네즈소스, 된장고추장소스 등이 있다.

30) 두부다시마쌈

재료 및 분량

두부 1/2모, 다시마 20g, 양파 1/4개, 당근 1/4개, 표고버섯 2장, 소금 · 후춧가루 · 참기름 · 깨소금 약간, 초고추장(고추장 1큰술, 식초 1큰술, 설탕1/2큰술, 생강즙 약간)

만드는 법

(1) 두부는 면보자기에 싸서 물기를 빼고 으깬다.
(2) 불린 다시마는 끓는 소금물에 데쳐 5× 8cm로 자른다.
(3) 다진 양파와 당근은 기름 두른 팬에 소금을 넣고 볶는다.
(4) 불린 표고버섯은 다져서 간장, 설탕으로 양념한 후 기름을 두른 팬에 볶는다.

(5) 으깬 두부에 채소를 넣고 참기름, 깨소금, 소금, 후춧가루를 넣고 반죽한다.

(6) 다시마에 소를 넣고 말아서 길이로 이등분하고 초고추장을 곁들인다.

31) 유부그린빈스쌈

재료 및 분량

유부 5장, 다진 닭고기 400g, 냉동 그린빈스 32개, 녹말물(물 2큰술, 녹말가루 2큰술), 양념국물(간장 4큰술, 물 2컵, 맛술 4큰술)

만드는 법

(1) 유부는 삶아 기름을 뺀 뒤 칼집을 넣어 펼친다.

(2) 녹말물을 유부에 바른 후 그 위에 다진 닭고기를 펴 바르고 중심에 그린빈스를 놓고 돌돌 만다.

(3) 냄비에 양념국물을 넣고 조리다가 약불에서 말아 놓은 유부를 넣어 조린다.

(4) 국물이 반으로 줄 때까지 조린 후 적당하게 썰어 접시에 담고 국물을 조금 뿌린다.

32) 두부치즈춘권튀김

재료 및 분량

두부 1모, 돼지고기 100g, 치즈 5장, 춘권피 5장, 숙주나물 60g, 부추 50g, 밀가루 · 소금 · 참깨 · 후춧가루 · 청주 · 다진 마늘 약간, 튀김기름 적당량

만드는 법

(1) 물기를 뺀 두부는 으깨고 돼지고기는 잘게 다진다.

(2) 삶은 숙주나물과 부추는 잘게 썰어 그릇에 담고 두부, 돼지고기, 밀가루, 소금, 참깨, 후춧가루, 청주, 다진 마늘을 함께 넣어 버무린다.

(3) 춘권피에 밀가루를 뿌린 후 치즈를 깔고 소를 놓고 싼 다음 170℃ 기름에 튀겨 낸다.

33) 토마토를 곁들인 냉두부

재료 및 분량

연두부 2모, 토마토 1개, 풋콩 100g, 옥수수(통조림) 4큰술, 풋고추 3개, 생강 2쪽, 참기름 2큰술, 간장 2큰술, 소금 약간

만드는 법

(1) 연두부는 체에 밭쳐 냉장고에서 차갑게 하고 토마토는 사방 1cm로 썬다.
(2) 풋콩은 삶아 헹궈 건지고 옥수수는 체에 밭쳐 물기를 뺀다.
(3) 풋고추는 어슷어슷하게 썰고 생강은 잘게 다진다.
(4) 뜨거워진 팬에 참기름을 두르고 약불에서 생강을 볶다가 토마토, 옥수수, 풋콩, 풋고추를 넣어 볶고 간장, 소금으로 간을 한다.
(5) 접시에 연두부를 담고 볶은 것을 얹는다.

34) 유부주머니탕

재료 및 분량

유부 10장, 달걀노른자 10개, 미나리 10줄기, 마늘 2쪽, 육수 2컵, 청주 1큰술, 소금 약간

만드는 법

(1) 유부의 한쪽에 칼집을 넣어 주머니를 만든 후 끓는 물에 데친다.
(2) 유부 주머니에 달걀 노른자를 넣고 데친 미나리로 묶는다.
(3) 냄비에 유부를 세워 담은 후 육수를 붓고 마늘, 청주, 소금을 넣어 끓인다.

35) 유부주머니조림

재료 및 분량

유부 20장, 생새우살 250g, 생미역 100g, 달걀 2개, 소금 약간, 후춧가루 약간, 미나리 줄기 20개, 조림장(간장 2큰술, 다시마물 2컵, 설탕 1큰술, 청주 2작은술)

만드는 법

(1) 유부는 납작하게 밀어 윗부분을 잘라서 주머니 모양으로 만든다. 유부에 뜨거운 물을 끼얹어 기름기를 빼고 꼭 짠다.

(2) 곱게 다진 새우살과 잘게 다진 생미역에 달걀을 풀어 넣고 소금, 후춧가루로 버무려 소를 만든다.

(3) 유부에 소를 넣고 데친 미나리로 묶는다.

(4) 냄비에 조림장을 넣고 끓이다가 (3)의 유부를 넣고 조려 낸다.

36) 다시마콩조림

재료 및 분량

흰콩 1/2컵, 다시마 30cm, 콩 불린 물 2컵, 간장 2큰술, 설탕 2큰술, 술 1큰술

만드는 법

(1) 깨끗이 씻은 흰콩을 하룻밤 정도 충분히 불린다.

(2) 물기를 짠 행주로 다시마를 닦아 4cm 길이로 가늘게 채 썬다.

(3) 간장, 설탕, 술을 섞어 양념장을 만들어 흰콩, 다시마, 콩 불린 물, 양념장 1/2을 넣고 약한 불에서 끓인다.

(4) 콩이 익으면 나머지 양념장을 넣고 조린 후 뚜껑을 열고 졸아들면 불을 끈다.

37) 삼색콩조림

재료 및 분량

검은콩 1컵, 당근 1/2개, 통마늘 10쪽, 통깨 1큰술, 간장 3큰술, 설탕 2 큰술, 물엿 조금, 물 1/3컵, 식용유 적당량

만드는 법

(1) 검은콩을 물에 불려 놓고 통마늘은 껍질을 벗기고 당근은 사방 2cm로 썬다.

(2) 냄비에 식용유를 두르고 간장, 물을 넣어 끓인 후 불린 콩, 마늘, 당근 순으로 넣어 조린다.

(3) 적당히 조려지면 설탕과 물엿을 넣어 섞은 뒤 통깨를 뿌린다.

38) 허브완두콩수프

재료 및 분량

완두콩 60g, 셀러리 30g, 양파 30g, 허브(레몬밤)잎 12장, 생크림 30㎖, 올리브유 2작은술, 물 4컵, 소금 · 후춧가루 약간

만드는 법

(1) 끓는 소금물에 완두콩을 넣고 삶아 찬물에 헹궈 물기를 뺀다.

(2) 잘게 썬 셀러리와 양파는 올리브유에 볶다가 소금, 후춧가루로 간을 한다.

(3) 믹서에 물을 넣고 삶은 완두콩, 셀러리, 양파를 넣어 갈아 고운 체에 내린 뒤 허브잎을 넣고 다시 한 번 간다.

(4) (3)에 차갑게 식힌 생크림과 소금을 넣는다.

39) 흰콩고기찜

재료 및 분량

불린 흰콩 1$\frac{1}{2}$컵, 다진 쇠고기 200g, 양파 1/2개, 다진 마늘 2큰술, 간장 4큰술, 참기름 1큰술, 케첩 2큰술, 와인 2큰술, 육수(물) 2컵, 후춧가루 · 소금 약간

만드는 법

(1) 흰콩을 따뜻한 물에 불리고 쇠고기는 곱게 다진다

(2) 곱게 다진 쇠고기에 다진 마늘, 다진 양파, 간장, 참기름, 후추, 조미료를 넣어 양념한다.

(3) 팬에 양념한 쇠고기를 볶다가 케첩, 와인, 흰콩을 넣고 육수를 부어 흰콩이 잘 익도록 끓인다.

40) 깨콩국과 경단

재료 및 분량

흰콩 1컵, 참깨 3큰술, 찹쌀가루 1컵, 귤 1/2개, 키위 1/2개, 바나나 1/2개, 소금 약간

만드는 법

(1) 삶은 흰콩을 믹서에 곱게 갈아 체에 밭친다.

(2) 참깨는 믹서에 곱게 갈고 찹쌀은 익반죽하여 동글동글하게 빚는다.

(3) 완자를 끓는 물에 넣고 떠오르면 건진다.

(4) 그릇에 콩국, 참깨, 찹쌀완자를 담고 키위, 귤, 바나나를 작고 네모나게 썰어 올린다.

깨콩국과 경단

다시마콩조림

두부단호박전

두부냉채

두부소스찜

두부장떡

두부튀김

통두부맛찜

4. 채소류 및 과일류 음식

1) 두릅밀전병무침

재료 및 분량

두릅 350g, 밀가루 2컵, 감자녹말가루 2컵, 고추장 1컵, 된장 1컵, 다진 파 2큰술, 다진 마늘 1큰술, 깨소금 · 참기름 · 소금 약간

만드는 법

(1) 끓는 소금물에 데친 두릅은 먹기 좋은 크기로 자른다.

(2) 밀가루, 감자녹말가루, 고추장, 된장을 2 : 2 : 1 : 1의 비율로 섞어 다진 파, 다진 마늘과 같이 물에 넣어 반죽하여 얇게 부친다.

(3) 직사각형으로 썬 밀전병을 두릅과 섞고 참기름, 깨소금으로 간을 하여 버무려 낸다.

Tip

두릅은 쌉싸름한 사포닌 성분이 많고 혈당강하, 혈액순환촉진, 피로회복 등의 효과가 있으며 야생두릅은 재배두릅보다 약리효과가 높다. 두릅은 숙회, 산적, 부침개, 튀김, 무침, 밀전병 등 다양한 요리로 이용된다.

2) 가지된장구이

재료 및 분량

가지 4개, 양념된장(된장 2큰술, 찹쌀가루 2큰술, 고추장 2작은술, 고춧가루 1$\frac{1}{2}$큰술, 물 1큰술, 참기름 2작은술), 소금 · 식용유 적당량

만드는 법

(1) 가지는 0.5cm 폭으로 길게 썰어 소금을 뿌린 후 물기를 제거한다.

(2) 된장에 찹쌀가루, 고추장, 고춧가루, 물, 참기름을 섞어 양념된장을 만든다.

(3) 가지에 양념된장을 고루 발라 기름 두른 팬에 앞뒤로 구운 후 먹기 좋은 크기로 썬다.

Tip

가지는 동맥경화를 방지하고 암의 전조가 되는 세포의 손상을 억제한다. 가지 조리로는 굽기, 찜, 튀김, 조림, 나물, 김치, 장아찌, 냉채, 냉국 등 다양하게 쓰인다.

3) 양파오븐구이

재료 및 분량

양파 4개, 쇠고기 300g, 토마토 1개, 홍피망 1개, 파세리 1줄기, 다진 파 1큰술, 다진 마늘 1/2큰술, 간장 3큰술, 설탕 1$\frac{1}{2}$큰술, 깨소금 · 참기름 · 후춧가루 적당량

만드는 법

(1) 양파는 작은 것으로 껍질을 벗기고 가로로 2등분한다.

(2) 속을 파낸 양파를 데워진 오븐에 살짝 굽는다.

(3) 채 썬 쇠고기는 간장, 설탕, 다진 파, 다진 마늘, 깨소금, 참기름, 후춧가루로 양념하여 팬에 기름을 두르고 볶는다.

(4) 파세리는 한 잎씩 떼어 놓고 홍피망은 작은 것으로 골라 동글동글하게 썰며 토마

토는 삼각으로 썬다.

(5) 구워 낸 양파 속에 볶아 놓은 쇠고기를 담고 그 위에 파세리, 홍피망을 올리고 토마토와 함께 접시에 담는다.

4) 브로콜리패주구이

재료 및 분량

브로콜리 3개, 패주 4개, 치즈 50g, 빵가루 1컵, 소금 · 후춧가루 약간, 버터 6큰술, 레몬 1개

만드는 법

(1) 브로콜리의 송이를 떼어 끓는 소금물에 데친다

(2) 패주는 도톰하게 썰고 치즈는 다진다.

(3) 뜨거워진 팬에 버터를 녹이고 빵가루를 넣어 연한 갈색이 되도록 볶는다.

(4) 버터를 바른 내열그릇에 브로콜리와 패주를 담고 위에 치즈가루와 빵가루를 뿌린다.

(5) (4)에 버터를 녹여 끼얹고, 오븐에 넣어 10~15분간 굽는다.

5) 호박스튜

재료 및 분량

늙은 호박 250g, 양파 1/2개, 버터 3큰술, 밀가루 1½컵, 육수 2컵, 생크림 1컵, 후춧가루 · 다진 파슬리 약간

만드는 법

(1) 늙은 호박은 반으로 갈라서 씨를 빼고 토막을 낸다.

(2) 버터를 두른 냄비에 양파를 다져서 볶다가 호박을 넣고 볶는다.

(3) (2)가 익으면 육수를 붓고 약불에 끓인다.

(4) 팬에 버터를 두르고 밀가루를 넣어 타지 않게 볶는다.

(5) (4)에 육수를 붓고 풀어 준 뒤 한 번 더 끓인다.

(6) (5)에 생크림을 넣고 농도를 맞추고 파슬리 다진 것을 뿌린다.

6) 바나나 · 파인애플카레소스

재료 및 분량

카레소스(바나나 2개, 감자 2개, 당근 1/2개, 양파 1개, 새우 400g, 버터 5큰술, 밀가루 6큰술, 카레가루 4큰술, 치즈크림 100g, 마늘 2쪽, 육수 5컵, 파인애플 2조각)

만드는 법

(1) 감자, 당근, 양파, 새우를 적당한 크기로 썬 다음 냄비에 버터를 녹여 볶은 후 육수를 붓고 약 20분간 끓인다.

(2) 녹인 버터에 밀가루를 넣고 노랗게 될 때까지 볶은 후 카레가루를 넣고 섞는다.

(3) (1)에 볶은 카레가루를 넣어 끓인다.

(4) 바나나를 적당하게 자르고 파인애플을 여섯 조각으로 잘라 같이 끓인다.

Tip

- 카로틴 색소를 가지고 있는 파인애플은 구연산과 사과산이 많다.
- 파인애플은 칼슘이 많고 단백질 분해효소인 브로멜린이 들어 있어 고기를 먹고 난 후에 후식과일로 좋다.
- 파인애플은 부패하기 쉬워 가공식품으로 많이 쓰인다.

7) 소스를 곁들인 양배추말이찜

재료 및 분량

양배추잎 12장, 돼지고기(간 것) 120g, 쇠고기(간 것) 150g, 달걀 1개, 양파 1개, 빵가루 60g, 소금 · 후춧가루 약간씩, 소스(양파 1/2개, 양송이 4개, 베이컨 2장, 토마토케첩 1/2컵, 우스터소스 2큰술, 육수 2컵, 월계수잎 2장, 샐러드유 적당량)

만드는 법

(1) 간 돼지고기와 쇠고기는 섞어서 다시 한 번 다진다.

(2) 양파는 곱게 다지고, 베이컨은 1cm로 채 썰고 양파 반 개는 가늘게 채 썬다.

(3) 양송이는 편으로 썰고 양배추는 한 잎씩 떼어서 끓는 소금물에 삶아 헹군다.

(4) 다진 돼지고기와 쇠고기에 다진 양파, 달걀, 빵가루, 소금, 후춧가루를 넣어 잘 치댄다.

(5) 고기반죽을 떼어 갸름하게 모양을 만들고 삶은 양배추에 얹어 꼭꼭 감싼다.

(6) 뜨거워진 팬에 샐러드유를 두르고 채 썬 베이컨과 양파, 양송이를 넣어 볶는다.

(7) 케첩과 우스터소스를 넣고 볶아 준 후 월계수잎, 육수를 넣어 약불에서 끓인다.

(8) 소스를 끼얹은 양배추말이를 250℃로 예열시킨 오븐에서 약 20분간 익힌다.

8) 양배추 요구르트찜

재료 및 분량

양배추 4잎, 두부 200g, 다진 마늘 2작은술, 다진 파 2큰술, 깨소금 · 소금 · 후춧가루 약간, 체리 5개, 파슬리 1줄기, 무명실, 요구르트 소스(밀가루 2큰술, 버터 2큰술, 요구르트 2컵, 케첩 2큰술, 육수 · 소금 적당량)

만드는 법

(1) 양배추는 찜통에 찌거나 끓는 소금물에 데친다.

(2) 물기를 뺀 두부에 파, 마늘, 깨소금, 참기름, 후춧가루를 넣고 양념한다.

(3) 익힌 양배추잎에 (2)를 넣고 둥글게 말아 무명실로 묶는다.

(4) 뜨거워진 팬에 버터를 넣고 밀가루를 볶다가 육수, 요구르트케첩, 소금을 넣어 소스를 만든다.

(5) 소스가 끓으면 양배추쌈을 얹고 다시 한 번 끓여 그릇에 담고 위에 체리와 파슬리로 장식한다.

9) 생더덕유자청무침

재료 및 분량

생더덕 500g, 유자청 100g, 대추 5g, 소금 3g

만드는 법

(1) 생더덕은 1.5×0.5×5cm로 썰어 소금에 30분간 절인다.

(2) 유자청을 체에 밭쳐 건지를 제거하고 남은 국물에 절인 더덕을 씻지 말고 그대로 버무린다.

(3) 대추는 씨를 빼고 돌려 말아 둥글게 썰어 고명으로 얹는다.

10) 양배추밀감샐러드

재료 및 분량

양배추 350g, 래디시 120g, 방울토마토 12개, 밀감(통조림) 100g, 무피클(얇게 썰은 무 200g, 식초 2큰술, 설탕 4큰술, 소금 1작은술, 물 2큰술), 체리마요네즈소스(다진 체리 4큰술, 레몬즙 1큰술, 마요네즈 6큰술, 소금1/2작은술)

만드는 법

(1) 양배추는 5cm로 가늘게 채 썰고, 래디시도 가늘게 채 썰어 냉수에 담근다.

(2) 둥글게 0.2cm로 썬 무에 설탕, 식초, 소금, 물을 혼합하여 피클을 만든다.

(3) 방울토마토는 반으로 썰고 밀감은 물기를 뺀다.

(4) 무피클에 양배추채, 래디시채, 방울토마토, 밀감을 넣어 썬다.

(5) 마요네즈에 다진 체리, 레몬즙, 소금을 혼합하여 체리마요네즈소스를 만든다.

(6) 접시에 샐러드를 담고 소스를 끼얹는다.

11) 채소샐러드

재료 및 분량

케일 6잎, 양송이 8개, 브로콜리 1개, 알파파 60g, 무순 60g, 프렌치드레싱(식용유 2큰술, 식초 1큰술, 양파 간 것 1큰술, 소금 · 후춧가루 · 설탕 약간)

만드는 법

(1) 케일은 굵게 채 썰고 양송이는 껍질을 벗기고 도톰하게 편으로 썬다.

(2) 브로콜리 송이는 끓는 소금물에 데친 후 찬물에 헹군다.

(3) 접시에 케일, 양송이, 브로콜리, 알파파, 무순을 돌려 담는다.

(4) 분량대로 프렌치드레싱을 만든다.

(5) 샐러드에 드레싱을 골고루 뿌린다.

12) 그린샐러드

재료 및 분량

샐러드채소(앤다이브 60g, 그린비타민 60g, 치커리 60g), 토마토 1/2개, 발사믹 & 올리브유 드레싱(발사믹식초 3큰술, 올리브유 6큰술, 다진 양파 2큰술, 레몬주스 1큰술, 소금 · 후춧가루 적당량), 파머산치즈(얇게 썬 것) 1장

만드는 법

(1) 적당하게 자른 샐러드 채소는 찬물에 담궈 건지고 토마토는 얇게 썬다.

(2) 분량의 재료를 섞어 드레싱을 만든다.

(3) 그릇에 채소를 보기 좋게 담고 발사믹 & 올리브유 드레싱을 뿌린다.

(4) (3)에 파머산치즈와 토마토를 올려 마무리한다.

13) 명란젓소스샐러드

재료 및 분량

꽃상추 4잎, 껍질콩 100g, 해초 200g, 명란젓소스(명란젓 100g, 식초 1큰술, 설탕 1큰술, 참깨 2큰술, 다시마국물 3큰술, 실파 2큰술)

만드는 법

(1) 연한 꽃상추를 깨끗이 씻어 물기를 뺀다.

(2) 물에 담가 소금기를 뺀 해초는 데쳐 찬물에 헹군 후 먹기 좋게 썬다.

(3) 끓는 소금물에 데친 껍질콩은 냉수에 헹궈 건진다.

(4) 명란젓은 속만 짜서 참깨 으깬 것과 섞는다.

(5) (4)에 식초, 설탕, 다시마국물, 송송 썬 실파를 넣어 명란젓소스를 만든다.

(6) 그릇에 꽃상추, 껍질콩, 해초를 담고 명란젓소스를 끼얹는다.

Tip

색깔이 매우 붉은 명란젓은 색소를 사용한 것으로 구입하지 않는 것이 좋으며 상품(上品)의 명란은 껍질이 얇고 알이 숙성되고 색상이 투명한 것이다.

14) 채소고기구이샐러드

재료 및 분량

래디시 10개, 배추속대 300g, 크레송 약간, 쇠고기(살코기) 450g, 드레싱(간장 4큰술, 레몬즙 3큰술, 참기름 2작은술, 후춧가루 약간), 고기양념(맛내기술 2큰술, 간장 2큰술, 후춧가루 약간)

만드는 법

(1) 래디시는 얇게 썰고 배추속대는 적당하게 뜯어 놓고 크레송은 씻는다.
(2) 고기는 한입 크기로 얇게 썰어 고기양념을 하고 팬에 기름을 두르고 지진다.
(3) 분량대로 재료를 넣어 소스를 만든다.
(4) 래디시, 배추속대, 크레송과 쇠고기 구운 것을 그릇에 돌려 담고 샐러드소스를 끼얹는다.

15) 오이새우날치알볶음

재료 및 분량

오이 600g, 칵테일 새우 100g, 날치알 50g, 다진 마늘 1작은술, 참기름 1작은술, 식용유 적당량, 소금 약간

만드는 법

(1) 둥글게 썬 오이를 소금에 절인 후 물에 헹궈 물기를 뺀다.
(2) 뜨거워진 팬에 기름을 두르고 날치알과 오이를 넣고 빠르게 볶는다.
(3) 끓는 소금물에 새우를 넣고 데쳐 반으로 자른다.
(4) (2)의 볶은 재료에 참기름과 소금을 넣어 간을 한다.

16) 애호박 베이컨 칠리소스볶음

재료 및 분량

애호박 1/2개, 베이컨 3줄, 실파 4뿌리, 붉은 고추 1/2개, 소금 · 식용유 적당량, 칠리소스(칠리소스 1작은술, 다진 마늘 1작은술, 맛술 1작은술, 토마토케첩 1큰술, 우스터소스 1/2작은술, 물엿 1/2작은술)

만드는 법

(1) 2cm로 썬 애호박을 6등분하고 씨를 제거한 후 소금에 절인다.

(2) 1cm로 자른 베이컨은 팬에 볶아 기름기를 빼고 실파는 송송 썰고, 홍고추는 반을 갈라 씨를 빼고 2cm로 썬다.

(3) 뜨거워진 팬에 식용유를 두르고 다진 마늘을 볶고 칠리소스와 맛술, 토마토케첩, 우스터소스를 넣고 끓인 후 애호박과 베이컨과을 넣고 볶는다.

(4) 맛이 충분히 나면 실파와 붉은 고추를 넣는다.

17) 중국식채소볶음

재료 및 분량

브로콜리 250g, 청경채 250g, 죽순(통조림) 200g, 영콘(통조림) 200g, 방울토마토 20개, 돼지고기 200g, 다진 마늘 2큰술, 생강 다진 것 1큰술, 굴소스 4큰술, 참기름 1큰술, 녹말물(육수 1컵, 녹말가루 1큰술)

만드는 법

(1) 브로콜리 송이는 잘라 씻어 놓고 청경채는 씻어서 5cm로 자르고, 죽순과 영콘은 물기를 빼고 얇게 썬다.

(2) 끓는 물에 방울토마토를 넣었다가 건져서 껍질을 벗긴다.

(3) 뜨거운 팬에 기름을 두르고 마늘과 생강 다진 것을 넣어 볶다가 돼지고기를 넣고 볶는다. 돼지고기가 익으면 채소를 넣어 재빨리 볶는다.

(4) (3)에 굴소스를 넣어 간을 한 다음 녹말물을 부어 재빨리 볶아 준 후 참기름을 넣어 마무리한다.

18) 죽순모듬채

재료 및 분량

죽순(통조림) 200g, 애호박 2/3개, 실파 4뿌리, 다진 마늘 1큰술, 참기름 2작은술, 깨소금 2작은술, 실고추 · 소금 · 후춧가루 · 식용유 약간

만드는 법

(1) 물에 담가 아린 맛을 뺀 죽순은 물기를 제거하고 반으로 갈라 썬다.
(2) 길게 반으로 자른 애호박은 어슷하게 썰어 소금간을 한 후 물기를 짠다.
(3) 실파는 씻어 4cm 길이로 썬다.
(4) 애호박과 죽순에 마늘, 소금, 후춧가루, 깨소금, 참기름을 넣어 밑간을 한다.
(5) 뜨거워진 팬에 기름을 두르고 밑간한 죽순과 애호박을 넣어 볶다가 실고추, 실파채를 넣어 다시 한 번 볶는다.

Tip

죽순은 은은하고 부드러운 맛이 특징이며 대나무의 어린순을 말한다. 죽순은 해물요리, 쇠고기요리, 채소요리에서 각각 담백하고 아삭거리며 단 맛과 감칠맛을 더해 준다. 죽순의 아린맛을 없애려면 쌀뜨물에 데치고, 죽순은 이삭 끝이 노랗고 통통하고 솜털이 많은 것이 좋다.

19) 마늘고기쌈조림

재료 및 분량

쪽마늘 10톨, 다진 쇠고기 150g, 두부 150g, 풋고추 1개, 붉은 고추 1개, 석이채 1작은술, 다진 파 1큰술, 다진 마늘 1/2큰술, 설탕 2큰술, 간장 2큰술, 후춧가루 1/3작은술, 깨소금 1/2작은술, 참기름 1큰술, 소금 약간, 밀가루 1큰술, 잣가루 1큰술, 튀김기름 · 물 적당량

만드는 법

(1) 굵은 쪽마늘을 끓는 물에 삶는다.
(2) 으깬 두부를 다진 쇠고기, 다진 파, 다진 마늘, 깨소금, 소금, 후춧가루, 참기름과 섞은 후 충분히 치대어 고기반죽을 만든다.
(3) 삶은 마늘에 밀가루를 뿌려 고기반죽을 골고루 싼 다음 다시 밀가루를 입혀 170℃의 튀김기름에 넣어 바삭하게 튀긴다.
(4) 간장, 설탕, 물을 섞어 끓인 후 마늘고기튀김을 넣어 서서히 조린다.
(5) 풋고추채, 붉은 고추채, 석이채는 소금, 참기름을 넣어 무친 후 볶는다.
(6) 마늘고기조림은 반으로 썰고 위에 잣가루와 채를 고명으로 올린다.

20) 사과고구마조림

재료 및 분량

사과 4개, 고구마(가는 것) 4개, 치자 2개, 설탕 10큰술, 소금 2작은술, 버터 3큰술

만드는 법

(1) 껍질을 벗기고 8조각으로 자른 사과는 심을 빼고 연한 소금물에 담근다.
(2) 껍질을 벗긴 고구마는 0.5cm 두께로 썰어 치자물에 담근다.
(3) 냄비에 고구마를 편편히 깔고 사과를 얹어 설탕과 소금을 뿌린 후 버터를 바르고 사과와 고구마를 반복하여 얹는다.
(4) 유지나 호일로 솥뚜껑을 만들어 덮고 20~30분간 윤기 나게 조린다.

21) 연근흰콩조림

재료 및 분량

연근 300g, 불린 흰콩 1컵, 다시마 3쪽(1쪽=10×10cm), 당근 1/2개, 통깨, 조림간장(간장 4큰술, 다시마 다시 1컵, 설탕 4큰술, 조미술 4큰술), 물 1컵

만드는 법

(1) 껍질을 벗긴 연근은 얇게 썰고 당근은 사방 1cm로 썬다.

(2) 다시마 불린 물은 조림물로 사용하고 불린 다시마는 채 썬다.

(3) 끓는 물에 연근을 삶아 내고 당근은 데친다.

(4) 냄비에 불린 흰콩과 연근, 당근을 넣고 조림간장을 부어 서서히 조리다가 다시마 채를 넣어 조려 낸다.

22) 도라지엿장조림

재료 및 분량

통도라지 300g, 잣가루 1큰술, 조림엿장(간장 4큰술, 설탕 2큰술, 정종 1½큰술, 조청 2큰술, 다시물 1½컵)

만드는 법

(1) 껍질을 벗긴 통도라지는 먹기 좋은 크기로 잘라 끓는 물에 데친다.

(2) 준비된 분량대로 조림엿장을 만들어 도라지를 조린다.

(3) 윤기 나게 조려지면 잣가루를 뿌려 담는다.

23) 곰취미삼말이

재료 및 분량

곰취 500g, 미삼 250g, 대추 3개, 쪽파 5대, 붉은 고추 2개, 잣 1큰술, 고운 고춧가루 1큰술, 까나리젓국 1큰술, 식초 1큰술, 소금 적당량, 설탕 1½큰술, 볶은 참깨 약간

만드는 법

(1) 깨끗하게 씻어 넓게 편 곰취를 설탕과 소금이 섞인 물에 2시간 동안 절인다.
(2) 절인 곰취를 체에 밭쳐 물기를 제거하고 홍고추는 채 썰고 쪽파는 4cm로 썬다.
(3) 대추는 손질하여 채 썰고 잣은 고깔을 제거한다.
(4) 젓국에 고춧가루, 참깨, 대추채, 홍고추채, 쪽파를 넣고 미삼을 넣어 양념으로 무친다.
(5) 미삼무침을 곰취에 넣고 보쌈처럼 싼 다음 잣을 고명으로 얹는다.

Tip

곰취는 곰이 좋아하는 나물이라는 뜻에서 곰취라 부르게 되었으며 춘궁기의 구황식물로 어린잎을 이용하였다. 쌉쌀한 맛과 고소한 향이 오래도록 입 안에 남아 있어 산나물의 제왕이라는 이름이 붙게 되었다. 폐를 튼튼히 하며 가래를 삭히고 기침을 없애고 혈액순환을 촉진한다. 특히 쌈으로 많이 이용되며 묵나물, 간장 · 된장 장아찌, 나물, 무침 등으로 쓰인다.

24) 두릅참치회

재료 및 분량

두릅 300g, 참치 300g, 잣가루 · 소금 약간, 초고추장(고추장 2큰술, 레몬즙 1큰술, 식초 1큰술, 설탕 1/2큰술, 물 1/2큰술)

만드는 법

(1) 두릅은 끓는 소금물에 데쳐 찬물에 헹궈 건진다.
(2) 소금물에 헹군 참치는 먹기 좋게 사방 2cm로 썬다.
(3) 두릅과 참치를 접시에 담아 잣가루를 뿌리고 초고추장을 곁들여 낸다.

25) 두릅낙지초무침

재료 및 분량

두릅 500g, 낙지 150g, 다진 마늘 1큰술, 붉은 고추 2개, 볶음 참깨 1큰술, 고추장 2큰술, 가는 고춧가루 1큰술, 굵은 고춧가루 1큰술, 설탕 2큰술, 식초 2큰술, 소금 약간

만드는 법

(1) 손질한 두릅을 5cm로 잘라 끓는 소금물에 데친 후 찬물에 헹궈 물기를 제거한다.
(2) 7cm로 자른 낙지는 끓는 소금물에 살짝 데치고 붉은 고추는 채 썬다.
(3) 고추장에 고춧가루, 참깨, 다진 마늘, 설탕, 식초 등을 넣고 양념장을 만들어 낙지와 두릅을 넣어 무친다.

26) 가지냉채

재료 및 분량

가지 2개, 닭살 300g, 무순 50g, 숙주 200g, 토마토 2개, 붉은 고추 2개, 풋고추 2개, 다진 파 2큰술, 다진 마늘 1큰술, 설탕 1큰술, 간장 3큰술, 식초 2큰술, 깨소금 · 참기름 · 고춧가루 약간

만드는 법

(1) 가지는 2×5cm로 썰어 끓는 소금물에 데치고 무순은 씻어 놓는다.
(2) 끓는 물에 대파, 마늘, 닭살을 넣어 삶아 가지와 비슷한 크기로 찢는다.
(3) 숙주는 끓는 물에 데치고 토마토는 얇게 썬다.
(4) 간장에 다진 파, 다진 마늘, 설탕, 식초, 깨소금, 다진 붉은 고추 · 풋고추를 섞어 양념장을 만든다.
(5) 접시에 준비한 재료를 가지런히 돌려 담고 양념장을 끼얹는다.

Tip

냉채의 맛을 좌우하는 것은 소스로서 간장소스, 고추장겨자소스, 마늘소스, 마늘겨자소스, 산초소스, 두유소스, 오이소스 등이 있으며 모든 재료와 소스는 냉장고에 보관하여 차갑게 하였다가 사용하는 것이 냉채요리의 포인트이다.

27) 인삼냉채

재료 및 분량

인삼 3뿌리, 밤 6개, 당근 60g, 배 1/2개, 셀러리 1줄기, 방울토마토 6개, 마늘소스(마늘 3쪽, 간장 2큰술, 설탕 1큰술, 소금 1/2작은술, 참기름 1작은술)

만드는 법

(1) 인삼은 잔뿌리를 떼고 어슷어슷하게 썬다.

(2) 밤은 도톰하게 저며 썰고 당근은 2×2×0.5cm로 썬다.

(3) 배는 2등분하여 껍질을 벗기고 속을 파내어 도톰하게 썬다.

(4) 셀러리는 어슷어슷하게 저며 썰고 방울토마토는 반으로 자른다.

(5) 분량의 재료를 섞어 마늘소스를 만든다.

(6) 접시에 인삼, 밤, 당근, 셀러리, 방울토마토를 보기 좋게 담고 마늘소스를 곁들여 낸다.

28) 토마토냉채

재료 및 분량

토마토 6개, 마늘드레싱(다진 마늘 2큰술, 샐러드유 6큰술, 사과식초 4큰술, 간장 2작은술, 설탕 2큰술, 소금 · 후춧가루 약간)

만드는 법

(1) 단단하고 빨간 토마토를 골라 먹기 좋은 크기로 썬다.

(2) 분량의 재료를 혼합하여 마늘드레싱을 만든다.

(3) 접시에 토마토를 담고 마늘드레싱을 끼얹어 낸다.

29) 양배추말이냉채

재료 및 분량

양배추 10잎, 닭고기 400g, 오이 2개, 맛살 2개, 단무지 1개, 소스(자두 식초 4큰술, 설탕 4큰술, 레몬즙 2큰술, 간장 4큰술, 물 4큰술, 소금 약간)

만드는 법

(1) 끓는 소금물에 양배추를 넣어 데친 후 물기를 짠다.

(2) 끓는 물에 닭고기살을 넣어 삶은 후 굵게 찢는다.

(3) 맛살은 2등분하고 오이와 단무지는 굵게 썬다.

(4) 김발 위에 양배추를 펴고 닭고기, 오이, 단무지, 맛살을 넣고 말아 3×6cm로 썬다.

(5) 분량의 식초, 설탕, 레몬즙, 소금, 물, 다진 마늘, 간장을 넣고 소스를 만든다.

(6) 그릇에 양배추말이를 보기 좋게 담고 소스를 끼얹는다.

30) 채소냉채

재료 및 분량

오이 2개, 쑥갓 250g, 붉은 양배추 6장, 무순 100g, 무 2/3개, 당근 1개, 게맛살 200g, 마늘소스(다진 마늘 4큰술, 배즙 10큰술, 설탕 4큰술, 식초 또는 레몬 6큰술, 소금 2작은술, 간장 1작은술, 파슬리가루 1작은술)

만드는 법

(1) 오이, 붉은 양배추, 당근, 무는 1×5cm로 썰어 얼음냉수에 담갔다가 건져 물기를 뺀다.

(2) 잎을 딴 쑥갓과 무순은 얼음냉수에 담갔다가 건진다.

(3) 5cm 길이로 자른 게맛살은 4등분한다.
(4) 분량의 재료를 섞어 만든 마늘소스는 냉장고에 넣어 차게 만든다
(5) 접시에 냉채재료를 돌려 담고 마늘소스를 곁들인다.

31) 영양부추냉채

재료 및 분량

영양부추 300g, 양파 1개, 풋고추 2개, 붉은 고추 1개, 쑥갓 약간, 냉채양념장(간장 1큰술, 고운 고춧가루 1/2큰술, 발효겨자 1작은술, 다진 마늘 1큰술, 물엿 3큰술, 식초 2큰술, 소금 · 후춧가루 약간)

만드는 법

(1) 영양부추는 깨끗이 다듬어 여러 번 씻어 5cm 길이로 썬다.
(2) 작고 단단한 양파를 링으로 가늘게 썰고 풋고추와 붉은 고추는 씨를 털어 낸 다음 어슷어슷하게 썬다.
(3) 잎만 뗀 쑥갓은 다른 채소와 같이 얼음물에 헹군 후 냉장고에서 차게 한다.
(4) 분량대로 재료를 섞어 냉채양념장을 만든다.
(5) 냉장한 채소는 상에 내기 전에 꺼내 냉채양념장으로 버무려 담는다.

32) 시금치생채

재료 및 분량

시금치 350g, 양념장(송송 썬 달래 80g, 간장 2큰술, 설탕 1큰술, 다진 마늘 1작은술, 다진 파 1/2큰술, 식초 1큰술, 깨소금 · 참기름 · 고춧가루 적당량)

만드는 법

(1) 시금치는 잎이 푸르고 신선한 것을 골라 씻은 후 먹기 좋게 자른다.

(2) 분량의 재료를 섞어 양념장을 만든다.
(3) 시금치를 접시에 담고 먹기 직전에 양념장을 끼얹는다.

33) 배냉채

재료 및 분량

배 1개, 단감 1/2개, 미나리 50g, 양상추 1/4통, 대추 10개, 새우 300g, 정종 · 설탕 약간, 겨자장(겨잣가루 2큰술, 식초 1큰술, 설탕 1큰술, 물 1큰술, 생크림 1큰술, 소금 · 간장 약간)

만드는 법

(1) 껍질을 벗긴 배와 단감을 3cm 길이로 굵게 채 썰어 설탕물에 담근다.
(2) 대추는 돌려 깎아 곱게 채 썰고 미나리는 다듬어 씻어 3cm의 길이로 썬다.
(3) 내장을 뺀 새우는 끓는 물에 술을 약간 넣어 데친 후 껍질을 벗긴다.
(4) 양상추는 한입 크기로 뜯어서 찬물에 담가 둔다.
(5) 겨자는 따뜻한 물로 개어 발효시킨 후 분량의 재료를 넣어 겨자장을 만든다.
(6) 그릇에 모든 재료를 보기 좋게 담고 겨자장을 곁들여 낸다.

Tip 조리 시 식초 활용법

- 음식맛이 짤 때 소량의 식초를 넣으면 짠맛이 완화된다.
- 질긴 고기에 식초를 뿌리고 1시간 정도 두면 고기가 연해진다.
- 채소에 식초를 넣거나 초절임을 하면 비타민 C가 오래 보존된다.
- 우엉, 연근 등의 조리 시 식초를 넣으면 갈색으로 변하는 것을 방지한다.
- 달걀지단이나 수란(水卵)을 만들 때 식초를 넣으면 단백질 응고를 촉진시킨다.

34) 생표고피클

재료 및 분량

표고버섯 10개, 양파 1개, 당근 1/2개, 설탕 100g, 간장 1컵, 식초 1/2컵, 월계수잎 약간, 물 2컵

만드는 법

(1) 기둥을 뗀 표고버섯은 깨끗이 씻어 놓고 양파, 당근도 손질하여 씻는다.
(2) 분량의 재료를 섞어 표고버섯이 잠기도록 붓고 10일간 냉장고에서 숙성시킨다.

35) 이탈리안샐러드

재료 및 분량

토마토 2개, 올리브 20개, 다진 파슬리 2큰술, 청피망 1개, 홍피망 1개, 슬라이스 피자치즈 6장, 파프리카 드레싱(마요네즈 8큰술, 파프리카 1큰술, 토마토케첩 3큰술, 식초 2작은술)

만드는 법

(1) 토마토, 청피망, 홍피망은 깨끗이 씻은 후 적당한 크기로 썬다.
(2) 슬라이스 피자치즈도 먹기 좋게 썰고 올리브는 링모양으로 썬다.
(3) 접시에 준비된 재료들을 보기 좋게 담고 다진 파슬리를 위에 뿌리고 파프리카 드레싱을 곁들여 낸다.

36) 양배추샐러드

재료 및 분량

보라색 양배추 1/4통, 팽이버섯 20g, 피망 1/2개, 홍피망 1/2개, 양상추 1/4통, 래디시 1개, 라비고트소스(다진 파슬리 1작은술, 다진 피망 1작은술, 다진 피클 1작은술, 다진 양파 1큰술, 다진 치즈 1작은술, 식초 3큰술, 소금 1/2작은술, 올리브유 2큰술)

만드는 법

(1) 보라색 양배추의 잎사귀를 뜯어 냉수에 담근다.
(2) 팽이버섯은 밑둥을 자르고 씻고 피망은 링모양으로 썬다.
(3) 양상추는 먹기 좋은 크기로 뜯어 놓고 래디시는 동글동글하게 썬다.
(4) 분량의 재료를 혼합하여 라비고트소스를 만든다.
(5) 그릇에 모든 재료들을 보기 좋게 담고 라비고트소스를 곁들인다.

37) 빵컵샐러드

재료 및 분량

식빵 10장, 키위 4개, 바나나 3개, 양상추 5잎, 적채 2잎, 버터 3큰술, 마요네즈 · 케첩 · 은박지컵 적당량

만드는 법

(1) 가장자리를 잘라 낸 식빵을 밀대로 밀어 한쪽 면에 버터를 바르고 은박지컵에 담아 모양을 만든다.
(2) 예열한 오븐에 버터를 바른 식빵을 넣어 150℃온도에서 12분간 굽는다.
(3) 껍질을 벗긴 바나나, 키위는 잘게 썰고, 적채는 곱게 채 썰고, 양상추는 뜯어서 냉수에 담가 건진다.
(4) 구운 식빵에 양상추를 깔고 키위, 바나나, 적채를 담고 마요네즈와 케첩을 뿌린다.

38) 허브샐러드

재료 및 분량

적근대 40g, 로즈 30g, 청겨자 40g, 알파파 30g, 방울토마토 2개, 양배추 40g, 드레싱(식초 3큰술, 다진 양파 1/2작은술, 마요네즈 1큰술, 머스터드 1작은술, 올리브유 2큰술, 설탕 1작은술, 소금 · 후춧가루 약간)

만드는 법

(1) 적근대, 로즈, 청겨자, 알파파는 깨끗이 씻어 적당하게 뜯는다.

(2) 양배추는 곱게 채 썰고 방울토마토는 반으로 가른다.

(3) 분량의 재료를 섞어 드레싱을 만든다.

(4) 접시에 모든 채소를 먹음직스럽게 담고 드레싱을 곁들인다.

39) 우거지된장국

재료 및 분량

우거지 400g, 양파 1/2개, 된장 2큰술, 다진 마늘 2큰술, 고춧가루 1큰술, 들깨가루 1큰술, 멸치다시마 국물 5컵

만드는 법

(1) 끓는 물에 우거지를 넣어 푹 무르도록 삶아 찬물에 헹궈 물기를 짠다.

(2) 우거지를 적당하게 썰어 된장, 다진 마늘, 고춧가루를 넣고 무친다.

(3) 양파는 가늘게 채 썬다.

(4) 멸치다시마국물을 끓이다가 양념한 우거지와 양파를 넣고 끓인다.

(5) 한소끔 끓고 나면 중불로 줄이고 들깨가루를 넣고 한 번 더 끓인다.

40) 도라지탕

재료 및 분량

도라지 100g, 닭고기 100g, 미나리 50g, 표고버섯 3개, 달걀 1개, 밀가루 2큰술, 장국 5컵, 청장양념(다진 파 2작은술, 마늘 1작은술, 청장 · 소금 · 후춧가루 · 참기름 적당량)

만드는 법

(1) 데친 도라지는 6cm 길이로 가늘게 찢고 미나리도 살짝 데쳐 6cm로 썬다.

(2) 삶은 닭은 살을 잘게 찢고 국물은 장국으로 쓴다.

(3) 불린 표고도 채 썰어 미나리, 닭고기, 도라지와 함께 밀가루, 달걀을 넣고 잘 섞어 준다.

(4) 청장양념으로 간을 한 장국이 끓으면 도라지반죽을 한 수저씩 떠 넣고 끓여 그릇에 담는다.

41) 김치잡채찌개

재료 및 분량

쇠고기 300g, 배추김치 1/2포기, 대파 1/2대, 풋고추 2개, 양파 100g, 당면 80g, 불린 목이버섯 50g, 가래떡 적당량, 고춧가루 1큰술, 다진 마늘 1큰술, 다시마물 5컵, 김치국물 적당량

만드는 법

(1) 쇠고기와 배추김치는 먹기 좋은 크기로 썰어 고춧가루와 다진 마늘을 넣어 무친다.

(2) 양파는 채 썰고 가래떡, 대파와 풋고추는 어슷어슷하게 썬다.

(3) 당면과 목이버섯은 각각 물에 불린 후 먹기 좋게 자른다.

(4) 냄비에 쇠고기, 배추김치, 양파를 넣고 다시마물과 김치국물을 부어 끓인 후 고추, 대파, 당면, 목이버섯, 떡을 넣어 국물을 자작하게 졸인다.

42) 김치찌개(1)

재료 및 분량

배추김치 1포기, 표고버섯 5개, 느타리버섯 5개, 햄 250g, 풋고추 2개, 대파 1/2대, 간장 · 물 적당량

만드는 법

(1) 국물을 짠 배추김치는 속을 털어 내고 4cm 길이로 썬다.
(2) 햄은 3cm로 납작하게 썬다.
(3) 표고버섯은 굵게 채 썰고 느타리버섯은 먹기 좋게 뜯는다.
(4) 풋고추와 대파는 어슷하게 썬다.
(5) 냄비에 배추김치, 햄, 표고버섯, 느타리버섯을 담고 푹 잠길 정도로 물을 부어서 끓인다.
(6) 한소끔 끓으면 대파와 풋고추를 넣어 간장으로 간을 맞춘다.

43) 김치찌개(2)

재료 및 분량

묵은 배추김치 1/2포기, 돼지고기 100g, 양파 1/2개, 표고버섯 5개, 떡볶이 떡 10개, 고춧가루 1큰술, 다진 마늘 1큰술, 후춧가루 · 간장 약간

만드는 법

(1) 배추김치는 속을 털어 내고 4~5cm 길이로 썬다.
(2) 돼지고기는 납작하게 썰고 표고버섯과 양파는 굵게 채 썬다.
(3) 냄비에 식용유를 두르고 배추김치, 돼지고기, 양파, 표고버섯, 다진 마늘을 넣어서 볶는다.
(4) (3)이 익으면 고춧가루, 물을 넣고 한소끔 끓인다. 어슷하게 썬 떡과 대파를 넣고 끓이다가 간장과 후춧가루로 간을 맞춘다.

44) 김치찌개(3)

재료 및 분량

배추김치 1/2포기, 돼지고기 200g, 식용유 1큰술, 다진 마늘 1작은술, 고춧가루 1큰술, 대파 1/2대, 후춧가루 · 간장 · 물 적당량

만드는 법

(1) 돼지고기는 먹기 좋은 크기로 썰어서 다진 마늘과 고춧가루에 버무린다.
(2) 배추김치는 4cm로 썰고 대파는 어슷하게 썬다.
(3) 뜨거워진 냄비에 식용유를 두르고 돼지고기를 볶다가 김치를 넣어 볶는다.
(4) (3)에 물을 붓고 자작하게 끓으면 물을 다시 넣고 대파, 후춧가루, 간장을 넣어 끓인다.

45) 고사리탕

재료 및 분량

말린 고사리 80g, 두부 1모, 대파 1개, 붉은 고추2개, 들깨즙 2컵, 소금 $1\frac{1}{2}$큰술, 식용유 3큰술, 잣 60g

만드는 법

(1) 말린 고사리는 쌀뜨물에 하룻밤 담가 두었다가 끓는 물에 삶아 5cm로 썬다.
(2) 두부는 사방 2cm로 썰고, 대파와 붉은 고추는 어슷하게 썬다.
(3) 뜨거워진 냄비에 기름을 두르고 고사리를 볶으면서 소금간을 하고 두부, 대파, 붉은 고추, 들깨즙을 넣고 푹 끓여 다시 소금간을 한다.
(4) 고명으로 잣을 올린다.

46) 배추두부탕

재료 및 분량

배춧잎 4장, 두부 1모, 실파 4뿌리, 마른 새우 200g, 마늘 4쪽, 참기름 · 소금 · 육수(물) 적당량

만드는 법

(1) 배추는 사방 3cm, 두부는 2×2cm, 실파는 4cm로 썰고 마늘은 다진다.
(2) 팬에 참기름을 두르고 다진 마늘을 볶으면서 마른 새우와 배추, 실파를 넣고 볶다가 육수(물)를 붓고 두부를 넣어 약한 불에서 끓인다.
(3) (2)에서 거품을 걷어 내고 소금으로 간을 한다.

47) 쑥갓맑은국

재료 및 분량

쑥갓 100g, 닭고기 200g, 물 6컵, 국물용 채소(대파 3대, 마늘 3개, 생강 1개), 양념장(다진 마늘 1큰술, 집된장 2작은술, 후춧가루 · 소금 약간)

만드는 법

(1) 끓는 물에 닭고기, 마늘, 대파, 생강을 넣고 끓인다.
(2) 익은 닭고기를 건져 2cm로 썰고 육수는 면보자기에 받친다.
(3) 쑥갓은 씻어 뜯어 놓고, 양념장은 분량대로 재료를 넣어 만든다.
(4) 냄비에 닭고기 육수를 끓이다가 양념장, 닭고기, 쑥갓을 넣어 한소끔 끓인다.

48) 얼갈이된장국

재료 및 분량

얼갈이배추 300g, 무 1/3개, 된장 3큰술, 물 5컵, 고추장 1/2큰술, 대파 1/2개, 다진 마늘 1큰술, 멸치다시마국물(멸치 · 다시마 · 대파 적당량)

만드는 법

(1) 끓는 소금물에 얼갈이배추를 데쳐 물기를 짜고 무는 납작하게 썬다.
(2) 내장을 제거한 멸치와 물, 다시마, 대파를 넣고 끓여 국물을 걸러 준다.
(3) 멸치다시마국물에 된장과 고추장을 풀어 얼갈이배추와 무를 넣고 끓인다.
(4) (3)이 충분히 끓으면 다진 마늘, 어슷하게 썬 대파를 넣고 한소끔 끓인다.

49) 새우가루아욱국

재료 및 분량

새우가루 2큰술, 아욱 300g, 쌀뜨물 3컵, 된장 2큰술, 고춧가루 약간, 다진 마늘 1큰술, 대파 1/2대, 참기름 1/2큰술, 들깨가루 2작은술, 볶은 소금 약간

만드는 법

(1) 새우의 수염과 다리를 없애고 팬에 볶아 식힌다.
(2) (1)을 분쇄기에 곱게 간 후 참기름에 볶는다.
(3) 연한 아욱의 줄기를 벗기고 진이 나도록 바락바락 주물러 준 후 씻어 건진다.
(4) 볶은 새우가루에 아욱, 다진 마늘, 고춧가루, 들깨가루를 넣고 쌀뜨물을 부은 후 된장을 풀어 끓인다.
(5) 구수하게 맛이 우러나면 채 썬 대파와 소금을 넣고 마무리한다.

50) 참나물 · 달래전

재료 및 분량

참나물 250g, 달래 150g, 새우 60g, 오징어 100g, 굴 60g, 홍합살 60g, 풋고추 1개, 붉은 고추 1개, 찹쌀가루 4큰술, 밀가루 $1\frac{1}{2}$컵, 달걀 3개, 조선간장 2작은술, 청주 · 후춧가루 · 참기름 약간, 초간장(간장 1큰술, 식초 1큰술, 다시마국물 1큰술, 설탕 1작은술)

만드는 법

(1) 손질한 참나물과 달래는 4cm로 썰고 고추는 송송 썬다.
(2) 손질해 채 썬 오징어와 연한 소금물에 씻은 새우, 굴, 홍합살은 청주, 후춧가루에 재운다.
(3) 찹쌀가루, 밀가루, 물, 조선간장, 참기름을 섞어 반죽을 만들어 이등분한다.
(4) 반죽의 반은 참나물을 섞고 나머지 반죽에는 달래를 섞는다.
(5) 뜨거워진 팬에 기름을 두르고 참나물과 달래반죽을 지름 5cm로 둥글게 얹고 해물을 올리고 위에 달걀물 1큰술을 끼얹고 고추를 올려 부친다.

51) 감자치즈전

재료 및 분량

감자 700g, 밀가루 2큰술, 양파 60g, 치즈 10장, 소금 2작은술, 식용유 적당량

만드는 법

(1) 껍질 벗긴 감자는 강판에 갈아 찬물에 3~4번 헹궈 감자건지와 녹말을 얻는다.
(2) 채 썬 양파와 감자건지, 감자녹말, 밀가루, 소금을 혼합하여 반죽한다.
(3) 뜨거운 팬에 (2)를 한 수저씩 떠 놓아 앞뒷면을 노릇노릇하게 부쳐 낸다.
(4) 알맞게 썬 치즈를 부쳐진 감자전에 얹고 그 위에 감자전을 또 덮는다.

52) 애호박게맛살전

재료 및 분량

애호박 1개, 게맛살 3개, 풋고추 3개, 붉은 고추 2개, 달걀 1개, 부침가루 3/4컵, 다시마 국물 1/3컵, 통깨 1큰술, 소금 · 식용유 적당량

만드는 법

(1) 단단한 애호박을 골라 0.3×0.3cm로 고운 채를 썬다.
(2) 풋고추와 붉은 고추는 반으로 갈라 어슷하게 고운 채로 썰고 게맛살은 0.3cm로 송송 썬다.
(3) 풋고추채, 붉은 고추채, 애호박채에 달걀을 풀어 넣어 섞는다.
(4) (3)에 부침가루를 넣어 골고루 섞은 다음 다시마국물과 소금으로 농도를 맞춘다.
(5) 뜨거워진 팬에 식용유를 두르고 부침반죽을 한 국자씩 떠서 넓게 편다.
(6) (5) 위에 게맛살과 통깨를 뿌린 다음 뒤집어 노릇하게 부친다.
(7) 부쳐진 전은 채반에 얹어 기름기를 빼고 작게 썬다.

53) 깻잎김치튀김

재료 및 분량

배추김치 250g, 깻잎 20장, 당근 100g, 감자 100g(2개), 대파 1대, 달걀 2개, 밀가루 약간

만드는 법

(1) 채 썬 배추김치는 물기를 짜고, 대파도 채 썬다.
(2) 당근과 감자는 0.5×6cm로 채 썰어 찬물에 담궈 물기를 뺀다.
(3) 밀가루에 물을 부어 섞은 후 배추김치, 당근, 감자, 대파를 넣어 되직하게 버무린다.
(4) 씻은 깻잎은 물기를 제거하고 안쪽에 밀가루를 뿌리고 반죽을 넣고 반으로 접은 후 밀가루, 달걀옷을 입혀 낮은 온도의 튀김기름에서 튀긴다.

54) 도라지튀김

재료 및 분량

도라지 350g, 녹말가루 · 소금 · 튀김기름 적당량, 간장소스(간장 4큰술, 탄산수 4큰술, 맛술 2큰술, 다진 양파 2큰술, 참기름 2큰술, 깨소금 2큰술, 설탕 2큰술, 다진 마늘 1작은술)

만드는 법

(1) 껍질 벗긴 도라지는 길이로 반을 자른 뒤 소금물에 담가 쓴맛을 빼고 물기를 닦아 방망이로 두드린다.

(2) 녹말가루를 묻힌 도라지를 160℃의 튀김기름에 넣어 노릇하게 튀긴다.

(3) 분량의 재료를 넣어 간장소스를 만든다.

(4) 밀폐용기에 튀긴 도라지를 담고 간장소스를 한 켜씩 뿌리면서 재운다.

55) 중국식가지튀김

재료 및 분량

돼지고기 150g, 가지 6개, 맛술 · 생강즙 약간, 녹말가루 4큰술, 소스(간장 2큰술, 식초 2큰술, 다시 국물 1큰술), 생강 1쪽, 마늘 1쪽, 붉은 고추 1개, 참기름 1큰술, 튀김기름 적당량

만드는 법

(1) 가지를 2cm로 둥글게 썰어 160~170℃의 튀김기름에 튀긴다.

(2) 돼지고기는 0.5×6cm로 채 썰어 생강즙, 맛내기술에 재웠다가 녹말가루를 묻혀 170℃의 튀김기름에 튀긴다.

(3) 생강과 마늘은 얇게 저며 썰고 붉은 고추는 둥글게 송송 썬다.

(4) 뜨거워진 냄비에 참기름을 두르고 생강, 마늘, 붉은 고추를 볶다가 분량의 소스를 넣고 섞는다.

(5) 소스에 준비한 돼지고기와 가지를 버무려 낸다.

56) 마늘튀김

재료 및 분량

마늘 250g, 피망 2개, 게맛살 3줄, 레몬 2쪽, 달걀 노른자 2개, 밀가루 1컵, 물 1컵, 소금 1/2작은술, 튀김기름 적당량, 대꼬치 약간

만드는 법

(1) 큰 마늘을 반으로 자르고 피망, 게맛살은 사방 2cm로 자른다.

(2) 그릇에 달걀 노른자, 밀가루, 물, 소금을 넣고 섞어 튀김옷을 만든다.

(3) 마늘, 피망, 게맛살을 대꼬치에 보기 좋게 꽂은 후 튀김옷을 묻혀 160℃의 기름에 튀긴다.

57) 양파튀김

재료 및 분량

양파 4개, 쇠고기 250g, 밀가루 4큰술, 달걀 2개, 빵가루 2컵, 양상추 10잎, 파슬리 약간, 소금 · 후춧가루 · 튀김기름 · 우스터소스 적당량

만드는 법

(1) 껍질을 벗긴 양파는 0.5cm로 둥글게 썰어 소금을 뿌린다.

(2) 곱게 다진 쇠고기에 소금, 후춧가루를 넣어 양념한다.

(3) 양파에 밀가루를 묻히고 양념한 고기를 양파와 양파 사이에 넣고 맞붙여 밀가루, 달걀, 빵가루 순으로 옷을 입혀 170℃의 기름에 노릇하게 튀긴다.

(4) 채 썬 양상추와 파슬리를 그릇에 담고 튀긴 양파를 반으로 잘라서 올리고 우스터소스를 곁들인다.

58) 모듬채소튀김

재료 및 분량

쑥 200g, 당근 1/2개, 수삼 2뿌리, 밀가루 · 식용유 · 튀김간장 적당량, 튀김옷(밀가루 2컵, 달걀 2개, 얼음물 2컵)

만드는 법

(1) 다듬은 쑥은 잎을 떼고 씻어 물기를 없애고 수삼은 씻어서 얇게 썬다.
(2) 껍질을 벗긴 당근은 0.2×2×6cm로 썬다.
(3) 분량의 얼음물과 풀어 놓은 달걀에 밀가루를 넣고 저어 튀김옷을 만든다.
(4) 쑥과 당근, 수삼에 밀가루를 골고루 뿌리고 튀김옷에 적셔 150℃의 튀김기름에서 바삭하게 튀긴다. 튀김간장을 곁들인다.

59) 도라지탕수

재료 및 분량

도라지 300g, 제육 250g, 제육양념(간장 2작은술, 생강즙 1작은술, 달걀물 1큰술), 당근 1/4개, 표고버섯 2장, 피망 1개, 다진 마늘 1큰술, 튀김옷(밀가루 1컵, 달걀 1개, 얼음물 1컵), 탕수소스(육수 1컵, 간장 2작은술, 설탕 4큰술, 식초 2큰술, 소금 1/4작은술, 녹말가루 1/2컵)

만드는 법

(1) 껍질을 벗긴 도라지는 통째로 썰어 튀김옷을 입힌다.
(2) 제육은 먹기 좋은 크기로 썰어 제육양념을 한다.
(3) 표고버섯은 4등분하고 당근은 어슷하게 썰고 피망은 반 잘라 씨를 제거하고 삼각썰기 한다.
(4) 제육과 도라지는 170℃의 기름에서 바싹 튀기고 제육은 두 번 튀긴다.
(5) 뜨거워진 팬에 식용유를 두르고 마늘을 먼저 볶다가 채소와 버섯을 볶은 다음 탕

수소스를 붓고 한 번 끓으면 녹말물을 넣어 걸쭉하게 한다.

(6) (5)를 튀겨 놓은 제육과 도라지 위에 끼얹는다.

60) 단호박닭살찜

재료 및 분량

단호박 500g, 브로콜리 150g, 닭안심 250g, 간장 2큰술, 정종 2큰술, 설탕 2큰술, 생강즙 1큰술, 다시마물 2컵, 소금 · 후춧가루 · 튀김기름 · 녹말가루 적당량

만드는 법

(1) 반으로 자른 단호박은 씨를 긁어 내고 껍질을 벗겨 4cm로 썬다.

(2) 적당하게 썬 닭안심은 설탕, 생강즙, 정종으로 30분간 재운다.

(3) 끓는 소금물에 데친 브로콜리는 송이를 자른다.

(4) 녹말을 뿌린 단호박을 기름에 튀겨 속까지 익힌다.

(5) 냄비에 분량의 다시물과 양념한 닭안심을 넣어 끓인다.

(6) 닭고기가 끓으면 거품을 걷어 내고 소금, 후춧가루로 간을 한다.

(7) (6)에 튀긴 호박과 브로콜리를 버무려 담아 낸다.

61) 청둥호박소스찜

재료 및 분량

청둥호박 1개, 쇠고기 250g, 양파 2개, 토마토 2개, 셀러리 2대, 다진 마늘 2큰술, 육수 2컵, 월계수잎 2장, 토마토케첩 6큰술, 고춧가루 2작은술, 소금 · 후춧가루 약간

만드는 법

(1) 껍질을 벗긴 청둥호박을 10등분하여 찜통에 약 15분간 찐다.

(2) 쇠고기는 다지고 토마토는 껍질을 벗긴다.

(3) 양파는 껍질을 벗기고 셀러리는 심을 제거한다.

(4) 달궈진 팬에 버터를 두르고 다진 쇠고기와 토마토, 셀러리, 마늘, 양파를 볶고 토마토케첩과 월계수잎, 육수를 부어 조린다.

(5) (4)에 소금, 후춧가루, 고춧가루를 넣어 다시 조려 소스를 만든다.

(6) 청둥호박에 소스를 끼얹어 찜통에서 15분 정도 다시 쪄서 접시에 담는다.

62) 시금치두부찜

재료 및 분량

시금치 50g, 두부 50g, 달걀 1개, 실파 1대, 잔멸치 6g, 달걀 1개, 육수(물) 적당량

만드는 법

(1) 데친 시금치는 물기를 짜고 잘게 썰고 두부는 꼭 짜서 곱게 으깬다.

(2) 실파는 송송 썰고 멸치는 내장을 빼고 잘게 썬다.

(3) 풀어 놓은 달걀에 육수를 붓고 소금간을 하여 시금치, 두부 으깬 것, 실파, 멸치를 넣고 섞는다.

(4) (3)을 찜그릇에 부어 찜통에 찌거나 중탕한다.

63) 무쌈말이

재료 및 분량

초절임무 1팩, 당근 80g, 양파 80g, 두릅 150g, 표고버섯 3개, 미나리 50g, 달걀 2개, 간장 · 설탕 · 소금 · 참기름 약간씩, 겨자초장(연겨자 1큰술, 설탕 1큰술, 식초 1큰술, 배즙 1큰술, 간장 1작은술, 소금 $\frac{1}{2}$작은술, 참기름 약간)

만드는 법

(1) 뜨거운 팬에 기름을 두르고 채 썬 양파와 당근, 소금을 넣어 볶는다.

(2) 데친 두릅은 잘라 소금과 참기름으로 밑간한다.

(3) 표고버섯은 채 썰어 간장, 설탕, 참기름으로 무쳐 볶고 팽이버섯은 밑둥을 자르고2~3가닥씩 뜯는다.

(4) 달걀은 황백지단을 부쳐 5cm 길이로 채 썰고 미나리는 데친다.

(5) 분량의 재료를 넣어 겨자초장을 만든다.

(6) 초절임무에 양파, 당근, 두릅, 표고버섯, 팽이버섯, 달걀지단을 넣고 말아 미나리로 묶는다.

(7) 접시에 무쌈말이를 담고 겨자초장을 곁들인다.

64) 소련식 채소수프

재료 및 분량

쇠고기(양지) 100g, 당근 30g, 무 30g, 대파 20g, 셀러리 40g, 토마토 30g, 감자 30g, 순무 20g, 실파 10g, 사와크림 3큰술, 육수 300㎖, 순무국물 150㎖

만드는 법

(1) 쇠고기는 육수를 만들고 삶은 순무는 껍질을 벗겨서 국물에 담근다.

(2) 당근, 무, 셀러리, 토마토, 감자, 순무는 1×1×0.3cm로 썬다.

(3) 육수에 채소를 넣고 끓인 다음 삶아 채 썬 쇠고기를 넣어 소금, 후춧가루로 간을 한다.

(4) 접시에 수프를 담고 사와크림과 송송 썬 실파를 올린다.

65) 시금치크림수프

재료 및 분량

시금치 200g, 닭육수 2컵, 우유 2컵, 밀가루 4큰술, 양파 1개, 소금 · 후춧가루 약간

만드는 법

(1) 시금치는 끓는 물에 소금을 넣고 데쳐 냉수에 헹궈 물기를 꼭 짜고 2~3cm 길이로 잘라 놓는다.

(2) 양파는 적당하게 썰고 밀가루는 팬에 볶는다.

(3) 믹서에 양파와 닭육수를 넣고 곱게 갈아 준다.

(4) 시금치, 우유, 볶은 밀가루를 넣고 곱게 간다.

(5) 냄비에 위의 모든 재료를 넣고 소금, 후춧가루로 간하여 끓인다.

66) 당근 · 건포도 · 파인애플 소스

재료 및 분량

당근 100g, 소스(건포도 1큰술, 파인애플 2쪽, 시럽 1/2컵, 식초 1/2큰 술, 설탕 1/2큰술, 녹말가루 1/2큰술), 샐러드유 적당량

만드는 법

(1) 당근은 4cm로 가늘게 채 썰어 데워진 팬에 기름을 두르고 볶는다.

(2) 건포도는 미지근한 설탕물에 불려 두고, 파인애플은 굵게 썬다.

(3) 냄비에 건포도, 파인애플, 시럽, 식초를 넣어 끓이다가 물녹말을 부어 가면서 끓여 걸쭉하고 윤기 나는 소스를 만든다.

(4) 당근에 소스를 끼얹는다.

67) 무소스

재료 및 분량

무 간 것 4큰술, 양파 간 것 3큰술, 간장 4큰술, 황설탕 2큰술, 식초 2큰술, 검정깨 1/2작은술, 겨자 2작은술

만드는 법

모든 재료를 섞어 각종 채소 샐러드의 소스로 이용한다. 토마토, 유자청 등을 갈아 넣어도 좋다.

68) 양배추초절이

재료 및 분량

양배추 500g, 깻잎 40장, 단촛물(물 2컵, 설탕 1컵, 식초 1컵, 소금 2큰술)

만드는 법

(1) 연한 소금물에 양배추를 담가 절이고 깻잎은 깨끗이 씻는다.
(2) 통에 양배추를 한 켜 깔고 그 위에 깻잎을 한 켜 깔고 하여 반복한 다음 무거운 것으로 눌러 놓는다.
(3) 단촛물을 부어 뚜껑을 닫아 냉장고에 하루 정도 보관하였다가 이용한다.

69) 레몬채소피클

재료 및 분량

오이 3개, 베이비당근 20개, 홍고추 4개, 콜리플라워 400g, 소금 4큰술, 피클소스(레몬식초 1컵, 설탕 8큰술, 물 1컵, 월계수잎 2장, 마늘 4개, 정향 4개, 통후추 2작은술)

만드는 법

(1) 홍고추는 씻어 물기 없이 건져 놓고 콜리플라워는 먹기 좋게 썰고 오이와 당근은 큰 것은 도톰하게 썰고 작은 것은 그대로 쓴다.

(2) 손질한 채소를 소금에 절인 후 체에 건져 물기를 뺀다.

(3) 설탕과 물을 냄비에 넣고 끓이다가 통후추, 마늘, 정향, 월계수잎을 넣고 잠시 끓인 후 레몬식초를 넣고 다시 한 번 끓인다.

(4) 모든 채소를 병에 담고 채소가 잠길 정도의 피클소스를 부은 후 식혀 뚜껑을 덮고 2~3일 정도 삭힌다.

70) 중국식오이장아찌

재료 및 분량

오이 5개, 마늘 6쪽, 붉은 고추 3개, 소금 1/2컵, 고추기름 4큰술, 식초 2컵, 설탕 2컵, 두반장 3큰술

만드는 법

(1) 4토막 낸 오이를 각각 4등분하고 소금에 절여 씻은 후 물기를 뺀다.

(2) 마늘은 다지고 붉은 고추는 어슷하게 썬다.

(3) 설탕을 식초에 넣어 저어 주고 다진 마늘, 어슷하게 썬 붉은 고추, 오이, 고추기름, 두반장을 넣어 밀봉한다.

(4) 이틀 정도 지난 후 꺼내어 쓴다.

가지냉채

마늘고기쌈조림

무쌈말이

바나나 · 파인애플
카레소스

소스를 곁들인
양배추말이찜

쑥갓맑은국

참나물 · 달래전

채소샐러드

5. 육류 음식

1) 닭다리구이(1)

재료 및 분량

닭다리 4개, 양념(다진 파 2큰술, 다진 마늘 1큰술, 생강즙 2작은술, 간장 4큰술, 미림 3큰술, 참기름 1큰술, 깨소금 1큰술, 설탕 1큰술, 후춧가루 약간)

만드는 법

(1) 닭다리는 손질하여 냉수에 헹궈 칼집을 여러 번 낸다.
(2) 분량대로 양념장을 만들어 닭다리를 재운다.
(3) 충분히 맛이 배면 양념한 닭을 그릇째 찜통에 넣어 찐다.
(4) 닭을 찜통에서 꺼내 석쇠에 얹어 노릇하게 굽는다.

2) 닭다리소스구이(2)

재료 및 분량

닭다리 10개, 적양배추 4잎, 치커리 약간, 후춧가루 · 맛소금 · 청주 적당량, 요구르트소스(요구르트 2컵, 레몬즙 2작은술, 생강즙 2작은술, 간 마늘 1큰술, 다진 파프리카 1큰술)

만드는 법

(1) 손질하여 씻은 닭다리는 칼집을 넣은 후에 후춧가루, 맛소금, 청주를 뿌려 밑간을 한다.
(2) 분량의 재료를 섞어 요구르트소스를 만든다.

(3) 요구르트 소스를 닭다리에 뿌려 12시간~24시간 재워 둔다.

(4) 소스에 재운 닭다리를 200℃로 예열한 오븐에 넣고 40분간 구워 낸다.

(5) 채 썬 적채와 치커리는 냉수에 담가 건진다.

(6) 구워 낸 닭다리를 접시에 담고 채 썬 채소를 곁들인다.

3) 닭안심꼬치구이(1)

재료 및 분량

닭안심 400g, 치커리 조금, 된장양념(된장 2큰술, 마요네즈 1½큰술, 고추장 2작은술, 설탕 2작은술, 다진 마늘 1큰술, 청주 1½큰술, 참기름 2작은술), 대꼬치 약간

만드는 법

(1) 닭안심은 심줄을 제거하고 먹기 좋게 잘라 대꼬치에 끼운다.

(2) 분량대로 된장양념을 만들어 닭꼬치에 바른다.

(3) 석쇠나 팬에 올려 닭을 구운 후 접시에 치커리를 깔고 담아 낸다.

Tip

대꼬치에 꿴 양념한 닭고기는 중불에서 천천히 속까지 익도록 하며 거의 익어 가면 레몬즙을 뿌리고 파슬리가루나 송송 썬 실파를 뿌리기도 한다.

4) 닭고기꼬치구이(2)

재료 및 분량

닭고기(어깨부위) 6조각, 마늘 12쪽, 양겨자 · 식용유 적당량, 데리야끼 소스(간장 3큰술, 다시마국물 4큰술, 청주 3큰술, 설탕 3큰술, 생강즙 1큰술, 물 2큰술)

만드는 법

(1) 닭고기의 어깨부위를 준비하여 칼집을 군데군데 넣어서 적당한 크기로 자른다.

(2) 분량의 재료를 넣고 약불에서 서서히 끓여 반으로 조려 데리야끼 소스를 만든다.

(3) 꼬치에 닭을 꿰어 놓고 데리야끼 소스를 골고루 바른다.

(4) 오븐그릴에서 구울 때는 소스를 바른 닭꼬치를 그대로 올려 굽고, 석쇠에 구울 때는 닭꼬치를 호일에 감싸서 석쇠에 식용유를 바르고 그 위에서 굽는다. 중간에 데리야끼 소스를 두 번 정도 덧발라 가면서 구워 맛이 고루 배게 한다.

(5) 데리야끼 소스를 저민 마늘에 데리야끼 소스를 발라 살짝 구워서 닭꼬치에 곁들인다.

(6) 구워진 닭꼬치와 구운 마늘을 접시에 담고 양겨자를 곁들인다.

5) 닭갈비철판구이

재료 및 분량

닭고기 600g, 양배추잎 3장, 표고버섯 4개, 양파 1개, 당근 1/2개, 대파 1대, 풋고추 2개, 붉은 고추 2개, 청경채 200g, 마늘 4쪽, 소금 · 후춧가루 · 참기름 · 식용유 약간씩, 구이양념장(고추장 2큰술, 고춧가루 2큰술, 간장 1큰술, 다진 양파 1/4컵, 청주 1큰술, 설탕 1큰술, 물엿 1큰술, 다진 마늘 2큰술, 다진 생강 1작은술, 깨소금 · 소금 · 후춧가루 · 참기름 약간)

만드는 법

(1) 닭살코기는 3cm 폭으로 저며 썰어 구이양념장에 골고루 버무린다.

(2) 표고버섯은 저며 썰고 양파, 양배추, 껍질 벗긴 당근은 0.3×5×1.5cm로 썬다.

(4) 대파와 고추는 어슷하게 썰며 마늘은 편으로 썬다.

(5) 가닥을 분리한 청경채는 씻어 건진 다음 2~3토막으로 저며 썬다.

(6) 뜨거워진 팬에 식용유를 두르고 닭고기, 마늘, 붉은 고추를 얹어 굽는다.

(7) (6)이 거의 익으면 팬의 한쪽으로 밀어 놓고 양배추, 양파, 표고버섯, 당근, 청경채, 대파, 고추를 올려 굽다가 소금, 후춧가루, 참기름을 넣어 함께 섞는다.

6) 고기철판구이

재료 및 분량

쇠고기(등심) 300g, 돼지고기(삼겹살) 300g, 떡볶이떡 200g, 고구마 3개, 당근 2000g, 파 300g, 숙주 300g, 마늘 10개, 양념장(간장 9큰술, 조리술 $1\frac{1}{2}$큰술, 설탕 $1\frac{1}{2}$큰술, 깨소금 $1\frac{1}{2}$큰술, 참기름 1큰술, 식초 3큰술, 송송 썬 실파 2큰술, 다진 마늘 1큰술, 둥글게 썬 홍고추 1개), 대꼬치 약간

만드는 법

(1) 먹기 좋게 썬 고기는 살짝 얼려 둔다.

(2) 껍질째 씻은 고구마는 1×1×5cm로 썰어 삶아 건진다.

(3) 당근은 1×5cm로 납작하게 썰고, 숙주는 씻어 물기를 뺀다.

(4) 떡볶이떡과 파는 5cm로 자르고 큰 마늘은 반으로 자른다.

(5) 분량의 재료를 섞어 양념장을 만든다.

(6) 대꼬치에 재료를 3~4개씩 끼워 양념장을 발라 팬에 기름을 두르고 지진다.

7) 고기모듬구이

재료 및 분량

쇠고기(등심) 600g, 돼지고기(목살) 600g, 닭날개 18개, 파인애플(통조림) 4장, 브로콜리 1개, 양파 2개, 대파 2대, 마늘 20개, 꽈리고추 20개, 월계수가루·식용유 적당량, 겨자소스(간장 4큰술, 조미술 1큰술, 설탕 1큰술, 참기름 1작은술, 식초 2큰술, 겨자 2큰술), 초간장(간장 3큰술, 다시마장국 2큰술, 식초 3큰술, 설탕 1큰술, 실파 1큰술), 대꼬치 약간

만드는 법

(1) 먹기 좋게 썬 쇠고기와 돼지고기는 소금, 후춧가루로 간을 하여 살짝 얼린다.

(2) 씻어 물기를 없앤 닭날개는 날개 사이로 칼집을 두어 번 넣고 소금, 후춧가루, 조미술, 월계수가루를 뿌려 재운다.

(3) 꽈리고추는 꼬치로 구멍을 내고 파인애플은 4쪽으로 나눈다. 브로콜리는 먹기 좋게 송이를 떼어 씻은 후 소금물에 살짝 데친다. 파는 다듬어 2cm로 자르고 양파는 사방 2cm로 썬다.

(4) 대꼬치에 파인애플, 브로콜리, 양파, 대파, 꽈리고추를 보기 좋게 꿴다.

(5) 뜨거운 철판에 기름을 두르고 양념한 고기류와 대꼬치에 꿴 채소류를 얹고 구운 후 소스를 곁들인다.

8) 불고기꼬치

재료 및 분량

쇠고기(등심) 600g, 브로콜리 300g, 양파(대) 1개, 대파 3대, 청파프리카 2개, 적파프리카 2개, 미늘 6개, 대꼬치 약간, 양념장(간장 6큰술, 다진 파 3큰술, 다진 마늘 1큰술, 청주 2큰술, 참기름 1큰술, 깨소금 2작은술, 물 3큰술

만드는 법

(1) 쇠고기는 0.3×6×10cm로 얇게 저며 썰어 칼집을 낸 다음 양념장에 무친다.

(2) 작은 송이로 자른 브로콜리는 끓는 소금물에 데친 후 물기를 없앤다.

(3) 청파프리카, 적파프리카, 양파는 사방 2×3cm로 썰고 대파는 3cm 길이로 자르고 마늘은 통으로 준비한다.

(4) 대꼬치에 청파프리카, 적파프리카, 양파, 대파, 마늘을 보기 좋게 꿰고 그 사이사이에 쇠고기를 꿰고 마지막에 브로콜리를 꿰어 마무리한다.

(5) 팬에 기름을 두르고 꼬치를 구운 후 다시 석쇠에 올려 약한 불에서 앞뒤로 뒤집어 가며 다시 한 번 굽는다.

9) 찹쌀로스구이

재료 및 분량

쇠고기안심(로스용) 600g, 찹쌀가루 2컵, 팽이버섯 1봉, 적파프리카 1개, 청파프리카 1개, 주황파프리카 1개, 무순 1팩, 소금 · 후춧가루 약간, 겨자장(겨자 2큰술, 식초 2큰술, 설탕 2작은술, 소금 약간)

만드는 법

(1) 쇠고기안심을 얇게 로스용으로 썰어 소금, 후춧가루로 간을 한다.
(2) 각각의 파프리카는 0.4cm 굵기로 채 썰어 냉수에 담갔다가 건진다.
(3) 팽이버섯은 밑둥을 제거하고 가닥을 나누고 무순을 씻는다.
(4) 발효시킨 겨자에 식초, 설탕, 소금을 약간 넣어 겨자장을 만든다.
(5) 밑간한 쇠고기는 찹쌀가루를 묻혀 팬에 기름을 두르고 지진다.
(6) 구운 찹쌀로스에 각종 채소를 올려 감싼 다음 접시에 돌려 담는다.
(7) 겨자장을 곁들인다.

10) 쇠고기굴소스구이

재료 및 분량

쇠고기(안심) 600g, 방울토마토 8개, 브로콜리 100g, 버터 4큰술, 레드와인 2큰술, 굴소스 4큰술, 소금 · 후춧가루 · 식용유 · 통후추 약간씩, 육수 적당량, 녹말물 4큰술

만드는 법

(1) 방울토마토는 깨끗이 씻고, 브로콜리는 끓는 소금물에 데쳐 찬물에 헹구고, 양파는 잘게 다진다.
(2) 뜨거워진 팬에 버터를 녹이고 양파와 통후추 부순 것을 넣어 볶는다.
(3) (2)에 다진 마늘을 넣고 볶다가 레드와인, 굴소스를 넣어 끓여 소스를 만든다.

(4) (3)의 소소가 끓으면 분량의 육수를 넣고 끓다가 녹말물을 넣어 농도를 맞춘다.
(5) 쇠고기는 1.5cm 두께로 썰어 방망이로 두들겨 연하게 한다.
(6) 뜨거워진 팬에 식용유를 두르고 쇠고기를 구우면서 레드와인을 뿌린다.
(7) 뜨거워진 팬에 버터를 두르고 방울토마토와 브로콜리를 볶은 후 소금과 후춧가루로 간을 맞추고 구운 고기와 함께 접시에 담고 구이소스를 곁들인다.

11) LA갈비

재료 및 분량

LA갈비 1kg, 갈비양념장(간장 5큰술, 양파즙 1/2컵, 다진 파 2큰술, 다진 마늘 1큰술, 설탕 2큰술, 깨소금 · 참기름 · 후춧가루 약간)

만드는 법

(1) 핏물을 제거한 LA갈비의 살코기를 칼등으로 두들기고 칼집을 낸다.
(2) 분량의 재료를 혼합하여 갈비양념장을 만들어 30분 가량 재운다.
(3) 갈비에 간이 배면 구워 내고 생채소를 구운 고기에 곁들인다.

12) 떡갈비

재료 및 분량

갈비 1kg(갈비살 600g), 호두 4개, 양념장(간장 3큰술, 설탕 2큰술, 참기름 1큰술, 다진 마늘 1큰술, 다진 파 2큰술, 깨소금 1/2큰술, 후춧가루 약간)

만드는 법

(1) 갈비일 경우에는 살만 발라서 다지고 갈비살일 경우에는 그대로 곱게 다진다.
(2) 다진 고기에 설탕, 다진 파, 다진 마늘, 후춧가루, 깨소금, 간장, 참기름을 넣고 양념한다.

(3) 고기를 오래 치대어 끈기가 나게 하고 볼에 대고 탁탁 던져 공기를 뺀다.
(4) 충분히 치댄 고기는 8등분하여 2cm 두께로 네모나게 빚고 가운데 호두 반쪽을 깊이 눌러 박는다. 갈비를 사용한 경우에는 고기를 얇게 펴서 갈비에 다시 붙이며 비닐이나 랩을 이용해 김 말듯이 말아 붙이면 편리하다.
(5) 뜨거운 석쇠나 팬에 올려 처음에는 센 불에서 구워 겉을 익히고 불을 줄여 서서히 익히다가 뒤집어서 다시 센 불로 겉을 익힌 다음 불을 줄여 속까지 익힌다.

Tip

다진 고기를 오래 치댄 후 볼에 대고 탁탁 던져 공기를 빼는 이유는 고기 속에 공기가 들어 있으면 구울 때 부서지기 쉽기 때문이다.

13) 패주떡갈비

재료 및 분량

쇠고기(갈빗살) 300g, 패주(또는 새우살) 100g, 양파 1/3개, 파인애플(통조림) 3쪽, 굵은 파 1/3대, 다진 마늘 1큰술, 다진 생강 1작은술, 설탕 1큰술, 물엿 1작은술, 간장 4큰술, 굴소스 1작은술, 청주 1작은술, 조미술 1작은술, 참기름 약간, 후춧가루 약간

만드는 법

(1) 곱게 다진 쇠고기는 핏물을 제거하고, 연한 소금물에 씻은 패주는 물기를 빼고 잘게 다진다.
(2) 믹서에 양파, 파인애플, 굵은 대파를 넣어 갈고 쇠고기, 패주와 섞어 치댄다.
(3) 충분히 치댄 후 동글납작하게 빚고 가운데를 살짝 눌러 공기를 뺀다.
(4) 뜨거워진 팬에 기름을 두르고 노릇하게 굽는다.

14) 돼지고기찹쌀구이

재료 및 분량

돼지고기 350g, 찹쌀가루 300g, 깻잎 20장, 상추 10장, 대파 5대, 간장 1큰술, 다진 마늘 1/2큰술, 후춧가루 1/5작은술, 참기름 1작은술, 겨자 2큰술, 식초 6큰술, 설탕 3큰술, 소금 1작은술, 우유 2큰술, 식용유 3큰술

만드는 법

(1) 얇게 저민 돼지고기는 적당하게 썰어 칼등으로 두들기고 간장, 다진 마늘, 후춧가루, 참기름을 넣고 무친다.
(2) 양념한 돼지고기에 찹쌀가루를 골고루 무쳐 놓는다.
(3) 5cm로 썬 대파는 곱게 채 썰어 물에 담갔다가 건진다.
(4) 뜨거워진 팬에 식용유를 두르고 찹쌀가루가 묻은 돼지고기를 넣고 지진다.
(5) 더운 물에 갠 겨자에 식초, 설탕, 소금, 우유를 넣어 겨자초장을 만든다.
(6) 접시에 돼지고기찹쌀구이, 상추, 깻잎, 파채를 담고 겨자초장을 곁들인다.

15) 돼지수육채소볶음

재료 및 분량

돼지수육 250g, 두릅(아스파라거스) 4줄기, 양파 1개, 당근 1/2개, 배추 1잎, 붉은 고추 1개, 생강 1쪽, 간장 3큰술, 술 2큰술, 소금 · 후춧가루 · 참기름 · 식용유 적당량

만드는 법

(1) 삶은 돼지고기는 수육으로 준비하여 얇게 썰고 붉은 고추는 어슷하게 썬다.
(2) 두릅은 끓는 소금물에 데쳐 찬물에 헹궈 건져 먹기 좋게 썬다.
(3) 양파는 굵게 채 썰고, 당근은 반달모양으로 썰고, 배추는 어슷하게 저며 썬다.
(4) 팬에 기름을 두르고 다진 생강과 붉은 고추를 넣고 볶다가 간장과 술을 넣고 돼지고기수육, 두릅, 당근, 배추, 양파, 대파를 넣고 볶는다.

16) 돼지고기채소두반장볶음(1)

재료 및 분량

돼지고기 250g, 셀러리 2대, 오이 2개, 당근 1/2개, 표고버섯 4장, 돼지고기양념(맛내기술 2큰술, 간장 1작은술, 후춧가루, 참기름), 녹말가루, 식용유 2컵, 두반장 양념(소금 1작은술, 간장 · 맛술 · 두반장 · 후춧가루 · 참기름 적당량)

만드는 법

(1) 먹기 좋게 썬 돼지고기는 고기양념을 하고 녹말가루를 입혀 튀긴다.

(2) 셀러리는 3cm로 자르고 오이, 당근은 납작하게 썰고 표고버섯은 채 썬다.

(3) 데워진 팬에 기름을 두르고 당근, 셀러리, 오이, 버섯, 돼지고기 순으로 볶는다.

(4) (3)에 두반장 양념을 넣어 볶다가 물에 갠 녹말을 넣어 걸쭉하게 한다.

Tip

두반장은 낙지볶음, 오징어볶음, 돼지고기주물럭, 채소버섯볶음, 조개류볶음 등 고추장을 쓰는 다양한 요리에 사용하면 톡 쏘는 매운맛을 내어 식욕을 촉진한다.

17) 제육두반장볶음(2)

재료 및 분량

돼지고기(목살) 400g, 청경채 150g, 양파 1/2개, 풋고추 2개, 붉은 고추 2개, 대파 1대, 표고버섯 4개, 마늘 3쪽, 소금 · 후춧가루 · 식용유 약간씩, 두반장 소스(두반장 1큰술, 설탕 1큰술, 청주 1큰술, 후춧가루 · 참기름 약간)

만드는 법

(1) 돼지고기는 3×4cm 크기로 저며 썰고 청경채는 가닥으로 나누어 물에 씻는다.

(2) 양파는 3×4cm로 썰고 풋고추와 붉은 고추는 어슷하게 썬다.

(3) 마늘은 0.3cm 두께로 편으로 썰고 표고버섯은 3×4cm로 썬다.

(4) 분량대로 재료들을 섞어 두반장 소스를 만든다.

(5) 데워진 팬에 식용유를 두르고 마늘, 양파, 붉은 고추를 볶는다.
(6) (5)에 돼지고기와 표고버섯을 넣고 볶다가 두반장 소스를 넣어 더 볶는다.
(7) 고기가 익으면 대파, 풋고추, 청경채를 순서대로 넣고 볶다가 소금과 후춧가루로 간을 하고 참기름을 두른다.

18) 닭고기두반장카레볶음

재료 및 분량

닭고기 400g, 양파 1/2개, 사과 2개, 미니옥수수(통조림) 80g, 브로콜리 80g, 다진 마늘 1/2큰술, 고추기름 2큰술, 생강즙 1큰술, 두반장카레소스(버터 2큰술, 밀가루 1큰술, 두반장 $1\frac{1}{2}$큰술, 카레가루 4큰술, 물 1컵)

만드는 법

(1) 손질한 닭고기에 생강즙을 뿌린다.
(2) 사과와 양파는 사방 1cm로 썰고 브로콜리는 송이로 잘라 끓는 소금물에 데쳐 찬물에 헹군다.
(3) 미니옥수수는 반으로 자르고 뜨거운 물을 끼얹는다.
(4) 고추기름을 두른 냄비에 다진 마늘과 닭고기를 볶다가 양파와 미니옥수수를 넣어 볶는다.
(5) (4)의 재료가 잠기도록 물을 붓고 끓이면서 사과를 넣는다.
(6) 데워진 팬에 버터와 밀가루를 넣어 볶다가 카레가루와 두반장을 넣고 볶으면서 물을 붓고 저어 준다.
(7) (5)에 (6)의 밀가루를 넣고 끓여 걸쭉해지면 브로콜리를 넣고 마무리한다.

19) 닭고기라이스페이퍼말이

재료 및 분량

닭가슴살 250g, 라이스페이퍼 5장, 오이 1/2개, 사과 1/2개, 주황 파프리카1/2개, 적파프리카 1/2개, 양파 1/3개, 무순 40g, 소스(파인애플주스 1컵, 설탕 2큰술, 땅콩버터 2큰술, 식초 4큰술, 소금 2작은술)

만드는 법

(1) 찜통에 닭가슴살을 쪄서 식힌 후 찢고 미지근한 물에 라이스페이퍼를 불린다.
(2) 오이는 5cm로 돌려 깎아 채 썰고 파프리카, 양파는 5cm로 곱게 채 썬다.
(3) 사과는 껍질을 벗기고 5cm로 곱게 채 썬다.
(4) 분량의 재료를 넣어 소스를 만든다.
(5) 김발에 라이스페이퍼를 깔고 닭고기, 오이, 파프리카, 양파, 사과, 무순을 올려 만다.
(6) 먹기 좋은 크기로 썰어 접시에 담고 소스를 끼얹는다.

Tip

라이스페이퍼는 월남쌈의 재료로 쓰이며 쌀가루를 물에 넣어 끓여 낸 후 햇볕에 말려 종잇장처럼 만든 것을 말한다. 라이스페이퍼는 끓는 물에 잠시 담그면 금방 익어 찰기가 새기면서 각종 채소 및 고기 등을 넣어 싸 먹을 수 있다.

20) 닭고기포도소스찜

재료 및 분량

닭다리살 500g, 양파 1개, 포도 250g, 생크림 6큰술, 육수 2컵, 녹말물 2큰술, 소금·후춧가루·버터 적당량

만드는 법

(1) 닭다리는 먹기 좋은 크기로 썰고 양파는 6등분한다.

(2) 버터를 녹인 냄비에 닭다리살과 양파를 넣고 볶는다.

(3) (2)에 씻은 포도를 한 알씩 따서 넣고 볶아 포도껍질이 터지면서 섞일 수 있게 한다.

(4) (3)에 육수를 부어 끓이다가 생크림, 소금, 후춧가루를 넣고 끓여 간을 하고 마지막에 녹말물을 넣고 끓여 농도를 맞춘다.

21) 사과말이돼지고기찜

재료 및 분량

사과 4개, 돼지고기 등심 600g, 소금 · 후춧가루 약간, 소스(토마토퓨레, 육수2컵, 마늘 2쪽, 소금 · 후춧가루 · 치즈가루 · 파슬리가루 약간)

만드는 법

(1) 사과는 12쪽으로 나누어 껍질을 벗기고 심을 제거한다.

(2) 얇게 썬 돼지고기에 소금, 후춧가루를 뿌린 뒤 밀가루를 뿌리고 사과를 올려 돌돌 만다.

(3) 데워진 팬에 기름을 두르고 무명실로 묶어 노릇하게 지진다.

(4) 분량의 재료를 넣어 소스를 만든다.

(5) 돼지고기에 소스를 얹어 조린 후 접시에 담고 치즈가루와 파슬리가루를 뿌린다.

Tip

돼지고기는 육질이 부드러우며 필수지방산인 리놀산이 쇠고기보다 4배나 많고, 비타민 B_1이 다른 육류보다 많다. 또한 중금속을 배출하는 기능이 있지만 불포화지방산의 함량이 많아 부패되기 쉽다.

22) 족장과

재료 및 분량

쇠족 1개, 편육 350g, 제육 350g, 전복 2마리, 잣 1큰술, 목이버섯 5장, 숙주 400g, 미나리 150g, 달걀 2개, 배 1개, 겨자즙 2큰술, 설탕 1큰술, 간장 2큰술, 참기름 2작은술, 깨소금 약간, 육수 적당량

만드는 법

(1) 삶은 쇠족은 채 썰고, 편육과 제육도 채 썬다.
(2) 손질한 전복은 쪄서 채 썰고, 잣은 고깔을 뗀다.
(2) 불린 목이버섯은 채 썰고, 미나리는 끓는 소금물에 데쳐 헹군 후 4cm로 썬다.
(3) 숙주는 머리와 꼬리를 떼고 데쳐서 냉수에 담가 건진다.
(4) 달걀은 황백지단을 부쳐 채 썬다.
(5) 모든 재료에 겨자즙, 설탕, 간장, 참기름, 깨소금을 넣어 무친 다음 육수를 붓고 끓인다.
(6) (5)를 그릇에 담고 미나리와 배채, 지단채를 고명으로 얹는다.

23) 햄오색젤리

재료 및 분량

햄(살코기) 250g, 풋고추 2개, 붉은 고추 2개, 달걀지단 1장, 석이버섯 6장, 불린 한천 1컵, 물 1컵, 소금, 후춧가루, 초간장(간장 2큰술, 물 2큰술, 식초 2큰술, 설탕 1/2작은술)

만드는 법

(1) 냄비에 불린 한천과 동량의 물을 붓고 끓인 후 소금으로 간을 한다.
(2) 달걀지단, 석이버섯, 햄, 풋고추, 붉은 고추는 각각 3cm 길이로 곱게 채 썬다.
(3) (2)를 한천이 굳기 전에 넣어 소금, 후춧가루로 간을 한다.

(4) 물을 묻힌 틀에 한천을 평평하게 담아 냉장고에서 차게 굳힌다.
(5) (4)가 굳으면 표면에 물을 묻히고 엎어서 꺼낸 다음 얇게 썰어 초간장을 곁들인다.

24) 돼지고기수육무침

재료 및 분량

돼지고기 500g, 고기 삶는 육수(물 8컵, 통마늘 8개, 대파 1대, 양파1/2개, 생강 4쪽, 술 2큰술, 통후추 8개, 된장 적당량), 대파 3대, 깻잎 40장, 고운 고춧가루 적당량, 깨즙 소스(통깨 6큰술, 육수 6큰술, 소금 · 설탕 · 식초 약간)

만드는 법

(1) 돼지고기 삼겹살을 얇게 썰어 고기 삶는 육수에 넣어 삶아 건진다.
(2) 분쇄기에 통깨를 곱게 간 다음 육수, 간장, 소금, 설탕, 식초를 넣어 깨즙 소스를 만든다. 실파는 4cm로 썬다.
(3) 깨즙 소스에 삶은 돼지고기를 무치고, 채 썬 대파는 찬물에 헹궈 건져 고운 고춧가루에 무친다.
(4) 접시에 깨즙 소스에 무친 돼지고기, 깻잎, 대파채를 함께 담아 낸다.

Tip

수육의 비린내 제거 방법으로 정향, 팔각과 같은 향신채 이외에 맥주, 커피 등을 넣어 돼지고기의 누린내 및 잡내를 제거할 수 있다. 수육을 썰 때는 고기결의 반대방향으로 썰어야 부스러지지 않고 부드럽다. 먹다 남은 수육은 찜기에 부추 등을 깔고 얹어 데우면 비린내가 없어지고 부드러워진다.

25) 제육편육

재료 및 분량

돼지고기(사태) 500g, 마늘 6개, 생강 1개, 대파 2대, 커피 1/2큰술, 통후추 1작은술, 오이 1개, 상추 5장, 무 200g, 무생채양념장(소금 2작은술, 고춧가루 1작은술, 설탕 2작은술, 식초 2작은술, 다진 파 1큰술, 다진 마늘 1작은술, 깨소금 · 참기름 약간)

만드는 법

(1) 마늘과 생강은 편으로 썰고 대파는 큼직하게 썬다.

(2) 실로 묶은 돼지사태는 끓는 물에 마늘, 대파, 생강, 통후추, 커피와 함께 넣어 35분 정도 끓여 식힌 후 썬다.

(3) 오이는 소금으로 문질러 씻어 어슷하게 썬다.

(4) 채 썬 무에 소금과 고춧가루를 넣어 빛깔을 낸 다음 나머지 양념을 넣어 무친다.

(5) 접시에 편육을 담고 상추를 깔고 오이, 무생채를 담는다.

26) 메밀싹편육쌈

재료 및 분량

메밀싹 100g, 쇠고기(로스구이용 채끝살) 500g, 양념장(간장 1큰술, 육수 1큰술, 청주 1큰술, 설탕 2/3큰술)

만드는 법

(1) 20cm 길이로 썬 쇠고기는 끓는 물에 데치고 냉수에 담가 기름기를 뺀다.

(2) 양념장을 데친 고기에 버무려 냉장고에서 차게 한 후 무거운 것으로 눌러 고기를 반듯하게 펴 준다.

(3) 메밀싹은 씻어 건져 물기를 빼고 차가워진 고기에 가지런히 넣어 돌돌 만다.

Tip

메밀싹은 콩나물이나 숙주나물처럼 싹을 틔워 재배하는 것으로 메밀싹 나물로 재배하면 종자보다 루틴(rutin) 함량이 27배나 증가한다. 루틴은 모세혈관을 튼튼히 하며 비만을 억제하는 효과가 있다. 특히 메밀싹은 맛이 담백하고 비린내가 나지 않아 생으로 먹을 수 있어 주스, 생식, 나물무침, 샐러드나 생선회와 불고기에 곁들일 수 있다.

27) 삼겹살채소쌈

재료 및 분량

삼겹살 300g, 양배추 3장, 무순 약간, 적채 4장, 치커리 100g, 붉은 고추채 약간, 맥주 4컵, 고추냉이마요네즈소스(고추냉이 2큰술, 마요네즈 6큰술, 레몬즙 2큰술, 후춧가루 약간)

만드는 법

(1) 삼겹살은 얇게 썰어 끓는 맥주에 익히고, 양배추와 적채는 5cm로 채 썬다.

(2) 분량의 재료를 섞어 고추냉이마요네즈소스를 만든다.

(3) 삼겹살에 양배추, 적채, 무순, 치커리, 붉은 고추채를 놓고 말아 싸서 그릇에 담고 고추냉이마요네즈소스를 뿌린다.

28) 닭살채소말이조림

재료 및 분량

닭가슴살 200g, 양파 1/2개, 풋고추 2개, 붉은 고추 1개, 소금 · 후춧가루· 식용유 적당량, 조림양념(간장 2큰술, 설탕 2큰술, 조미술 2큰술, 생강즙 1/2큰술, 다시물 1/4컵), 대꼬치 약간

만드는 법

(1) 닭가슴살을 저며 썰고, 채 썬 고추와 양파는 볶아 소금, 후춧가루로 간을 한다.

(2) 볶은 채소를 닭살로 돌돌 말아 대꼬치로 고정시킨다.

(3) 냄비에 조림양념을 넣어 끓으면 닭살채소말이를 넣고 서서히 조린 후 식으면 대꼬치를 빼고 썬다.

29) 닭날개데리야끼

재료 및 분량

닭날개 20개, 데리장(설탕 2큰술, 간장 4큰술, 술 4큰술, 생강 약간), 식용유 적당량

만드는 법

(1) 닭날개는 씻어 면보자기로 닦고 칼집을 3번 정도 넣은 후 설탕, 간장, 술의 데리장에 간이 충분히 배도록 재운다.

(2) 기름을 두른 팬에 닭날개를 구우면서 데리장을 끼얹어 윤기 나게 조린다.

Tip

데리야끼소스는 장어구이, 닭요리, 불고기양념, 멸치볶음, 고추볶음, 스파게티, 스테이크, 햄버거 등에 다양하게 쓰인다.

30) 뚝배기불고기

재료 및 분량

쇠고기 250g, 양파 1개, 대파 1개, 당면 250g, 팽이버섯 1봉지, 멸치육수(물) 3컵, 다진 마늘 1큰술, 국간장 · 후춧가루 적당량, 쇠고기양념(간장 1큰술, 맛술 1큰술, 설탕 1작은술, 참기름 1작은술, 후춧가루 · 깨소금 약간)

만드는 법

(1) 핏물을 제거하고 먹기 좋게 썬 쇠고기는 양념을 하여 뚝배기에 담는다.

(2) 양파는 채 썰고 대파는 어슷하게 썰고 당면은 불린다.

(3) 팽이버섯은 밑둥을 자르고 찢어 놓는다.

(4) 쇠고기를 넣은 뚝배기에 양파, 대파, 다진 마늘을 넣고 팽이버섯을 얹는다.

(5) (4)에 멸치육수를 붓고 국간장으로 간을 한 다음 당면을 넣고 후춧가루로 마무리한다.

31) 쇠고기초절임

재료 및 분량

쇠고기 등심 500g, 식용유 1큰술, 간장 1큰술, 청주 3큰술, 양파 1개, 셀러리 1대, 붉은 고추 3개, 당근 1/2개, 초절임양념장(식초 1/2컵, 청주 1/3컵, 설탕 1큰술, 간장 1/3컵), 실파 1/2단, 참기름 2큰술

만드는 법

(1) 팬에 식용유를 두르고 쇠고기를 덩어리째 얹어 앞뒤를 어느 정도 익혀 청주 3큰술과 간장 1큰술을 넣는다.
(2) 분량대로 초절임양념장을 만들어 익힌 고기와 얇게 썬 당근, 양파, 붉은 고추, 셀러리에 넣어 2~3시간 절인나.
(3) 얇게 썬 고기를 양념장과 함께 담고 실파를 송송 썰어 곁들인다.

32) 닭날개인삼조림

재료 및 분량

닭날개 500g, 생강즙 · 소금 · 후춧가루 적당량, 인삼(가는 것) 3뿌리, 밤 5개, 대추 4개, 조림장(간장 2큰술, 설탕 1½큰술, 다진 마늘 1큰술, 청주 2큰술, 물 1/2컵, 물엿 2큰술, 참기름 1큰술), 튀김기름 적당량

만드는 법

(1) 깨끗이 씻어 손질한 닭날개는 물기를 빼고 생강즙, 소금, 후춧가루에 재운다.
(2) 뜨거워진 튀김기름에 닭을 한 번 튀긴다.
(3) 용두를 자른 인삼의 껍질을 칼등으로 살살 벗겨 5cm로 자르고, 껍질을 벗긴 밤은 설탕물에 삶고 대추는 씨를 제거하고 3등분한다.
(4) 데워진 냄비에 기름을 두르고 다진 마늘을 볶다가 간장, 설탕, 청주, 물을 붓고 끓여 반 정도 졸면 튀긴 닭, 인삼, 밤, 대추, 물엿을 넣고 국물 없이 졸이다가 참기름을 넣고 버무린 후 담는다.

33) 돼지갈비조림

재료 및 분량

돼지갈비 500g, 숙주 200g, 대파 1대, 간장 1큰술, 술 2큰술, 밀가루 1/2컵, 녹말가루 1/2컵, 고추기름 1큰술, 설탕 1큰술, 케첩 1/2컵, 육수 1컵, 소금 · 후춧가루 적당량

만드는 법

(1) 5cm로 토막 낸 돼지갈비에 칼집을 2~3군데 내고 냉수에 담가 핏물을 뺀다.

(2) 돼지갈비에 술과 간장으로 밑간을 하여 20분쯤 재워 둔다.

(3) 숙주는 거두절미하고 대파는 5cm로 자른 후 채 썬다.

(4) 밀가루와 녹말가루를 섞어 (2)에 고루 묻히고 뜨거운 기름에 넣어 바삭하게 튀긴다.

(5) 팬에 고추기름, 설탕, 케첩, 육수를 부어 조리다가 윤이 나면 튀긴 돼지갈비를 넣고 간이 고루 배도록 조린다.

(6) 팬에 식용유를 두르고 숙주와 대파를 볶아 접시에 깔고 돼지갈비를 담는다.

34) 닭고기채소조림

재료 및 분량

닭고기 200g, 당근 60g, 피망 1/2개, 감자 100g, 연근 80g, 죽순 1개, 곤약 50g, 간장 4큰술, 설탕 2큰술, 정종 2큰술, 물 1컵, 식용유 적당량

만드는 법

(1) 닭살코기를 먹기 좋은 크기로 잘라 끓는 물에 데쳐 놓는다.

(2) 모든 채소는 큼직한 삼각형 모양으로 썰어 끓는 물에 무르도록 삶는다.

(3) 데운 냄비에 식용유를 두르고 닭고기와 채소류를 충분히 볶다가 설탕, 정종, 간장, 물을 넣어 조린다.

35) 닭불고기

재료 및 분량

닭고기 500g, 깻잎 10장, 대파 흰 부분 1대, 식용유 적당량, 양념장(다진 파 2큰술, 다진 마늘 2큰술, 간장 5큰술, 청주 3큰술, 설탕 4큰술, 참기름 $1\frac{1}{2}$큰술, 깨소금 1큰술, 후춧가루 1작은술)

만드는 법

(1) 닭살코기는 편으로 잘라 한입 크기로 썬다.
(2) 분량의 재료를 섞어 양념장을 만들어 닭고기를 넣어 30분 정도 잰다.
(3) 깻잎과 대파 흰 부분은 채 썰어 각각 찬물에 담갔다가 물기를 뺀다.
(4) 뜨거워진 팬에 식용유를 두르고 닭고기를 센 불에서 굽다가 겉이 익으면 불을 줄여 속까지 익힌다.
(5) 구운 닭불고기를 접시에 담고 대파와 깻잎을 곁들인다.

36) 쇠고기두부강정

재료 및 분량

두부 1모, 쇠고기 400g, 양파 다진 것 1/2개, 마늘 3개, 녹말가루 6큰술, 통깨 1큰술, 소금 · 후추 약간, 소스(고추장 2큰술, 간장 1큰술, 케첩 1큰술, 다진 마늘 1큰술, 생강즙 1작은술), 식용유 적당량

만드는 법

(1) 물기를 짠 두부를 도마에 올려 칼로 으깬다.
(2) 쇠고기 우둔살과 양파는 각각 잘게 다진다.
(3) 그릇에 으깬 두부와 다진 고기를 넣고 다진 양파, 다진 마늘, 소금, 후추, 녹말가루를 섞어 반죽한다.
(4) 170℃의 기름에 반죽을 한 수저씩 떠 넣어 노릇하게 튀긴다.

(5) 뜨거운 팬에 기름을 두르고 다진 마늘을 볶다가 고추장, 케첩, 생강즙, 간장을 넣고 볶은 후 (4)의 튀김을 넣어 빠르게 섞고 통깨를 뿌린다.

37) 닭강정

재료 및 분량

닭 600g, 풋고추 1개, 붉은 고추 1개, 마늘 3개, 땅콩 40g, 설탕 2큰술, 간장 3큰술, 청주 2큰술, 물엿 2큰술, 참기름 1큰술, 물 1/2컵, 소금 · 후춧가루 · 생강즙 · 튀김기름 · 녹말가루 적당량

만드는 법

(1) 먹기 좋게 자른 닭을 생강즙, 소금, 후춧가루로 재우고 녹말가루를 묻힌다.
(2) 튀김기름이 뜨거워지면 (1)의 닭을 튀긴다.
(3) 풋고추, 붉은 고추는 씨를 제거하고 굵게 다지고 마늘과 땅콩도 굵게 다진다.
(4) 뜨거워진 팬에 기름을 두르고 마늘과 붉은 고추를 볶다가 간장, 설탕, 청주, 물을 붓고 끓인다.
(5) 조림장이 반으로 조려지면 튀긴 닭과 풋고추, 물엿, 땅콩을 넣고 국물이 없도록 조리다가 참기름을 넣어 마무리한다.

38) 닭고기탕수육

재료 및 분량

닭고기(가슴살) 350g, 당근 60g, 피망 3개, 건표고 5장, 죽순 60g, 대파 30g, 달걀 1/2개, 녹말가루 4큰술, 간장 1/2큰술, 맛술 1/2큰술, 식용유 2큰술, 양념장(소금 1작은술, 간장 1큰술, 설탕 3큰술, 다시물 3/4컵), 식초 2큰술, 물녹말 3큰술, 참기름 약간

만드는 법

(1) 피망과 물에 불린 표고는 먹기 좋은 크기로 썰고, 대파는 0.5cm로 어슷하게 썬다.

(2) 죽순은 세로로 반을 갈라 0.4cm 폭으로 썰고 당근은 2.5cm 폭으로 어슷하게 썰어 끓는 물에 각각 데친다.

(3) 닭고기는 5×0.8cm로 저미고 생강즙, 간장, 맛술을 넣어 주물러 둔다.

(4) 간이 배면 (3)에 달걀 푼 것, 녹말가루를 넣고 주물러 끈기를 주며 마지막에 참기름을 넣어 고루 섞는다.

(5) 뜨거운 기름에 (4)의 닭고기를 넣고 갈색이 나도록 튀긴다.

(6) 간장, 설탕, 다시물을 섞고 물녹말을 만든다.

(7) 데워진 팬에 기름을 두르고 대파를 볶아 향을 내고 죽순과 표고를 넣고 볶는다.

(8) (7)에 당근과 피망을 넣어 볶은 후 다시물을 붓고 한소끔 끓인다.

(9) (8)에 물녹말을 조금씩 넣고 섞으면서 한소끔 더 끓인다.

(10) (9)에 닭튀김을 넣어 채소와 잘 어우러지도록 섞어 준다.

(11) (10)이 조려지면 분량의 식초를 넣고 잠시 저어 준다.

(12) 마지막으로 참기름을 넣어 섞은 후 그릇에 담는다.

39) 닭고기고추장탕수육

재료 및 분량

닭가슴살 400g, 당근 1개, 양파 2개, 대파 2대, 청파프리카 2개, 적파프리카 2개, 녹말가루 2큰술, 물 2큰술, 후춧가루 · 소금 약간, 튀김기름 적당량, 소스(쇠고기국물 1컵, 설탕 4큰술, 식초 4큰술, 고추장 2작은술, 다진 마늘 1작은술, 다진 생강 1/2작은술, 깨소금 1작은술), 튀김옷(튀김가루 200g, 달걀 2개, 카레가루 1작은술, 소금 1작은술, 맥주 4큰술)

만드는 법

(1) 닭가슴살은 먹기 좋은 크기로 썰어 소금, 후춧가루로 밑간을 하여 잰다.

(2) 당근, 양파는 0.3×2×5cm로 썰고 청파프리카, 적파프리카는 곱게 채 썰고 대파는 반으로 갈라 5cm로 썬다.

(3) 카레가루와 튀김가루를 체에 내려 달걀과 소금, 맥주를 넣어 슬쩍 섞는다.

(4) 닭고기 밑간한 것을 (3)에 무쳐 170℃ 기름에 튀긴다.

(5) 분량의 재료를 혼합하여 소스를 만든다.

(6) 데워진 팬에 기름을 두르고 (2)의 채소를 넣어 볶은 후 소스를 넣고 녹말물로 농도를 맞춘다.

(7) (6)에 튀긴 닭고기를 넣고 버무린 후 접시에 담는다.

40) 닭고기땅콩튀김

재료 및 분량

닭살코기 500g, 땅콩 1/2컵, 감자 4개, 달걀 2개, 양상추 1통, 마요네즈 · 튀김기름 적당량, 소금 · 후추 약간, 술 4큰술, 밀가루 2컵, 소스(토마토케첩 3큰술, 우스터소스 1큰술, 핫소스 1큰술)

만드는 법

(1) 닭살코기는 넓적하게 썰어 소금 · 후추 · 술에 재워 둔다.

(2) 땅콩은 껍질을 벗겨 굵직하게 다진다.

(3) 닭살코기에 간이 배면 밀가루, 달걀 푼 것, 다진 땅콩 순서로 옷을 입혀 처음에는 중불에서 튀기고 두 번째 튀길 때는 센 불에서 튀긴다.

(4) 큼직하게 삶은 감자를 물기 없이 볶아 식혀 마요네즈 · 소금 · 후추로 버무리고 양상추는 먹기 좋은 크기로 뜯어 놓는다.

(5) 닭고기 튀김, 양상추, 감자샐러드를 접시에 담고 케첩, 우스터소스, 핫소스를 섞어 곁들인다.

41) 튀김돼지고기

재료 및 분량

돼지고기 목살 350g, 밤 5개, 대추, 10개, 석이버섯 60g, 설탕 1컵, 물엿 1/2컵, 물 1컵

만드는 법

(1) 4×5cm로 썬 돼지고기에 잔 칼집을 내고 소금, 후춧가루로 밑간을 한다.
(2) 물기를 제거한 돼지고기를 기름에 튀긴다.
(3) 손질한 석이버섯, 밤, 대추는 곱게 채 썬다.
(4) 냄비에 분량의 물, 설탕, 물엿을 넣어 시럽을 만든다.
(5) 튀겨 놓은 돼지고기를 시럽에 넣고 윤기 나게 조린다.
(6) 채 썬 밤, 대추, 석이버섯은 골고루 섞어 돼지고기 위에 고명으로 얹는다.

42) 닭고기카레깐풍기

재료 및 분량

닭 1마리, 풋고추 3개, 붉은 고추 3개, 대파 2대, 마늘 4쪽, 생강즙 2큰술, 간장 2큰술, 청주 2작은술, 달걀 2개, 녹말가루 8큰술, 카레가루 2큰술, 식용유 적당량, 녹말물 · 소금 · 후춧가루 약간, 소스(간장 6큰술, 식초 6큰술, 설탕 8큰술, 물 6큰술, 소금 · 후춧가루 약간)

만드는 법

(1) 씻어 건져 물기를 제거한 닭은 한입 크기로 토막 내어 간장, 생강즙, 청주, 후춧가루를 뿌려 밑간을 한다.
(2) 밑간한 닭고기에 달걀 푼 것, 녹말가루, 카레가루를 섞어서 튀김옷을 입힌다.
(3) 170℃의 기름온도에 튀김옷을 입힌 닭을 노릇하게 튀겨 식힌 후 다시 한 번 센불에서 바삭하게 튀긴다.

(4) 대파는 0.5cm로 송송 썰고 마늘은 편으로 썬다. 풋고추와 붉은 고추는 반으로 갈라 씨를 털어 내고 사방 0.6cm 크기로 썬다.
(5) 뜨거워진 팬에 식용유를 두르고 마늘, 파, 고추를 볶다가 분량대로 소스를 넣어 끓인다.
(6) 소스에 녹말물을 넣어 농도를 맞춘 후 끓으면 소금으로 간을 하고 튀긴 닭을 넣고 버무려 낸다.

43) 닭다리살바베큐

재료 및 분량

닭다리 4개, 데친 브로콜리 60g, 소금 · 후춧가루 · 식용유 적당량, 케첩소스(다진 양파 3큰술, 버터 2큰술, 토마토케첩 3큰술, 우스터소스 1큰술, 물엿 2큰술, 레드와인 1큰술, 토마토주스 1/4컵, 소금 · 후춧가루 약간)

만드는 법

(1) 닭다리는 살만 발라내어 칼집을 3~4군데 넣고 큼직하게 토막 낸다.
(2) 손질한 닭다리살에 소금과 후춧가루를 뿌려 밑간을 한다.
(3) 뜨거워진 팬에 식용유를 두르고 닭다리살을 노릇하게 굽는다.
(4) 데워진 팬에 버터를 녹이고 다진 양파를 넣어 볶다가 레드와인을 뿌려 섞는다.
(5) 소스가 끓으면 토마토케첩과 토마토주스를 부어 끓이다가 우스터소스와 물엿, 소금, 후춧가루를 넣어 간을 한다.
(6) (5)에 구운 닭고기를 넣어 서서히 끓인 후 저며 썰어 담고 데친 브로콜리를 잘게 다져 고기 위에 뿌린다.

44) 바비큐폭크립

재료 및 분량

폭크립 1.3kg, 바비큐소스(토마토케첩 2컵, 레드와인식초 1컵, 간장 1/4컵, 흑설탕 1컵, 우스터소스 1/4컵, 드라이 머스터드 2큰술, 칠리파우더 4큰술, 다진 생강 1큰술, 다진 마늘 1큰술, 식용유 2큰술, 레몬 조각 3쪽)

만드는 법

(1) 냄비에 토마토케첩과 레드와인식초를 넣고 섞은 후 나머지 바비큐소스 재료를 넣어 끓인다.
(2) 소스가 끓으면 레몬을 건지고 2컵 분량이 되도록 조린다.
(3) 손질한 폭크립을 150℃ 오븐에 넣고 쿠킹호일을 덮어 2~ 3시간 굽는다.
(4) (3)의 폭크립에 끓인 소스를 붓으로 바른 뒤 오븐에 10~20분쯤 더 구운 후 접시에 담고 소스를 한 번 더 끼얹는다.

45) 돈가스

재료 및 분량

돼지고기(등심) 300g, 양배추 1/6개, 양파 1/2개, 달걀 2개, 빵가루 1컵, 소금 · 후춧가루 약간, 밀가루 1/2컵, 돈가스소스 1컵, 식용유 적당량

만드는 법

(1) 돼지고기를 도톰하게 저미고 두들긴 후 소금, 후춧가루로 밑간을 한다.
(2) 양배추와 양파는 채 썰어 물에 담가 건지고 달걀을 풀어 놓는다.
(3) 돼지고기에 밀가루, 달걀물, 빵가루 순으로 묻혀 튀긴다.
(4) 접시에 양배추와 양파를 깔고 돈가스를 썰어 담고 소스를 끼얹는다.

Tip

돼지고기에 튀김옷을 입힐 때 달걀에 우유, 계피가루를 섞어 반죽하여 묻히면 돼지냄새가 제거된다.

46) 된장돈가스

재료 및 분량

돼지고기 300g, 양배추 1/6개, 오이 1/2개, 당근 1/2개, 달걀 2개, 빵가루 1컵, 밀가루 1/2컵, 식용유 적당량, 돼지고기 양념(청주 1큰술, 양파즙 2큰술, 소금 · 후춧가루 약간, 물엿 1큰술), 된장소스(된장 2큰술, 토마토케첩 5큰술, 설탕 1작은술, 물 1/4컵)

만드는 법

(1) 돼지고기는 앞뒤로 잔 칼집을 낸 후 물엿, 청주, 양파즙, 소금, 후춧가루로 밑간한다.
(2) (1)에 밀가루, 달걀물, 빵가루를 묻혀 가볍게 누른 후 튀긴다.
(3) 양배추, 오이, 당근은 곱게 채 썰어 물에 담갔다 건진다.
(4) 접시에 채소를 담고 돈가스를 올린 후 된장소스를 끼얹는다.

Tip

된장은 반드시 체에 거른다.

47) 치즈김치돈가스

재료 및 분량

돼지고기(안심) 450g, 배추김치 4줄기, 피자용치즈 4개, 달걀 4개, 쑥갓 4줄기, 통깨 약간, 소스(간장 8큰술, 가쓰오부시 국물 10컵, 설탕 4큰술, 조미술 4큰술), 튀김옷(밀가루 7큰술, 달걀 4개, 빵가루 100g)

만드는 법

(1) 김치는 헹궈 물기를 제거하고 피자용 치즈는 3×8cm로 자른 후 김치에 치즈를 올려 돌돌 만다.
(2) 기름기를 제거한 돼지고기를 두들겨 부드럽게 한 다음 (1)을 올려 반으로 접는다.

(3) (2)에 밀가루, 달걀물, 빵가루 순으로 튀김옷을 입혀 160℃의 기름에 바삭하게 튀긴다.
(4) 가쓰오부시 국물에 설탕, 간장, 조미술을 넣어 간을 한다.
(5) (4)의 소스를 끓이다가 튀긴 돈가스를 넣고 다시 한 번 끓으면 달걀물을 넣는다.
(6) (5)의 돈가스에 통깨를 뿌리고 쑥갓을 얹어 접시에 담는다.

48) 마늘샌드돈가스

재료 및 분량

돼지고기 800g, 마늘 3개, 피망 1개, 홍피망 1개, 양파즙 3큰술, 밀가루 1컵, 달걀 4개, 빵가루 1컵, 식용유 적당량, 버터 · 소금 · 후춧가루 약간, 돈가스소스〈버터 1큰술, 잘게 썬 양파 1/4컵, 통후추 잘게 부순 것 1/2큰술, 레드와인 1큰술, 돈가스소스(시판용) 1/2컵, 육수 1/4컵, 소금 · 후춧가루 약간〉

만드는 법

(1) 마늘은 편으로 썰고, 피망과 홍피망은 반 갈라 속을 긁은 후 채로 썬다.
(2) 잘게 썬 양파와 통후추 부순 것을 버터로 볶다가 레드와인을 넣어 끓인다. 소스가 끓으면 돈가스소스와 육수를 넣고 걸쭉한 농도로 끓여 소금과 후춧가루로 간을 한다.
(3) 돼지고기는 살코기로 손바닥 크기 0.5cm 두께로 썰어 두들긴 다음 소금, 후춧가루, 양파즙을 뿌려 밑간을 한다.
(4) 뜨거워진 팬에 버터를 두르고 편으로 썬 마늘과 피망채를 넣어 노릇하게 볶다가 소금과 후춧가루로 간을 한다.
(5) 밑간한 고기에 볶은 마늘과 피망채를 얹고 밀가루를 뿌린 뒤 고기 한 장을 올려 붙인 후 밀가루를 묻히고 속이 빠지지 않게 이쑤시개로 끝부분을 꿴다.
(6) 달걀 푼 것에 맞붙인 고기를 넣어 고루 바르고 빵가루를 묻힌다.
(7) 뜨거워진 기름에 고기를 넣어 노릇하게 튀긴 후 기름기를 뺀다.
(8) 접시에 담고 돈가스소스를 곁들인다.

49) 닭안심감자스테이크

재료 및 분량

닭안심 200g, 감자 1개, 양송이 4개, 올리브기름 1큰술, 표고버섯 2개, 마늘 1개, 버터 1큰술, 파슬리가루 5g, 소금 · 후춧가루 약간, 밀가루 적당량, 백포도주 3큰술

만드는 법

(1) 손질한 닭고기에 소금, 후춧가루를 뿌리고 밀가루를 묻힌다.
(2) 올리브기름에 고기를 지진 후 백포도주를 뿌려 불이 붙게 하여 속까지 익힌다.
(3) 고기는 건져 내놓고 (2)에 마늘, 양송이, 표고버섯 썬 것을 넣어 볶다가 소금, 후춧가루로 간을 하여 소스를 만든다.
(4) 삶은 감자는 얇게 채 썰어 고기의 앞뒤로 덮어 씌운 다음 버터를 넣은 팬에 노릇노릇하게 지진다.
(5) (4)를 접시에 담고 (3)의 소스를 얹고 파슬리가루를 뿌린다.

50) 쇠고기우유스프

재료 및 분량

쇠고기 250g, 방울양배추 10개, 두부 1/2모, 감자 1/2개, 홍피망 1/2개, 파슬리가루 5g, 버터 1큰술, 우유 2컵, 육수 1컵, 소금 · 후춧가루 약간

만드는 법

(1) 핏물을 뺀 쇠고기는 덩어리째 끓는 물에 삶아 사방 2cm 크기로 썬다.
(2) 두부도 사방 2cm로 썰고, 방울양배추는 윗면에 열십자로 칼집을 낸다.
(3) 감자는 삶아 뜨거울 때 으깨고 피망은 삼각으로 썬다.
(4) 냄비에 고기와 두부, 방울양배추를 넣고 육수를 부어 끓인다.
(5) (4)가 충분히 끓으면 으깬 감자, 피망, 우유를 넣고 살짝 끓여 소금, 후추로 간을 한다.
(6) 수프그릇에 담고 파슬리가루를 뿌린다.

51) 쇠고기버섯스튜

재료 및 분량

쇠고기(등심) 400g, 당근 2/3개, 양파 1개, 표고버섯 4개, 느타리버섯 100g, 토마토 200g, 밀가루 6큰술, 육수 6컵, 토마토페이스트 4큰술, 우스터소스 2큰술, 소금 · 후춧가루 약간, 버터 적당량

만드는 법

(1) 쇠고기덩어리를 사방 1.5cm 두께로 썰어 두들겨 소금, 후춧가루로 밑간을 한다.
(2) 당근, 양파, 표고버섯, 느타리버섯은 한입 크기로 썰고 토마토는 뜨거운 물에 살짝 데쳐 껍질을 벗기고 먹기 좋게 썬다.
(3) 버터를 냄비에 넉넉히 두르고 (1)의 쇠고기에 밀가루를 묻혀 볶는다.
(4) (3)이 노릇하게 볶아지면 토마토페이스트, 육수를 넣고 은근히 끓인다. 당근, 양파는 팬에 볶아 고기가 반쯤 익으면 넣는다.
(5) 우스터소스를 넣고 적당히 끓으면 버섯과 토마토를 넣고 끓인 후 소금과 후춧가루로 간을 한다.

52) 닭가슴살롤크림소스

재료 및 분량

닭가슴살 200g, 당근 60g, 양파 1/2개, 깻잎 6장, 마늘쫑 50g, 파슬리가루 약간, 치즈가루 2큰술, 버터 40g, 백포도주 40㎖, 샐러드기름 3큰술, 생크림 40㎖, 소금 · 후춧가루 약간, 밀가루 적당량

만드는 법

(1) 당근을 0.3×0.3×6cm로 채 썰어 끓는 물에 데치고 마늘쫑은 7cm 길이로 썰어 팬에 기름을 두르고 소금을 넣어 볶는다.
(2) 얇게 포를 뜬 닭가슴살에 소금, 후춧가루로 간을 하고 밀가루를 뿌린다.

(3) (2)에 깻잎을 얹어 치즈가루, 당근, 마늘쫑을 올려 감고 밀가루를 씌어 버터에 노릇하게 지진다.

(4) (3)의 닭가슴살롤을 꺼내 놓고 팬에 와인을 넣어 끓이다가 생크림을 넣고 다진 파슬리가루와 다진 양파를 넣고 끓여 소금과 후춧가루로 간을 하여 소스를 만든다.

(5) 접시에 닭가슴살롤을 담고 그 위에 소스를 뿌린다.

53) 닭살샐러드

재료 및 분량

닭 250g, 양상추 300g, 양파 1/2개, 래디시 1개, 치커리 약간, 레몬 1/2개, 샐러드기름 3큰술, 설탕 1작은술, 다진 마늘 1큰술

만드는 법

(1) 닭고기는 2~3cm로 썰어 기름에 노릇하게 지진다.

(2) 양파즙, 레몬즙, 샐러드기름, 설탕, 다진 마늘을 섞어 드레싱을 만든다.

(3) 래디시, 양파, 치커리, 양상추는 먹기 좋게 썰어 접시에 담고 닭고기를 얹은 후 드레싱을 뿌린다.

54) 닭살냉채

재료 및 분량

닭가슴살 400g, 오이 1개, 당근 1/2개, 배 1/3개, 풋고추 1개, 붉은 고추 1개, 수삼 적당량, 달걀 1개, 소금 · 설탕 약간, 닭 삶는 물(양파채 1/4분량, 청주 1큰술, 소금 · 후춧가루 약간), 배즙잣소스(배즙 1/4컵, 발효겨자 1큰술, 잣가루 3큰술, 설탕 3큰술, 식초 2큰술, 소금 · 후춧가루 · 참기름 약간)

만드는 법

(1) 닭 삶는 물에 닭가슴살을 넣고 삶는다.

(2) 오이는 껍질을 돌려 깎아 0.3cm×5cm으로 썰고 당근도 0.3cm×5cm으로 썰어 소금과 설탕에 절인다.
(3) 황백지단을 부친 달걀과 배는 0.3×5cm로 채 썰고 배는 설탕을 뿌린다. 풋고추와 붉은 고추도 잘게 다지듯이 썬다.
(4) 껍질을 벗긴 수삼도 0.3×5cm로 채 썰어 설탕을 뿌린다.
(5) 분량의 재료로 만든 배즙잣소스의 반 분량으로 잘게 다진 풋고추와 붉은 고추를 골고루 묻혀 치게 보관한다.
(6) 물기를 짠 당근과 오이는 배, 달걀지단, 수삼과 섞어 나머지 배즙잣소스를 넣어 버무린다.
(7) 삶은 닭살을 식힌 후 얇게 썰어 담고 버무린 채소를 그 위에 얹고 남은 배즙잣소스를 뿌린다.

55) 사천풍 닭냉채

재료 및 분량

닭 1마리, 양상추 1/2통, 건고추 2개, 술 3큰술, 간장 2큰술, 대파 2대, 마늘 3개, 생강 1/3개, 소스(두반장 2큰술, 식초 3큰술, 설탕 2큰술, 간장 1큰술, 고추기름 1큰술), 소금 · 식용유 적당량

만드는 법

(1) 손질한 닭을 크게 10토막으로 썰어 술과 간장으로 잰다.
(2) 김이 오른 찜통에 닭을 넣고 20분쯤 쪄서 기름기를 뺀다.
(3) 건고추와 대파, 마늘, 생강은 잘게 다진다.
(4) 분량의 재료를 넣어 소스를 만들고 (3)의 다진 향채를 넣는다.
(5) 찜통에 쪄 낸 닭에 (4)의 소스를 끼얹는다.
(6) 먹기 좋은 크기로 썬 양상추는 식용유와 소금을 떨어뜨린 끓는 물에 데친다.
(7) 접시에 데친 양상추를 깔고 소스를 끼얹은 닭냉채를 담아 낸다.

56) 삼겹살샤브냉채

재료 및 분량

삼겹살 350g, 당근 1/3개, 양배추 2장, 붉은 양배추잎 2장, 무순 30g, 붉은 고추 2개, 맥주 2컵, 냉채소스(고추장 3큰술, 발효겨자 1작은술, 물엿 1큰술, 설탕 3큰술, 식초 2큰술, 레몬즙 1큰술, 통깨 · 소금 약간)

만드는 법

(1) 샤브샤브용으로 길게 저며 썬 삼겹살을 끓는 맥주에 한 장씩 넣어 완전히 익혀 식힌다.
(2) 당근은 0.3×0.3×4cm로 채 썰고 양배추, 붉은 양배추는 4cm로 곱게 채 썬다.
(3) 무순은 물에 살살 흔들어 씻고 붉은 고추는 어슷하게 곱게 채 썬다.
(4) 모든 채소들을 각각 찬물에 담갔다가 건져 물기를 뺀다.
(5) 분량대로 재료들을 섞어 냉채소스를 만든다.
(6) 삼겹살에 당근, 양배추, 붉은 양배추, 무순, 붉은 고추를 올려 돌돌 만다.
(7) 삼겹살말이를 접시에 모양내어 담고 냉채소스를 곁들인다.

57) 쇠고기숙채무침

재료 및 분량

쇠고기 400g, 당근 1/4개, 실파 4뿌리, 취나물 250g, 잣가루 · 소금 약간, 취나물양념(맛소금 1/2작은술, 다진 마늘 1큰술, 참기름 1작은술), 고기양념장(간장 1큰술, 설탕 1/2큰술, 다진 마늘 1큰술, 깨소금 1작은술, 고운 고춧가루 1작은술, 참기름 1작은술, 소금 · 후춧가루 약간)

만드는 법

(1) 쇠고기는 얇게 썰어 끓는 물에 한 장씩 익혀 건지고, 당근은 1.5×0.3×5cm로 썰어 끓는 물에 데쳐 헹군다.

(2) 실파는 5cm로 썰고 취나물은 끓는 소금물에 데쳐 헹궈 건진다.
(3) 익힌 쇠고기는 식힌 후 먹기 좋은 크기로 찢는다.
(4) 분량대로 재료들을 섞어 고기 양념장을 만든 후 고기와 실파에 넣어 무친다.
(5) 취나물 양념을 만들어 당근과 취나물에 넣고 무친다.
(6) 고기무침과 취나물무침을 같이 담아 섞은 후 그릇에 담고 잣가루를 뿌린다.

58) 쇠고기채소전골

재료 및 분량

쇠고기 200g, 양파 1/2개, 표고버섯 4개, 팽이버섯 1봉지, 죽순 3개, 대파 3대, 두부 1/2모, 당근 1/2개, 미나리 1/4단, 배추 5잎, 불린 당면 1/2봉지, 쑥갓 50g, 전골국물(다시마국물 3컵, 간장 3큰술, 술 1큰술, 설탕 1/2큰술, 다진 마늘 1큰술, 소금 약간)

만드는 법

(1) 쇠고기는 0.2cm로 납작하게 썰고, 양파는 채 썬다.
(2) 표고버섯은 채 썰고, 팽이버섯은 밑둥을 자르고 가닥을 나눈다.
(3) 죽순은 저며 썰고 대파는 어슷하게 썰고 쑥갓은 잎을 떼어 놓는다.
(4) 두부는 팬에 지져 먹기 좋게 썬다.
(5) 당근은 0.3×0.3×5cm로 채 썰고, 미나리는 줄기만 5cm로 자른다.
(6) 배추는 끓는 소금물에 삶아 헹궈 물기를 짠 후 편편하게 펴서 미나리, 당근을 놓고 말아서 한입 크기로 썬다.
(7) 당면은 따뜻한 물에 부드럽게 불려서 한입 크기로 돌돌 말아 놓는다.
(8) 전골냄비에 재료들을 보기 좋게 돌려 담고 쇠고기 썬 것은 가운데에 담는다.
(9) 전골국물을 부어 상에 올린다.

59) 갈비우거지탕

재료 및 분량

쇠갈비(돼지갈비) 300g, 우거지 300g, 풋고추 3개, 붉은 고추 3개, 대파 2대, 양념(다진 마늘 2큰술, 된장 1큰술, 국간장 2큰술, 소금 · 후춧가루 · 참기름 적당량)

만드는 법

(1) 냄비에 쇠갈비를 넣고 물을 넉넉히 붓고 푹 끓인 후 기름기는 제거한다.
(2) 우거지는 3cm 길이로 썰고, 대파는 송송 썬다.
(3) 풋고추, 붉은 고추는 어슷하게 썰어 놓는다.
(4) 넓은 그릇에 우거지와 고추를 담고 갖은 양념을 해 놓는다.
(5) 쇠갈비물에 양념한 우거지를 넣어 푹 끓여 간을 하고 송송 썬 대파를 얹는다.

60) 뼈곰탕우거지국

재료 및 분량

쇠뼈 700g, 삶은 우거지 350g, 삶은 토란줄기 100g, 대파 1대, 소금 · 후춧가루 약간, 된장 2큰술, 간장 3큰술, 고춧가루 3큰술, 다진 마늘 2큰술, 참기름 약간

만드는 법

(1) 쇠뼈는 찬물에 충분히 담가 핏물을 빼고 끓는 물에 데쳐 씻어 놓는다.
(2) 데쳐 건진 쇠뼈를 찬물에 넣어 뽀얗게 국물이 우러나게 끓인다.
(3) 삶은 우거지와 토란줄기는 헹궈 건져 6~8cm로 썰고 대파는 어슷하게 썬다.
(4) 모든 채소에 간장, 된장, 고춧가루, 다진 마늘, 참기름을 넣고 무친다.
(5) 끓는 쇠뼛국에 양념한 채소를 넣고 끓인 후 소금과 후춧가루로 간을 한다.

61) 쇠고기배추샤브샤브

재료 및 분량

국물〈장국용 멸치 50g, 다시마(10×10cm) 2장, 대파 1대, 청주 2큰술, 물10컵〉, 쇠고기(샤브샤브용) 200g, 배춧잎 5장, 시금치 80g, 대파 2대, 생표고버섯 4개, 멸치다시마국물용 양념(간장 2큰술, 청주 2큰술, 소금 · 후춧가루 약간씩), 참깨소스(깨소금 4큰술, 땅콩버터 1½큰술, 간장 · 맛술 적당량, 다시마 우린 물 2작은술, 다진 마늘 1작은술, 생강 1작은술, 설탕 1작은 술, 소금 약간), 칼국수 적당량

만드는 법

(1) 멸치는 머리와 내장을 떼고, 다시마는 마른 면보자기로 닦아 준비한다.
(2) 뜨겁게 달군 냄비에 손질한 멸치를 넣고 볶아 비린맛을 없앤다.
(3) 볶은 멸치에 물을 넣고 다시마, 대파, 청주를 넣어 약한 불에서 끓인다.
(4) 맛이 충분히 우러나면 건더기는 건져 내고 국물만 남겨 둔다.
(5) 쇠고기는 접시에 펼쳐 사용 전까지 냉동실에 넣어 둔다.
(6) 배춧잎은 굵직하게 채 썰고 시금치는 밑동을 자르고 반 잘라 준비한다.
(7) 생표고버섯은 가늘게 채 썰고 대파는 어슷하게 썬다.
(8) 멸치다시마국물에 간장, 청주, 후춧가루, 소금을 넣고 끓여 놓는다.
(9) 양념한 멸치다시마국물이 끓으면 쇠고기, 배춧잎, 시금치, 표고버섯, 대파를 넣어 살짝 데쳐 참깨소스에 찍어 먹는다.
(10) 고기와 채소를 건져 먹고 난 국물에 생면을 넣어 끓인다.

Tip

샤브샤브란 끓는 물에 쇠고기나 채소를 살짝 데쳐 먹는 요리로 고단백 저칼로리 식품이다. 소스로는 폰즈소스나 깨간장소스 등이 쓰이며 면으로는 칼국수, 잔치국수, 우동, 당면, 라면 등을 넣어 끓일 수 있다.

62) 미니함박그라탱

재료 및 분량

함박재료(돼지고기 간 것 600g, 다진 양파 3큰술, 다진 마늘 1큰술, 달걀 1개, 빵가루 1/2컵, 소금 · 후춧가루 약간), 양파 1개, 당근 1개, 피망 2개, 무 1/3개, 생표고버섯 5장, 치즈 100g, 소금 · 후추 · 식용유, 그라탱 소스(밀가루 2큰술, 버터 2큰술, 육수 1컵, 생크림 1/3컵, 소금 · 흰후춧가루 약간)

만드는 법

(1) 돼지고기 간 것을 다시 곱게 다져 다진 양파, 다진 마늘, 달걀, 빵가루, 소금, 후추를 넣어 양념하고 끈기 있게 치대어 직경 5cm로 둥글게 빚는다.

(2) 뜨거워진 팬에 식용유를 두르고 고기의 양면이 색깔이 나도록 굽는다.

(3) 냄비에 버터를 녹이고 밀가루를 넣어 약한 불에서 밀가루가 색이 나지 않게 볶고 육수를 넣어 은근히 조린 다음 생크림을 넣어 되직하게 농도를 맞추고 소금, 흰후춧가루로 간을 맞추어 그라탱 소스를 만든다.

(4) 0.5cm 두께로 둥글게 썬 당근과 한입 크기로 썬 무는 끓는 물에 살짝 데친다.

(5) 양파, 피망, 생표고버섯은 큼직하게 썰어 각각 기름을 두르고 볶는다.

(6) 버터를 얇게 바른 그라탱 그릇에 미니함박과 채소를 골고루 담고 그라탱 소스를 얹는다.

(7) (6)에 치즈를 잘게 다져 뿌린 다음 220℃의 오븐에 넣어 치즈가 녹아 갈색이 나면 꺼내어 뜨거울 때 낸다.

고기철판구이

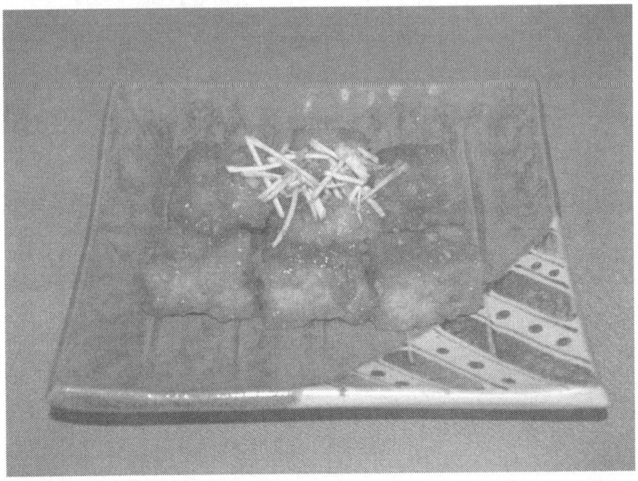

닭고기장조림

닭살샐러드

닭안심꼬치구이

돼지수육과 채소볶음

뚝배기불고기

사과말이돼지고기찜

찹쌀로스구이

6. 달걀류 및 우유류 음식

1) 완숙달걀버섯탕수

재료 및 분량

달걀 5개, 건표고버섯(대) 3장, 느타리버섯 100g, 브로콜리 1개, 식용유 적당량, 양념장(간장 3큰술, 설탕 2큰술, 청주 2큰술, 녹말물 2큰술, 참기름 약간)

만드는 법

(1) 달걀은 물에 넣어 완숙으로 삶아 둥글게 4조각으로 썬다.

(2) 불린 표고버섯은 굵게 썰고, 느타리버섯은 데친 후 찢고, 브로콜리는 송이를 나누어 데친다.

(3) 뜨거워진 프라이팬에 식용유를 두르고 데친 버섯과 채소를 볶다가 양념장을 넣고 볶으면서 녹말물을 넣고 걸쭉해지면 참기름을 넣는다.

(4) 접시 둘레에 달걀을 담고 가운데에 조린 표고버섯, 느타리버섯, 브로콜리를 보기 좋게 얹는다.

2) 달걀두부

재료 및 분량

달걀 4개, 당근 1/3개, 시금치 100g, 건표고버섯 2개, 다시마국물 2컵, 녹말가루 1큰술, 간장 · 소금 · 설탕 · 식용유 적당량

만드는 법

(1) 달걀을 깨어 체에 밭쳐 간장, 소금, 설탕을 넣은 다시마국물(1컵)과 잘 섞는다.

(2) (1)을 네모난 틀에 담아 김이 나는 찜통에 넣고 20분쯤 찐다.

(3) 부드럽게 쪄진 달걀을 꺼내어 그릇에 담는다. 당근은 4cm로 가늘게 채 썬다.

(4) 시금치는 깨끗이 씻은 다음 끓는 소금물에 데쳐 찬물에 헹궈 물기를 짠 후 2cm로 썬다. 미지근한 물에 불린 건표고버섯은 채 썬다.

(5) 녹말가루에 물 2큰술을 붓고 잘 저어 준다.

(6) 쓰고 남은 다시마국물(1컵)에 간장, 소금을 넣고 잘 저어 준다.

(7) 뜨거운 프라이팬에 기름을 두르고 채 썬 표고버섯과 당근을 넣고 살짝 볶은 후 간을 맞추고 (6)의 다시마국물을 부어 끓인다.

(8) (7)에 녹말물을 넣어 농도를 맞추면서 걸쭉해지면 데쳐서 썰어 두었던 시금치를 넣고 한 번 더 끓인다.

(9) 부드럽게 쪄진 달걀에 시금치녹말물을 끼얹어 담아 낸다.

3) 달걀채소케이크

재료 및 분량

달걀 6개, 감자 1/2개, 양배추 잎 3장, 양파 1개, 시금치 1/3단, 버터 2큰술, 소금 · 후춧가루 · 파르메산 치즈 약간, 토마토케첩 적당량

만드는 법

(1) 껍질을 벗긴 감자는 둥글게 2cm로 썰어 찬물에 담가 전분을 제거한다.

(2) 내열접시에 키친 타월을 깔고 감자를 평평하게 담은 다음 랩을 씌워 전자레인지에서 2분 정도 가열하여 물기를 뺀다.

(3) 양배추는 한입 크기로 썰고 양파는 채 썰고, 시금치는 5cm로 썬다.

(4) 버터를 팬에 녹여 채소를 볶다가 소금, 후춧가루, 파르메산 치즈를 넣는다.

(5) 그릇에 달걀을 풀고 소금과 후춧가루로 간을 한 후 (3)을 넣어 섞는다.

(6) 케이크 틀에 쿠킹 페이퍼를 깐 다음 (4)를 넣고 200℃로 예열한 오븐에서 20분 정도 굽는다.

(7) (6)를 꺼내 쿠킹 페이퍼를 벗긴 후 그릇에 담고 케첩을 곁들인다.

4) 달걀샐러드

재료 및 분량

달걀 3개, 달래 100g, 노른자가루 2큰술, 사우전드 아일랜드 드레싱(마요네즈 8큰술, 토마토케첩 3큰술, 다진 양파 2큰술, 다진 피클 1큰술)

만드는 법

(1) 끓는 물에서 달걀을 10~15분간 굴려 가며 삶는다.

(2) 완숙란을 4등분하고, 달래는 씻어 5cm로 썰어 놓는다.

(3) 접시에 달래와 달걀을 보기 좋게 담은 후 사우전드 아일랜드 드레싱을 올리고 노른자가루를 뿌린다.

Tip

냉장고에 있던 차가운 달걀을 바로 삶으면 껍질에 금이 가서 속이 빠져나오므로 달걀을 삶기 10분 전에 냉장고에서 꺼내 실온에 두었다가 사용하는 것이 좋다.

5) 바나나오믈렛

재료 및 분량

밀가루 70g, 달걀 1개, 우유 1/2컵, 버터 30g, 설탕 · 소금 · 민트잎 약간, 속재료(바나나 3개, 설탕 9큰술, 버터 · 럼 1큰술씩), 소스(오렌지주스 1/4컵, 버터 2큰술, 설탕 8큰술, 레몬즙 1/2작은술)

만드는 법

(1) 밀가루를 고운 체에 내린 다음 볼에 담고 달걀과 우유를 넣어 잘 섞는다.

(2) 뜨거워진 프라이팬에 버터를 녹인 다음 밀가루, 우유, 달걀을 넣어 섞고 설탕과 소금을 뿌린 후 얇게 부친다. 얇아서 잘 익기 때문에 뒤집지 않는다.

(3) 손가락크기로 바나나를 썬 뒤 팬에 버터를 녹여 바나나와 설탕을 넣고 황갈색으로 조리다가 럼을 부어 다시 조린다.
(4) (2)의 얇게 부친 달걀에 조리된 바나나를 넣고 접는다.
(5) 프라이팬에 오렌지주스와 버터, 설탕, 레몬즙을 넣어 걸쭉하게 조려 소스를 만든다.
(6) 접시에 (4)를 담고 소스를 끼얹고 민트잎을 곁들인다.

Tip

바나나는 열량이 과일 중 가장 높은 알칼리성 식품으로 검은 반점이 한두 개가 있을 때 가장 맛이 좋다. 바나나는 냉장고에 보관하는 것보다 15℃의 상온에 보관하는 것이 좋으며 12℃ 이하에서는 저온장애를 일으켜 빨리 변질된다.

6) 달걀유부찜

재료 및 분량

달걀 4개, 유부 8장, 맛살 50g, 실파 50g, 양념(물 1컵, 간장 1작은술, 설탕 1작은술), 후춧가루 1/4작은술, 소금 1작은술

만드는 법

(1) 맛살은 다지고, 실파의 반은 송송 썰고 나머지 반은 끓는 소금물에 데친다.
(2) 풀어 놓은 달걀에 맛살, 송송 썬 실파를 넣고 후춧가루, 소금으로 간을 한다.
(3) 유부는 끓는 물에 데친 뒤 물기를 짜고 끝을 잘라서 주머니를 만든다.
(4) 유부 속에 (2)의 달걀물을 넣고 데친 실파로 묶는다.
(5) 그릇에 물, 간장, 설탕을 넣고 잘 섞어서 유부를 넘어지지 않게 놓은 뒤 랩을 씌워 찜통에서 20분간 찐다.
(6) 도시락반찬으로 좋다.

7) 달걀게살채소말이

재료 및 분량

배추 200g, 대파 1대, 당근 100g, 팽이버섯 2봉, 숙주나물 200g, 게살 300g, 달걀 5개, 생강즙 1작은술, 소금 · 후춧가루 · 식용유 적당량, 소스(치킨수프 1컵, 설탕 2큰술, 간장 2큰술, 녹말물 1큰술, 식초 2큰술, 소금 약간), 물 적당량

만드는 법

(1) 배추, 대파, 당근은 4cm로 곱게 채 썰고 게살은 잘게 찢는다.
(2) 팽이버섯은 송이를 나누고, 숙주나물은 씻어 소금물에 데쳐 물기를 짠다.
(3) 생강즙, 게살, 대파를 달걀 푼 것에 넣어 섞은 후 소금, 후춧가루로 간을 하여 프라이팬에 기름을 두르고 얇게 부친다.
(4) 배추채, 당근채를 프라이팬에 물 2큰술을 두르고 볶다가 배추가 숨이 죽으면 팽이버섯과 숙주나물을 넣고 소금, 후춧가루로 간을 하여 살짝 볶는다.
(5) (3)의 달걀부침 위에 채소를 얹고 돌돌 만 다음 가장자리에 달걀 푼 것을 발라 프라이팬에 지진다.
(6) 물 1컵을 냄비에 붓고 치킨수프를 넣은 뒤 설탕, 간장, 소금, 식초로 간을 하여 끓으면 녹말물을 조금씩 넣으면서 끓여 소스를 만든다.
(7) (5)의 달걀채소말이는 한입 크기로 잘라 접시에 담고 걸쭉한 소스를 끼얹는다.

8) 달걀마늘전

재료 및 분량

마늘 10쪽, 풋고추 1/2개, 붉은 고추 1/2개, 달걀 1개, 식용유 4큰술

만드는 법

(1) 껍질을 벗긴 마늘은 씻어 놓고 고추는 씨를 빼고 잘게 썬다.

(2) 마늘을 물에 삶아 익으면 주걱으로 으깬다.

(3) (2)에 달걀노른자와 잘게 썬 고추를 넣어 저어 준다.

(4) (3)을 완자모양으로 빚어 프라이팬에 기름을 두르고 지진다.

9) 달걀치즈말이

재료 및 분량

당근 60g, 피망 1/2개, 달걀 4개, 치즈 3장, 식용유 적당량

만드는 법

(1) 손질하여 씻은 당근과 피망은 곱게 다진다.

(2) 그릇에 달걀을 풀어 놓고 다진 당근, 피망을 넣어 섞는다.

(3) 데워진 프라이팬에 기름을 두르고 다진 당근, 피망을 섞은 달걀물을 3번에 나누어 붓는다.

(4) 달걀표면이 약간 덜 익은 상태에서 치즈 한 장을 가운데 부분에 얹어 치즈가 녹으면 앞쪽으로 조금씩 말아 온다. 어느 정도 식으면 먹기 좋게 썬다.

10) 베이비오믈렛

재료 및 분량

감자 350g, 베이컨 4줄, 다진 양파 70g, 달걀 4개, 우유 1/3컵, 슬라이스치즈 4장, 식용유 · 소금 · 후춧가루 · 케첩 · 그레이스소스 적당량

만드는 법

(1) 통째로 삶은 감자는 껍질을 벗긴 후 사방 0.4cm로 썰고 베이컨도 사방 0.4cm로 썬다.

(2) 데워진 프라이팬에 식용유를 두르고 감자와 베이컨을 노릇하게 볶는다.

(3) 다진 양파와 볶은 감자, 베이컨을 넣어 섞는다.

(4) 풀어 놓은 달걀에 우유를 섞고 소금과 후춧가루로 간을 한다.

(5) 데워진 팬에 식용유를 두르고 달걀물 3큰술을 올려 지름 10cm로 부친다.

(6) 깨끗한 면보에 (5)의 지진 달걀을 올리고 섞어 놓은 감자, 베이컨, 양파를 한 큰술 떠서 동그랗게 잡아 오믈렛을 만든다.

(7) 잘게 다진 슬라이스치즈를 오믈렛 위에 올리고 그레이비소스를 곁들인다.

11) 우유새싹두부

재료 및 분량

우유 4컵, 식초 2큰술, 새싹채소 적당량

만드는 법

(1) 냄비에 우유를 넣고 100℃ 이하에서 끓기 전까지 데운다.

(2) 우유가 서서히 끓어 오르기 전에 식초를 넣고 유유가 뭉글뭉글 멍울이 맺힐 때 불을 끈다.

(3) 체에 멍울진 우유를 걸러 건더기만 면보자기에 넣어 꼭 짜서 원하는 모양으로 만든다. 새싹채소 및 양상치, 무순, 치커리와 같은 각종 채소와 곁들인다.

Tip

새싹채소는 재배기간이 짧아 화학비료를 치지 않은 무공해 식품이며 다 자란 채소보다 영양소가 3~4배 이상 많고 부드럽고 싱싱하다. 새싹채소 중 브로콜리싹은 다 자란 브로콜리보다 항암효과가 20배나 많다. 그 밖에 알팔파, 적양배추, 배추, 순무, 청경채, 메밀, 보리, 완두콩, 옥수수, 들깨, 무, 적무, 겨자 등의 싹을 이용한다.

12) 브로콜리우유수프

재료 및 분량

브로콜리 300g, 밀가루 3큰술, 버터 3큰술, 생크림 4컵, 우유 4컵, 소금 · 잣가루 · 후춧가루 약간

만드는 법

(1) 끓는 소금물에 브로콜리를 데쳐 잘게 썬다.
(2) 데워진 팬에 버터를 두르고 밀가루를 볶다가 브로콜리를 넣고 다시 볶는다.
(3) (2)에 생크림과 우유를 넣고 걸쭉하게 끓인 뒤 믹서기에 넣고 곱게 간다.
(4) (3)의 곱게 간 것을 냄비에 넣고 다시 한 번 끓인 뒤 소금, 후춧가루, 잣가루를 뿌린다.

13) 우유감자수프

재료 및 분량

감자 1개, 양파 60g, 느타리버섯 60g, 버터 2큰술, 밀가루 $1\frac{1}{2}$큰술, 우유 3컵, 베이컨 1/2개, 월계수잎 1장, 통후추 3알, 소금 약간, 물 4컵

만드는 법

(1) 껍질을 벗긴 감자, 양파는 얇게 편으로 썰고 느타리버섯은 잘게 찢는다.
(2) 냄비에 버터를 두르고 감자, 양파, 느타리버섯을 볶다가 밀가루를 넣고 다시 볶는다.
(3) (2)에 물과 월계수잎, 통후추를 넣고 익을 때까지 끓인다.
(4) (3)의 익힌 재료를 체에 내린 다음 우유를 넣고 다시 끓인다.
(5) 수프가 걸쭉해지면 소금, 후춧가루로 간을 하고 베이컨을 구워 잘게 다져 뿌린다.

14) 우유감자리조또

재료 및 분량

감자 2개, 양파 1개, 셀러리 1/2대, 쌀 2컵, 우유 3컵, 생크림 1/2컵, 버터 · 소금 · 흰후춧가루 적당량

만드는 법

(1) 감자, 양파는 껍질을 벗기고 셀러리와 같이 손질하여 사방 1cm로 썬다.

(2) 씻어 놓은 쌀은 물기를 제거하고 데운 팬에 버터를 두르고 볶다가 어느 정도 익으면 우유 2컵을 나누어 부어 가며 쌀이 반 정도 익을 때까지 볶는다.

(3) 채소를 달구어진 다른 팬에 넣고 살짝 볶는다.

(4) (2)의 볶아 놓은 쌀에 볶은 채소를 넣고 나머지 우유 1컵을 넣어 한 번 더 저어 주고 채소가 익으면 소금, 후춧가루로 간을 한다.

Tip

리조또란 이탈리아식 볶음 요리로 파스타, 피자와 더불어 이탈리아를 대표하는 음식이다.

15) 타락죽

재료 및 분량

쌀 1컵, 브로콜리 200g, 물 2컵, 우유 4컵, 소금 약간

만드는 법

(1) 쌀은 씻어서 물에 2시간 이상 불린 후 체에 담아 물기를 뺀다.

(2) 불린 쌀과 브로콜리, 물 1컵을 믹서기에 넣고 갈아서 고운 체에 밭친다.

(3) 냄비에 (2)의 재료와 물을 넣고 나무주걱으로 저으면서 끓이다가 걸쭉해지면 우유를 조금씩 넣어 저어 가며 끓인다.

(4) 죽의 농도를 맞춘 다음 완성되면 소금으로 간을 한다.

16) 우유채소수제비

재료 및 분량

밀가루 1컵, 우유 2컵, 감자 1개, 당근 1/4개, 호박 1/3개, 가다랭이포 100g, 소금 · 참기름 약간

만드는 법

(1) 소금을 넣은 밀가루를 체에 친다.
(2) 체에 친 밀가루에 우유 1/2컵을 부어 반죽한 후 랩에 싸서 숙성시킨다.
(3) 감자, 당근, 호박은 도톰하게 반달썰기를 한다.
(4) 물을 끓인 후 불을 끄고 가다랭이포를 넣어 국물을 우려 체에 건진 후 다시 국물이 끓어나면 당근, 감자를 넣고 반죽을 얇게 뜯어 넣고 익힌다.
(5) (4)에 우유 $1\frac{1}{2}$컵을 넣고 한소끔 끓으면 소금으로 간을 하고 호박을 넣고 끓이다가 참기름을 떨어뜨리고 마무리한다.

17) 우유베이컨떡볶이

재료 및 분량

떡볶이 떡 250g, 베이컨 3개, 양파 1개, 브로콜리 150g, 느타리버섯 80g, 우유 1컵, 생크림 1컵, 간장 1큰술, 식용유 1큰술, 참기름 약간

만드는 법

(1) 끓는 물에 떡볶이 떡을 데쳐 건져 간장과 참기름을 넣어 버무린다.
(2) 프라이팬에 베이컨을 얹어 바싹 구운 후 1×1cm로 썬다.
(3) 양파는 손질하여 2×2cm로 썰고 브로콜리는 데쳐서 송이를 나누고, 느타리버섯은 잘게 찢어 준다.
(4) 뜨거워진 팬에 기름을 두르고 손질한 재료를 넣고 볶다가 떡볶이 떡을 넣는다.
(5) (4)에 분량의 우유와 생크림을 넣고 걸쭉해지면 베이컨을 뿌린다.

18) 우유야채카레

재료 및 분량

우유 2컵, 단호박 1/2개, 감자 1개, 양파 1개, 쇠고기 60g, 카레가루 $1\frac{1}{2}$큰술, 버터 1큰술

만드는 법

(1) 우유에 카레가루 1큰술을 넣어 가루가 잘 풀어지도록 갠다.

(2) 양파는 껍질을 벗기고, 단호박은 씨와 껍질을 제거하고, 쇠고기는 핏물을 닦은 후 모두 2×2cm로 썬다.

(3) 뜨거워진 팬에 버터를 두르고 단호박과 쇠고기, 양파를 넣은 후 카레가루를 1/2 큰술을 뿌려 가며 볶는다.

(4) (3)이 거의 익으면 (1)의 우유에 개어 놓은 카레를 나누어 붓고 저어 가며 농도를 맞추어 가며 끓인다.

(5) (4)가 다 익으면 그릇에 담아 낸다.

19) 우유스파게티

재료 및 분량

스파게티 500g, 우유 2컵, 생크림 1컵, 녹차가루 약간, 버터 2큰술, 소금 · 후춧가루 · 올리브오일 적당량

만드는 법

(1) 소금과 올리브오일을 끓는 물에 넣어 스파게티면을 삶는다.

(2) 볼에 우유와 생크림을 넣고 녹차가루를 넣어 거품기로 섞어 소스를 만든다.

(3) 삶은 스파게티면은 물기를 제거하고 팬에 버터를 두르고 볶는다.

(4) (3)의 볶은 스파게티면에 소스를 넣고 섞어 볶으면서 소금과 후춧가루를 넣어 간을 한다.

20) 우유단호박부침

재료 및 분량

단호박 350g, 우유 $1\frac{1}{2}$컵, 옥수수(통조림) 6큰술, 부침가루 12큰술, 풋고추 1개, 붉은 고추 1개, 소금 · 식용유 약간

만드는 법

(1) 껍질을 벗긴 단호박은 씨를 긁어 내고 적당하게 썬다.

(2) 고추는 씨를 제거하고 잘게 다진다.

(3) 단호박과 우유를 믹서기에 넣고 간 후 부침가루와 옥수수를 넣어 섞는다.

(4) 뜨거워진 팬에 기름을 두르고 반죽을 한 숟가락씩 떠 얹고 다진 풋고추와 붉은 고추를 올려 동그란 모양으로 노릇하게 지진다.

달걀두부

달걀샐러드

베이비오믈렛

완숙달걀버섯탕수

우유녹차스파게티

우유두부

우유리조또

우유수프

7. 어패류 음식

1) 소라꼬치구이

재료 및 분량

소라 10개, 청피망 2개, 홍피망 2개, 메추리알 10개, 양념간장(간장 4큰술, 정종 4큰술, 설탕 1큰술)

만드는 법

(1) 소라는 껍질을 벗기고 깨끗이 씻은 후 먹기 좋게 자르고 피망은 적당하게 썰어 소라, 삶은 메추리알, 피망 순으로 꼬치에 끼운다.

(2) 양념간장을 섞어서 조린 후 꼬치에 발라 가며 구워 접시에 담는다.

2) 장어구이(1)

재료 및 분량

민물장어 1kg, 흑설탕 60g, 간장 1컵, 맛술 1컵, 청주 1/2컵, 흑설탕 50g, 물 5컵

만드는 법

(1) 머리와 뼈를 발라낸 장어의 살을 손질하여 물기를 제거한다.

(2) 장어 머리와 뼈에 소금을 뿌려 여러 번 씻은 후 물을 붓고 반으로 줄어들 때까지 끓이다가 흑설탕, 간장, 맛술, 청주를 넣고 조려 소스를 만든다.

(3) 장어의 앞뒤를 노릇노릇하게 구운 후 소스를 발라 다시 굽는다.

3) 장어구이(2)

재료 및 분량

장어 1마리, 생강 40g, 무순 1팩, 구이양념장(다시마물 5큰술, 간장 3큰술, 설탕 3큰술, 청주 3큰술, 생강 1/2개)

만드는 법

(1) 장어를 손질하여 머리를 자른 다음 장어살을 마른 헝겊으로 닦는다.

(2) 장어를 김이 나는 찜통에서 찐다.

(3) 분량대로 재료를 넣어 구이양념장을 만들어 약한 불에서 끓인다.

(4) 구이양념장이 반쯤 졸아들면 석쇠에 장어를 놓고 구이양념장을 바르면서 3~4번 반복하여 굽는다.

(5) 생강은 곱게 채 썰어 물에 담궜다가 건진다.

(6) 접시에 장어를 담고 구이양념장을 얹어 채 썬 생강과 무순을 곁들인다.

4) 카레장어구이

재료 및 분량

민물장어 2마리, 물 4컵, 양념장(장어국물 1컵, 카레가루 2작은술, 간장 6큰술, 설탕 2큰술, 청주 7큰술, 물엿 2큰술)

만드는 법

(1) 장어는 머리와 뼈를 제거하고 연한 소금물에 씻어 긴 것은 2등분한다.

(2) 장어 머리, 뼈와 물을 냄비에 넣고 끓인 후 국물이 1컵으로 줄 때까지 조려 체에 거른다.

(3) (2)의 장어국물과 나머지 양념장재료를 냄비에 넣어 1/2로 줄 때까지 약불에서 서서히 조려 양념장을 만든다.

(4) 석쇠에 장어를 올려 구운 후 다시 양념장을 3번 정도 발라 가며 굽는다.

(5) 접시에 담고 생강을 곱게 채 썰어 얹는다.

5) 장어고추장양념구이

재료 및 분량

장어(중) 1마리, 간장 2작은술, 참기름 2작은술, 식용유 · 통깨 · 상추 · 깻잎 적당량, 구이양념장(고추장 3큰술, 간장 1큰술, 설탕 1큰술, 청주 1큰술, 물엿 1/2큰술, 다진 생강 1/2큰술, 다진 마늘 2큰술, 깨소금 1큰술, 참기름 1작은술)

만드는 법

(1) 분량대로 재료를 섞어 구이양념장을 만든다.

(2) 손질된 장어는 6cm 길이로 자른 후 면보자기로 물기를 닦는다.

(3) 장어의 안쪽과 껍질 쪽에 칼집을 어슷하게 넣고 간장과 참기름을 바른다.

(4) 석쇠를 달궈 호일을 깔고 식용유를 바른 후 장어를 올려 굽는다.

(5) 애벌구운 장어에 구이양념장을 발라 굽다가 다시 한 번 더 구이양념장을 덧발라 굽는다. 접시에 상추와 깻잎을 깔고 그 위에 구운 장어를 얹고 통깨를 뿌린다.

6) 꽁치된장구이

재료 및 분량

꽁치 4마리, 실파 1뿌리, 홍고추 1개, 양념장(된장 4큰술, 설탕 2작은술, 청주 4큰술, 물 6큰술, 고추장 2큰술, 들깨가루 2큰술, 다진 마늘 2작은술, 다진 파 1큰술, 참기름 2작은술)

만드는 법

(1) 내장을 꺼낸 꽁치는 연한 소금물로 씻고 물기를 제거한 후 앞뒤로 어슷하게 칼집을 넣는다.

(2) 꽁치는 반으로 자른 후 분량의 재료를 섞어 만든 양념장을 바른다.
(3) 180℃로 예열한 오븐에 꽁치를 구운 후 양념장을 발라 한 번 더 굽는다.
(4) 구운 꽁치에 송송 썬 실파와 잘게 다진 홍고추를 올린다.

Tip

밥반찬으로 좋은 꽁치에 된장을 발라 구우면 비린내가 덜나고 꽁치를 양념장에 재웠다가 덧발라 가면서 구우면 속까지 고루 간이 배어 더 맛이 있다.

7) 삼치생강간장구이

재료 및 분량

삼치(소) 1마리, 실파 3뿌리, 소금 · 생강초 약간, 식용유 적당량, 조림간장(간장 3큰술, 설탕 3큰술, 청주 3큰술, 생강즙 3큰술, 다시마 국물 3큰술)

만드는 법

(1) 머리와 내장을 제거한 삼치는 소금물에 씻어 건져 물기를 뺀다.
(2) 삼치는 4cm로 어슷하게 토막을 낸다.
(3) 분량대로 섞어 조림간장을 만든 후 약불에서 서서히 끓여 반으로 조린다.
(4) 끓인 조림간장을 삼치에 넉넉하게 발라 준다.
(5) 석쇠에 호일을 감싸고 식용유를 발라 달군 후 삼치를 올려 구우며 다시 두 번 정도 조림간장을 덧발라 가며 굽는다.
(6) 구운 삼치는 접시에 담고 송송 썬 실파와 곱게 채 썬 생강초를 곁들인다.

8) 참치흑임자구이

재료 및 분량

참치 500g, 흑임자 50g, 주황 파프리카 1개, 청파프리카 1개, 붉은 고추 1개, 달걀 1개, 브로콜리 1/2개, 깻잎 2장, 마늘 3개, 참기름 10cc, 밀가루 적당량, 소스(머스터드소스 40g, 꿀 10g, 이탈리안 드레싱 40cc)

만드는 법

(1) 덩어리 참치를 참기름과 식초에 한참을 재운다.

(2) (1)의 참치에 밀가루, 달걀물, 흑임자를 묻힌다.

(3) 데워진 팬에 (2)의 참치를 구워 150℃로 예열한 오븐에서 잠시 익혀 한입 크기로 어슷하게 썬다.

(4) 파프리카, 붉은 고추, 깻잎, 마늘은 채 썰고 브로콜리는 송이를 나누어 끓는 소금물에 데친다.

(5) 뜨거워진 팬에 참기름을 두르고 (4)를 각각 볶는다.

(6) 분량대로 재료를 섞어 머스터드소스를 만든다.

(7) 접시에 참치를 담고 볶은 채소를 올린 후 소스를 끼얹는다.

Tip

참치는 불포화지방산인 DHA와 EPA가 풍부하여 뇌기능을 향상시키고 동맥경화를 방지하며 면역성을 향상시켜 준다. 참치는 찌개, 전, 샐러드, 스테이크, 참치가스 등 다양한 요리에 쓰인다.

9) 흰살생선노른자구이

재료 및 분량

참치 350g, 달걀노른자 4개, 맛소금 · 흰후춧가루 · 파슬리가루 약간, 양겨자 2작은술, 체리 2개, 파슬리가루 5g

만드는 법

(1) 흰살 참치에 맛소금과 흰후춧가루를 뿌린다.
(2) 달걀노른자에 양겨자를 넣어 섞는다.
(3) 간이 밴 흰살 참치에 (2)를 발라 주고 파슬리가루를 뿌려서 석쇠에 굽는다.
(4) 구운 흰살 참치에 곱게 다진 체리와 파슬리가루를 얹는다.

10) 오징어철판구이

재료 및 분량

물오징어 450g, 미나리 200g, 당근 50g, 콩나물 300g, 양념(양파 1/2개, 물 1/2컵, 고추장 2큰술, 고춧가루 3큰술, 진간장 3큰술, 설탕 1큰술, 다진 파 2큰술, 다진 마늘 1큰술, 생강즙 2작은술, 참기름 2큰술, 깨소금 2큰술)

만드는 법

(1) 배를 가르고 내장을 제거한 물오징어 안쪽에 칼집을 넣고 먹기 좋게 썬다.
(2) 미나리는 6cm로 자르고, 당근은 곱게 채 썰고, 콩나물은 꼬리를 제거한다.
(3) 양파와 물을 믹서에 갈고 나머지 양념을 합쳐 양념장을 만든 후 오징어를 무친다.
(4) 뜨거워진 팬에 오징어, 미나리, 당근, 콩나물을 넣고 볶아 즉석에서 먹는다.

Tip

오징어에 함유된 타우린은 건오징어를 말릴 때 생기는 하얀 가루에 많으며 치매예방, 뇌기능증진, 당뇨병예방 등 다양한 약리작용을 한다. 말린 오징어의 단백질은 쇠고기의 3배 이상이 되며 오징어에 많이 들어 있는 셀레늄은 강한 항산화작용과 중금속배출 능력이 있다.

11) 해물굴소스철판구이

재료 및 분량

오징어 1마리, 새우(중하) 6마리, 꼴뚜기 4마리, 풋고추 2개, 붉은 고추 1개, 대파 1/2대, 건표고버섯 4개, 양배추잎 2장, 마늘 3개, 참기름 · 소금 · 식용유 · 굴소스 적당량

만드는 법

(1) 오징어는 내장을 제거하고 껍질을 벗겨 물에 씻는다.

(2) 손질한 오징어는 칼집을 넣어 3×5cm 크기로 썰고, 다리는 칼로 긁고 씻은 후 5cm로 썬다.

(3) 새우는 내장을 빼고 껍질을 벗긴다. 꼴뚜기는 내장을 빼고 소금으로 비벼 씻는다.

(4) 풋고추와 붉은 고추는 어슷하게 썰고 대파는 5cm로 잘라 반으로 갈라 썬다.

(5) 마늘은 저며 썰고 양배추는 3×4cm로 썬다. 표고버섯은 미지근한 물에 불려 채 썬다.

(6) 뜨거워진 팬에 식용유를 두르고 마늘과 붉은 고추를 넣어 볶다가 굴소스를 넣어 끓인다.

(7) (6)에 오징어, 새우, 꼴뚜기를 넣어 볶은 후 채소와 표고버섯을 넣고 볶아 간을 맞추고 참기름을 두른다.

Tip

해물(오징어, 새우, 조개류 등)은 고온, 장시간 익히면 단단해지고 물이 빠져 맛이 떨어지므로 센 불에서 빠르게 조리한다.

12) 해물꼬치구이

재료 및 분량

대하 4마리, 가리비 4개, 홍합 4개, 오징어 1마리, 낙지 1마리, 소라 2개, 브로콜리 60g, 소금 · 참기름 · 잣가루 약간, 구이양념장(청주 1큰술, 생강즙 1작은술, 소금 1/2작은술, 레몬즙 1큰술, 후춧가루 약간), 칠리발사믹소스(발사믹식초 150cc, 두반장 50g, 설탕 70g, 꿀 30g, 붉은 고추 2개, 청피망 2개, 홍피망 1개, 마늘 40g, 양파 2개, 올리브오일 70cc, 타바스코 20cc, 물 150cc), 대꼬치 6개

만드는 법

(1) 대하는 내장을 빼고 꼬리에서부터 길게 대꼬치를 꽂아 끓는 소금물에 데친 후 뜨거울 때 껍질을 벗긴다.
(2) 오징어는 껍질을 벗긴 후 안쪽에 칼집을 넣고 저며 썰고 낙지는 손질하여 썬다.
(3) 가리비와 홍합은 연한 소금물에서 해감한다.
(4) 끓는 소금물에 오징어와 소라, 가리비, 홍합, 낙지를 각각 데친다. 소라살은 0.5cm로 저며 썰고 가리비와 홍합은 껍질을 벗긴 후 가리비는 반으로 자른다. 브로콜리는 끓는 소금물에 데쳐 찬물에 헹군 후 작게 송이를 나눈다.
(5) 대하, 소라, 가리비, 홍합, 낙지, 오징어, 브로콜리를 보기 좋게 대꼬치에 번갈아 꿴다.
(6) 마늘과 양파, 붉은 고추, 피망을 잘게 다진 후 먼저 냄비에 다진 마늘을 볶다가 피망, 양파, 붉은 고추를 넣어 볶으면서 물을 붓는다. 설탕, 꿀, 두반장을 넣어 약불에서 조리고 타바스코와 발사믹식초를 넣고 저어 준 후 소금과 후춧가루를 넣어 칠리발사믹소스를 만든다.
(7) 분량의 재료를 섞어 구이양념장을 만든 후 해물꼬치에 뿌리거나 칠리발사믹소스를 뿌린다.
(8) 팬에 참기름을 두르고 해물꼬치를 구운 후 접시에 담아 잣가루를 뿌린다.

Tip

새우를 데칠 때 오그라들지 않도록 하기 위해 대꼬치를 껍질 안쪽으로 길게 꽂고 데친 후 뜨거울 때 바로 대꼬치를 빼야 잘 빠진다.

13) 대하마늘소스구이

재료 및 분량

새우(대하) 6마리, 파슬리가루 5g, 레몬 1/2개, 마늘소스(올리브오일 1큰술, 소금 1/2작은술, 화이트와인 1큰술, 버터 2큰술, 다진 마늘 3큰술, 통후추 잘게 부순 것 1작은술, 토마토케첩 1큰술)

만드는 법

(1) 대하는 등쪽에서 내장을 빼내고 소금물에 씻은 후 등쪽에 칼집을 길게 넣어 펴준 다음 칼끝으로 찍어 오그라들지 않게 한다.
(2) 손질한 대하는 마른 행주로 물기를 닦고 레몬즙을 뿌린다.
(3) 분량의 재료를 섞어 마늘소스를 만든다.
(4) 오븐을 250℃로 예열한 후 마늘소스를 바른 대하를 10분 정도 굽는다.
(5) 구운 대하 위에 파슬리가루를 뿌리고 레몬을 곁들인다.

14) 연어참깨구이

재료 및 분량

연어 600g, 청주 3큰술, 참기름 1큰술, 식용유 1큰술, 소금 · 후춧가루· 검은깨 · 통깨 약간, 소스(된장 2큰술, 유자청 4큰술, 맛술 3큰술, 다진 마늘 1작은술, 생강즙 1큰술)

만드는 법

(1) 껍질을 벗긴 연어를 먹기 좋게 썬 다음 청주를 뿌려 재운다.
(2) 뜨거워진 팬에 참기름, 식용유를 두르고 연어에 소금, 후춧가루를 뿌려 굽는다.
(3) 팬에 소스재료를 섞어 넣고 구운 연어를 넣어 조린다.
(4) 연어가 뜨거울 때 검은깨와 통깨를 각각 묻혀 그릇에 담는다.

15) 대합마늘버터구이

재료 및 분량

대합 6개, 마늘 5쪽, 실파 2대, 소금 약간, 마늘버터(버터 4큰술, 다진 마늘 1큰술, 올리브오일 1큰술)

만드는 법

(1) 대합은 소금물에 30분 이상 담가 해감시킨다.
(2) 버터를 부드럽게 만든 후 다진 마늘과 올리브오일을 넣어 마늘버터를 만든다.
(3) 마늘은 얇게 편으로 썰고 실파는 송송 썬다.
(4) 대합에 마늘버터를 바르고 마늘과 실파를 뿌려 그릴에서 20분간 굽는다.

16) 우렁이꼬치구이

재료 및 분량

왕우렁이 500g, 실파 10뿌리, 완두 40g, 양념장(마늘즙 2큰술, 생강즙 1큰술, 참기름 3큰술, 소금 2작은술, 후춧가루 약간), 대꼬치 약간

만드는 법

(1) 끓는 소금물에 왕우렁이를 삶아 내장을 제거하고 살만 발라 놓는다.
(2) 양념장은 분량대로 섞어 만들고 실파는 4cm로 썬다.
(3) 완두는 삶아 기름에 살짝 볶은 후 꼬치 끝에 꿰어 모양을 낸다.
(4) (3)에 우렁이와 실파를 번갈아 꿰어 석쇠에 구우면서 양념장을 발라 가며 노릇하게 익힌다.

17) 대구키위찜

재료 및 분량

대구살 400g, 키위 2개, 방울토마토 6개, 버터 1작은술, 녹말가루 1컵, 정종 1컵, 소금 · 후추 약간

만드는 법

(1) 손질한 대구살에 소금, 후추, 정종을 뿌린 후 녹말가루를 묻혀서 찐다.

(2) 껍질을 벗긴 키위는 강판에 갈아 소금, 후추, 버터 나머지 정종을 넣고 섞은 후 대구살을 넣고 조린다.

(3) 접시에 조린 생선을 담고 방울토마토를 반으로 갈라 가장자리에 장식한다.

18) 가재찜

재료 및 분량

가재 2마리, 대하 3마리, 와인 4큰술, 소스(밀가루 2큰술, 버터 2큰술, 새우 삶은 물 2컵, 소금 · 후춧가루 · 생크림 · 레몬 적당량)

만드는 법

(1) 씻어 놓은 가재의 머리 부분을 제거하고 배쪽에 칼집을 넣는다.

(2) 대하도 등쪽의 내장을 빼고 옅은 소금물에 씻는다.

(3) 손질한 가재와 대하를 와인에 재었다가 찜통에 20분 정도 찐다.

(4) 버터를 냄비에 두르고 노름하게 될 때까지 밀가루를 볶는다.

(5) 가재와 대하 찐 물을 (4)의 밀가루에 붓고 걸쭉해지도록 끓이다가 소금, 후춧가루로 간을 하고 생크림을 넣는다.

(6) 찐 가재와 대하를 접시에 담고 소스를 뿌린다.

19) 오징어흑미순대

재료 및 분량

오징어 2마리, 찹쌀 1컵, 흑미찹쌀 1/2컵, 당근 1/3개, 양파 1/2개, 다진 쇠고기 60g, 풋고추 2개, 붉은 고추 1개, 소금 · 후춧가루 · 깨소금 · 소금 · 밀가루 · 식용유 · 대꼬치 적당량

만드는 법

(1) 충분히 씻어 불린 찹쌀과 흑미찹쌀을 찜통에 찐다.

(2) 배를 가르지 않고 오징어는 내장을 제거하고 다리를 다진다.

(3) 데워진 프라이팬에 다진 고기를 볶다가 당근, 양파, 붉은 고추, 풋고추를 곱게 채 썰어 소금, 후추로 간을 하여 볶는다.

(4) 쌀과 다진 오징어 다리를 섞어 소금, 후추, 깨소금으로 양념한 후 볶아 놓은 채소류를 섞어 소를 만든다.

(5) 손질한 오징어 속에 밀가루를 바르고 소를 넣어 준 후 대꼬치로 찔러 찜통에서 20분간 찐다.

20) 오징어된장순대

재료 및 분량

오징어 2마리, 감자 2개, 홍고추 1개, 밀가루 · 식용유 · 소금 · 대꼬치 적당량, 된장 마요네즈 소스(된장 3큰술, 마요네즈 4큰술)

만드는 법

(1) 오징어는 중간 크기로 준비하여 다리는 다져 놓는다.

(2) 가늘게 채 썬 감자와 홍고추는 데워진 프라이팬에 볶다가 소금으로 약하게 간을 한다.

(3) 오징어 몸통 속에 밀가루를 넣고 흔들어 털어 낸 후 다진 오징어 다리와 볶아 놓

은 채소를 섞어 채워 끝을 대꼬치로 찔러 준다.

(4) 분량대로 된장 마요네즈 소스를 만들어 오징어 몸통표면에 바른다.

(5) 김이 오른 찜통에 오징어를 넣고 20분 정도 찐다.

21) 패주볶음

재료 및 분량

패주 10개, 당근 60g, 양파 1개, 붉은 고추 2개, 키위 3개, 소스(육수 2컵, 간장 1큰술, 설탕 1작은술, 맛술 2큰술, 소금 1작은술, 후춧가루 1작은술), 식용유 약간, 물녹말 3큰술, 참기름 약간

만드는 법

(1) 0.5cm로 썬 패주에 칼집을 넣은 후 끓는 물에 데친다.

(2) 당근과 키위는 사방 0.5cm로 썰고, 양파와 붉은 고추는 곱게 다진다.

(3) 기름을 두른 팬에 당근, 양파, 붉은 고추를 넣어 향을 낸 후 키위를 넣어 볶아 나른해지면 분량의 육수와 나머지 재료를 넣어 소스를 만든다.

(4) (3)의 소스에 패주를 넣어 어우러지면 물녹말을 붓고 끓인 후 참기름을 친다.

22) 해물마요네즈볶음

재료 및 분량

오징어 1마리, 홍합 50g, 마요네즈 6큰술, 피망 1개, 양파 1/2개, 방울토마토 10개, 마늘 4개, 식초 1/2큰술, 참기름 1/2작은술, 소금 · 후춧가루 약간

만드는 법

(1) 내장을 제거한 오징어는 깨끗이 씻어 동글동글하게 썬다.

(2) 홍합은 소금물에 씻어 건진다.

(3) 피망과 양파는 둥글게 썰고 방울토마토는 반으로 자르고 마늘은 곱게 다진다.
(4) 뜨거워진 팬에 마요네즈 2큰술과 다진 마늘을 볶다가 오징어, 홍합, 양파를 넣어 볶는다.
(5) (4)에 피망과 방울토마토를 넣고 나머지 마요네즈와 소금, 후춧가루를 넣고 더 볶다가 식초와 참기름을 섞어 넣어 마무리한다.

23) 게튀김소스볶음

재료 및 분량

게 4마리, 술 · 소금 · 후춧가루 · 녹말가루 · 생강즙 · 튀김가루 적당량, 양파 1개, 대파 1대, 마늘 5개, 생강 1/3개, 건고추 4개, 간장 2큰술, 설탕 2큰술, 육수 1컵, 물녹말 2작은술, 참기름 2작은술

만드는 법

(1) 깨끗이 씻은 게는 게딱지를 떼고 손질하여 먹기 좋은 크기로 토막을 낸다.
(2) 손질한 게에 술, 소금, 후춧가루, 생강즙을 뿌려 밑간을 한다.
(3) 양파와 대파는 사방 0.5cm로 썰고, 마늘과 생강은 곱게 다진다.
(4) 둥글게 썬 마른 고추의 씨를 뺀다.
(5) 간을 한 게에 녹말가루를 입히고 튀김가루를 묻혀 중온의 기름에서 바삭하게 튀긴다.
(6) 뜨거워진 팬에 기름을 두르고 양파, 마늘, 생강, 건고추를 넣고 볶다가 간장과 설탕, 육수를 붓고 끓이면서 물녹말을 넣고 저어 소스를 만든다.
(7) (6)에 튀긴 게와 대파를 넣고 재빨리 버무린 후 참기름을 넣어 마무리한다.

24) 낙지볶음국수

재료 및 분량

삶은 잔치국수 300g, 낙지 1마리, 당근 1/3개, 양파 1/2개, 붉은 고추 1개, 풋고추 2개, 실파 80g, 치커리 50g, 식용유 · 참기름 · 소금 적당량, 양념장(간장 1큰술, 고추장 1큰술, 고춧가루 1큰술, 설탕 1큰술, 다진 파 1큰술, 다진 마늘 1큰술, 다진 생강 1작은술, 깨소금 1/2큰술, 멸치국물 1큰술, 맛술 1큰술, 물엿 1큰술), 통깨 약간

만드는 법

(1) 손질한 낙지는 끓는 소금물에 데친 후 4cm로 자른다.
(2) 당근과 양파는 가늘게 채 썰고 고추는 반 갈라 채 썰고 치커리는 씻어 놓는다.
(3) 뜨거워진 팬에 식용유와 참기름을 두르고 낙지, 당근, 양파, 고추, 실파를 각각 볶는다.
(4) 팬에 참기름을 두르고 양념장을 서서히 볶으면서 삶아 놓은 국수와 볶아 놓은 재료를 넣어 재빨리 버무려 볶는다.
(5) 접시에 치커리를 깔고 위에 낙지볶음국수를 얹고 통깨를 뿌린다.

25) 도미튀김채소볶음

재료 및 분량

도미 1마리, 풋고추 4개, 붉은 고추 2개, 생표고버섯 100g, 마늘 3개, 생강 1/2개, 녹말가루 1/3컵, 튀김기름 적당량, 소스(간장 3큰술, 설탕 2큰술, 식초 1/2큰술)

만드는 법

(1) 비늘을 긁고 내장을 제거한 도미는 씻어서 3cm 폭으로 어슷하게, 깊게 칼집을 앞뒤로 넣는다. 칼집을 넣은 곳과 아가미 속까지 골고루 녹말가루를 묻혀 30분 정도 둔다.
(2) 씻어서 물기를 뺀 표고버섯은 채 썬다.

(3) 껍질을 벗긴 마늘과 생강은 편으로 썰고, 고추는 어슷하게 썰어서 씨를 뺀다.

(4) 뜨거워진 팬에 기름을 넉넉히 붓고 도미에 묻은 여분의 녹말을 털어 낸 후 센 불에서 튀겨 겉이 익으면 불을 줄여서 속까지 익히고 건진다.

(5) 데워진 팬에 기름을 두르고 마늘과 생강을 볶다가 고추를 넣어 볶으면서 간장, 설탕, 식초를 넣고 끓이다가 도미 튀긴 것을 넣고 버무려서 접시에 담는다.

26) 오징어두반장볶음

재료 및 분량

오징어 2마리, 배춧잎 5장, 양파 1/2개, 표고버섯 4개, 대파 1/2대, 마늘 2개, 식용유 1큰술, 참기름 1큰술, 청주 1큰술, 간장 1큰술, 생강즙 1/2큰술, 설탕 2작은술, 두반장 2큰술

만드는 법

(1) 배를 가르고 내장을 제거하고 씻은 오징어는 반으로 자르고 얇게 저며 썬다.

(2) 양파와 표고버섯은 저며 썰고 배춧잎은 먹기 좋게 자르며 대파는 어슷하게 썬다. 마늘은 편으로 얇게 썬다.

(3) 뜨거워진 팬에 식용유를 두르고 양파와 마늘, 대파를 넣고 볶다가 오징어와 표고버섯을 넣고 볶는다.

(4) (3)의 오징어가 반 정도 익으면 청주와 간장, 생강즙을 넣고 볶은 다음 배춧잎, 두반장, 설탕을 넣어 볶는다.

(5) 배춧잎이 익으면 참기름을 넣어 고루 섞는다.

27) 해물칠리카레

재료 및 분량

새우(중) 5마리, 오징어 1/2마리, 모시조개 6개, 홍합 80g, 양파 1/2개, 완두 60g, 다진 마늘 1/2큰술, 버터 2큰술, 월계수잎 1장, 칠리카레소스(버터 2큰술, 밀가루 1큰술, 칠리소스 2큰술, 카레가루 4큰술, 물 1컵), 밥 1공기, 다진 파슬리 1작은술, 물 적당량

만드는 법

(1) 내장을 제거한 새우는 소금물에 씻어 껍질을 벗기고 오징어는 내장을 제거하여 둥글게 썰어 끓는 물에 데친다.

(2) 모시조개는 소금물에 담가 해감시키고 홍합은 소금물에 씻어 끓는 물에 데친다.

(3) 양파는 채 썰고 완두는 살짝 데쳐 낸다.

(4) 뜨거워진 냄비에 버터를 두르고 다진 마늘과 양파를 볶으면서 해물을 넣어 볶다가 재료가 잠길 정도의 물을 붓고 끓인다.

(5) 데워진 팬에 버터, 밀가루 순으로 볶고 카레가루를 넣어 볶으면서 물을 부어 저은 후 칠리소스를 넣어 칠리카레소스를 만든다.

(6) (4)에 (5)를 넣고 끓이다가 완두콩을 넣고 불을 끈다.

(7) 접시에 밥을 담고 (6)의 해물칠리카레를 끼얹는다.

28) 동태살치즈튀김

재료 및 분량

동태살 1마리, 빵가루 $1\frac{1}{2}$컵, 치즈 150g, 청고추 3개, 붉은 고추 2개, 실파 60g, 치커리 40g, 달걀 2개, 소금 · 후춧가루 · 식용유 · 밀가루 적당량

만드는 법

(1) 포를 뜬 동태살에 소금과 후춧가루로 간을 한다.

(2) 반으로 가른 고추는 채 썰고 실파는 송송 썰고 치즈는 잘게 썬다.
(3) (2)의 고추, 실파, 치즈는 빵가루와 함께 섞는다.
(4) 동태살에 밀가루, 달걀 순으로 옷을 입힌 후 빵가루와 혼합한 고추, 실파, 치즈를 묻혀 꼭꼭 눌러 준다.
(5) 뜨거워진 팬에 기름을 넉넉히 붓고 (4)를 튀긴다.

29) 새우소스튀김

재료 및 분량

새우(중) 5마리(소금 · 후춧가루 · 레몬즙 약간), 밀가루 · 달걀물 · 빵가루 · 튀김기름 적당량, 베사멜소스(버터 1큰술, 밀가루 2큰술, 우유 3/4컵, 소금 · 흰후춧가루 약간, 양파 1/4개, 클로브 1개)

만드는 법

(1) 새우는 내장을 빼고 꼬리와 머리를 남기고 껍질을 벗긴다.
(2) 새우는 등을 반으로 벌리고 칼끝으로 두드려 주어 오그라들지 않게 한 후 소금, 후춧가루, 레몬즙을 뿌린다.
(3) 데워진 냄비에 버터를 두르고 밀가루가 타지 않도록 볶으면서 우유를 부어 잘 풀어 준 후 양파와 클로브를 넣어 끓인다.
(4) 소스가 거의 되면 양파와 클로브를 꺼내고 소금, 후춧가루로 간을 한다.
(5) 새우에 밀가루를 묻히고 소스를 끼얹고 다시 밀가루를 묻히고 달걀물, 빵가루를 묻혀 튀겨 낸다.

30) 탕수어

재료 및 분량

볼락 1마리, 오이 1/2개, 당근 1/2개, 양파 1/2개, 피망 1개, 맛살 2줄, 대추 5개, 생강 1/2개, 마늘 3개, 소스(육수 2컵, 설탕 3큰술, 진간장 1큰술, 녹말가루 1큰술, 식초 2큰술, 참기름 약간)

만드는 법

(1) 내장을 제거한 볼락은 깨끗이 씻어 등쪽에 3~4번 어슷하게 칼집을 넣는다.
(2) 뜨거운 기름에 볼락을 넣어 파삭하게 튀기고 대추는 씨를 빼고 3등분한다.
(3) 오이, 당근은 꽃모양 틀로 모양을 내고 양파, 피망, 맛살은 큼직하게 썬다.
(4) 녹말가루를 육수에 넣고 끓이면서 나머지 재료를 넣어 소스를 만든다.
(5) (4)의 소스에 간장을 넣고 채소를 넣어 잠시 끓인다.
(6) 파삭하게 튀긴 볼락을 접시에 담고 소스를 끼얹는다.

31) 도미튀김깐풍소스

재료 및 분량

도미 1마리, 생선양념(간장 1큰술, 청주 1큰술, 생강즙 1큰술, 소금 1/2작은술), 녹말가루 5큰술, 양파 1/4개, 풋고추 2개, 마늘 3개, 대파 1/2대, 생강 1개, 건고추 2개, 깐풍소스(간장 2큰술, 설탕 2큰술, 청주 1큰술, 식초 3큰술, 소금 1/3작은술, 물 1/2컵), 참기름 1큰술, 물녹말 1큰술, 식용유 적당량

만드는 법

(1) 도미는 포를 떠서 살을 발라내고 한입 크기로 잘라 생선양념으로 밑간을 한다.
(2) 양파, 풋고추, 마늘, 대파, 생강은 채 썰고 건고추는 가위로 가늘게 자른다.
(3) (1)의 도미에 녹말가루를 묻혀 180℃의 기름에 2번 튀긴다.
(4) 뜨거워진 팬에 식용유를 두르고 양파, 풋고추, 마늘, 대파, 생강, 건고추를 넣고

볶다가 깐풍소스 재료를 넣고 끓인다. 소스가 끓으면 물녹말을 넣어 농도를 맞추고 도미튀김과 참기름을 넣어 버무린다.

32) 굴깐풍

재료 및 분량

석화 25개, 마늘 3개, 실파 2대, 건고추 2개, 소금 · 후춧가루 · 달걀흰자 · 녹말가루 적당량, 소스(육수 1/2컵, 간장 1큰술, 설탕 1큰술, 식초 1큰술, 물엿 1큰술, 레몬 · 소금 · 후춧가루 · 맛술 적당량), 치커리 · 체리 적당량

만드는 법

(1) 굴은 연한 소금물에 흔들어 씻어 물기를 빼고 소금, 후춧가루로 간을 한 후 달걀, 녹말가루를 넣어 양념을 한다.

(2) 뜨거운 기름에 2번 튀겨 기름을 뺀다.

(3) 팬에 기름을 두르고 다진 마늘과 송송 썬 실파, 가늘게 자른 건고추를 넣어 중불에서 서서히 볶다가 분량의 소스를 넣어 한소끔 끓인다.

(4) 소스가 걸쭉해지면 튀겨 놓은 굴을 넣고 버무린 후 참기름을 한 방울 두른다.

(5) 굴 껍질 안쪽에 치커리로 장식하고 소스에 버무린 굴을 담고 송송 썬 실파, 다진 체리를 뿌린다.

33) 새우케첩깐풍기

재료 및 분량

잔새우 1컵, 마른 새우 1/3컵, 땅콩 1/4컵, 건고추 1개, 풋고추 2개, 마늘 3쪽, 대파 1/2대, 옥수수(통조림) 3큰술, 달걀 1개, 녹말가루 1/4컵, 생강즙 1작은술, 식용유 적당량, 소금·후춧가루 약간, 케첩소스(토마토케첩 4큰술, 간장 1큰술, 설탕 4큰술, 식초 3큰술, 청주 1큰술, 육수4큰술)

만드는 법

(1) 껍질 벗긴 잔새우에 손질한 마른 새우를 섞은 다음 생강즙, 소금, 후춧가루를 넣고 밑간한다.

(2) 땅콩은 껍질을 벗겨 잘게 다지듯이 썬다. 풋고추와 건고추는 0.3cm 폭으로 송송 썰어 속씨를 제거하고 마늘은 얇게 저며 썰고 대파는 0.5cm 두께로 송송 썰고 옥수수는 체에 담아 물기를 뺀다.

(3) 밑간한 새우에 잘게 썬 땅콩과 달걀을 넣어 버무린 후 녹말가루를 넣고 골고루 섞는다.

(4) 튀김온도 160℃에 준비한 새우반죽을 작은 밤알 굵기로 떼어 넣고 노릇노릇 바삭하게 튀긴다.

(5) 분량대로 소스를 만들어 골고루 저은 다음 은근한 불에서 끓인다.

(6) 오목한 팬에 식용유를 두르고 저며 썬 마늘을 볶다가 건고추를 넣어 타지 않게 볶는다.

(7) 마늘이 노릇하게 볶이면 케첩소스를 넣고 끓이다가 튀긴 새우와 준비한 풋고추, 파, 옥수수를 넣고 버무린다.

34) 전복표고버섯조림

재료 및 분량

전복 400g, 표고버섯 300g, 송이버섯 200g, 브로콜리 1통, 육수 400㎖, 식용유 약간, 소스(굴소스 2큰술, 치킨 파우더 1작은술, 설탕 2/3큰술, 녹말물 2큰술, 소금 · 후춧가루 · 중화간장 약간)

만드는 법

(1) 깨끗이 씻은 전복과 버섯, 브로콜리는 먹기 좋게 썰어 육수에 넣어 끓인 후 건져 접시에 담고 육수는 받아 놓는다.

(2) 깊은 중식팬에 기름을 두르고 육수와 준비한 소스를 넣고 약한 불로 조리다가 중화간장과 녹말물을 저으면서 넣어 걸쭉한 소스를 만든다.

(3) 준비한 전복, 버섯, 브로콜리 위에 고루 뿌려 낸다.

Tip

생선조림은 불 조절에 유의해야 하며 처음에는 센 불에서 조림국물이 끓을 때까지 조리다가 중불로 낮추어 국물을 끼얹어 가며 윤기 나게 조린다.

35) 삼합초

재료 및 분량

전복 400g, 불린 해삼 250g, 생홍합 200g, 쇠고기 100g, 잣가루 2작은술, 쇠고기 양념(간장 2작은술, 설탕 2작은술, 다진 파 2작은술, 다진 마늘 1작은술, 참기름 2작은술, 깨소금 2작은술, 생강즙 2작은술), 조림장〈간장 6큰술, 끓인 설탕물 4큰술(물 2큰술, 설탕 2큰술), 양지머리 육수 2컵, 후춧가루 약간, 물녹말 2큰술, 참기름 2큰술〉

만드는 법

(1) 솔로 깨끗이 씻은 전복살은 찜통에 쪄서 얇게 편으로 썰며 불린 해삼은 내장을 제거하고 씻어 어슷하게 저며 썬다. 생홍합은 털을 제거하고 깨끗이 씻어 삶는다.

(2) 얇고 납작하게 썬 쇠고기는 쇠고기양념장에 넣어 버무린다.

(3) 양념한 쇠고기를 냄비에 넣고 물녹말과 참기름을 제외한 조림장을 넣고 약한 불에서 끓이다가 전복, 해삼, 생홍합을 넣어 서서히 조리다가 국물이 거의 졸아들면 물녹말을 넣어 섞은 뒤 참기름을 두른다.

(4) 그릇에 담고 잣가루를 뿌린다.

36) 연어수삼조림

재료 및 분량

연어 1마리, 수삼 3대, 양념장(간장 3큰술, 다진 파 1큰술, 다진 마늘 1/2큰술, 생강 1작은술, 설탕 1/2큰술, 청주 1큰술, 물엿 1/2큰술, 후춧가루 1/2작은술, 깨소금 1작은술, 참기름 1작은술, 물 1/2컵)

만드는 법

(1) 팬에 기름을 두르고 5cm로 자른 연어를 앞뒤로 노릇하게 지진다.

(2) 수삼은 길게 반을 자르고 두드린다.

(3) 분량대로 양념장을 만들어 지져 낸 연어에 수삼과 함께 얹어 윤기 나게 조린다.

(4) 접시에 연어조림과 수삼을 곁들여 담는다.

37) 생선장조림

재료 및 분량

동태 3마리, 다진 마늘 2큰술, 달걀 · 녹말가루 · 잣가루 · 후춧가루 적당량, 조림장(간장 10큰술, 설탕 4큰술, 생강 4쪽, 물엿 2큰술, 청주 2큰술, 물 10큰술)

만드는 법

(1) 동태는 머리를 떼어 내고 내장을 제거한 후 깨끗이 씻는다.

(2) 껍질을 벗긴 동태는 포를 뜨고 곱게 다진다.

(3) (2)에 다진 마늘과 후춧가루를 넣어 양념하고 달걀과 녹말가루를 넣어 농도를 맞춘다.

(4) 끈기가 나도록 주무른 생선살을 도마 위에 얹어 0.5cm 두께로 네모지게 만들어 칼집을 넣은 후 김이 오른 찜통에 10분간 찐다.

(5) 완전히 식힌 생선을 2×2cm로 썬다.

(6) 분량의 재료를 냄비에 넣어 조림장을 끓이다가 썰어 놓은 생선을 넣고 약불에서 서서히 조린다.

(7) 생선 장조림을 접시에 담고 잣가루를 뿌린다.

38) 문어초

재료 및 분량

문어(다리) 350g, 레몬 · 파슬리 약간, 드레싱(백포도주 2큰술, 사과식초 1/컵, 레몬즙 2큰술, 샐러드유 4큰술, 소금 1작은술, 설탕 1작은술, 후춧가루 약간)

만드는 법

(1) 소금으로 문질러 씻은 문어는 끓는 물에 넣어 부드럽게 삶는다.

(2) 문어를 식힌 후 어슷하게 저며 썰어 냉장고에 넣어 차갑게 한다.

(3) 레몬은 얇게 반달모양으로 썰고, 파슬리는 잎만 곱게 다져 면행주에 싸서 물에 헹군 후 꼭 짜 파슬리가루를 만든다.

(4) 분량의 재료를 섞어 드레싱을 만든다.

(5) 드레싱을 차갑게 두었던 문어에 넣고 버무려서 냉장고에 다시 넣는다.

(6) 레몬을 접시 가장자리에 돌려 담고 문어를 올리고 파슬리가루를 뿌린다.

39) 간장게장

재료 및 분량

게 3마리(1kg), 마늘 · 생강 · 붉은 고추 적당량, 양념장(간장 5컵, 생강 1개, 마늘 1통, 물 2컵), 대파 1대

만드는 법

(1) 살아 있는 게를 연한 소금물에 담가 해감시키고 솔로 문질러 씻는다.
(2) 간장과 물을 냄비에 붓고 센 불에서 끓이다가 생강, 마늘편을 넣고 더 끓인 후 식혀 양념장을 만든다.
(3) 게를 항아리에 넣고 어슷하게 썬 대파를 그 위에 얹고 게가 잠길 정도로 (2)를 붓고 돌로 눌러 놓는다.
(4) 1주일 경과 후에 간장을 냄비에 따라 끓여서 식힌 후 다시 항아리에 붓는다. 이 과정을 2회 정도 반복한다.
(5) 마늘, 생강, 붉은 고추는 곱게 채 썰고 통깨, 실고추를 넣고 양념한다.
(6) 2~3주 지나면 게를 꺼내어 배쪽에 있는 게딱지를 벌리고 (5)의 양념을 넣고 다시 꼭 붙여 둔다.
(7) 양념한 게의 배가 위로 가도록 항아리에 담고 돌로 눌러 간장을 부어 놓는다.
(8) 20여 일쯤 지나면 맛이 들어 상에 올린다.

40) 고등어카레전

재료 및 분량

고등어 1마리, 밀가루 1컵, 카레가루 3작은술, 달걀 2개, 소금 · 후춧가루 · 식용유 적당량

만드는 법

(1) 내장을 제거한 고등어는 살짝 얼린 다음 포를 떠서 2×4cm로 어슷하게 썰어 소금, 후춧가루로 간을 한다.

(2) 밀가루와 카레가루를 섞어 고등어에 고루 묻혀 달걀물을 적신 후 팬에 노릇하게 지진다.

41) 해물피자파전

재료 및 분량

물오징어 1마리, 굴 150g, 새우살 100g, 쪽파 500g, 풋고추 3개, 붉은 고추 2개, 피자치즈 150g, 반죽(밀가루 6컵, 멥쌀가루 3컵, 달걀 6개, 물 6컵, 고운 고춧가루 1큰술, 다진 마늘 1큰술, 생강즙 · 소금 · 후춧가루 약간)

만드는 법

(1) 새우와 굴은 손질하여 연한 소금물에 씻어 건지고 껍질을 벗긴 물오징어는 도톰하게 썬다.

(2) 풋고추와 붉은 고추는 어슷하게 썰어 씨를 빼고, 쪽파는 씻어 반으로 썬다.

(3) 분량대로 재료를 섞어 반죽을 만든다.

(4) 데워진 팬에 기름을 두르고 반죽을 한 국자 얹고 쪽파를 펼쳐 올린다.

(5) (4)에 해물을 얹고 반죽을 끼얹은 후 풋고추와 붉은 고추를 올려 앞뒤를 노릇하게 지진다.

(6) (5)에 피자치즈를 얹고 뚜껑을 덮고 약한 불에서 굽는다.

42) 카레굴전

재료 및 분량

굴 150g, 달걀 3개, 밀가루 2/3컵, 카레가루 1큰술, 초간장(간장 2큰술, 식초 1큰술, 레몬즙 2작은술, 물 4큰술), 참기름 2작은술, 후춧가루 · 소금 · 대꼬치 약간

만드는 법

(1) 굴을 손질하여 연한 소금물에 씻어 건진다.

(2) 손질한 굴은 대꼬치에 꿰어 참기름, 후춧가루로 밑간을 한다.

(3) 달걀은 풀어 놓고, 밀가루와 카레가루는 고루 섞는다.

(4) 굴에 가루를 묻히고 달걀물을 입힌 후 기름을 두른 팬에 노릇하게 지진다.

(5) 초간장을 곁들인다.

43) 감식초골뱅이무침

재료 및 분량

골뱅이 500g, 오이 1/2개, 풋고추 3개, 붉은 고추 2개, 적양배추 5장, 미나리 50g, 깻잎 8장, 통깨 · 참기름 약간, 초고추장(고추장 2큰술, 고춧가루 1큰술, 황설탕 1큰술, 감식초 1큰술, 볶은 소금 1큰술, 다진 파 1큰술, 다진 마늘 2작은술, 다진 생강 1작은 술)

만드는 법

(1) 끓는 소금물에 데친 골뱅이는 납작하게 썬다.

(2) 오이는 길게 반으로 잘라 어슷하게 썬다.

(3) 풋고추와 붉은 고추는 어슷하게 썬다.

(4) 적양배추와 깻잎은 곱게 채 썰고 미나리는 줄기만 4cm로 썬다.

(5) 분량의 재료를 섞어 초고추장을 만든다.

(6) 그릇에 골뱅이와 채소를 넣고 초고추장으로 버무리다가 통깨와 참기름을 넣어 마무리한다.

44) 낙지쫄면무침

재료 및 분량

낙지 300g, 쫄면 300g, 양파 1/2개, 당근 50g, 오이 1개, 풋고추 2개, 붉은 고추 1개, 양념장(고추장 3큰술, 고춧가루 1/2큰술, 간장 1/2큰술, 설탕 3큰술, 깨소금 1/2큰술, 참기름 1큰술, 식초 1큰술)

만드는 법

(1) 낙지는 소금을 뿌려 주물러 씻은 후 물기를 빼고 5cm로 썰어 데친다.

(2) 당근과 오이는 길이로 반을 갈라 어슷하게 썰고, 붉은 고추와 풋고추도 가늘고 어슷하게 썬다.

(3) 곱게 채 썬 양파는 찬물에 헹궈 매운맛을 뺀다.

(4) 끓는 물에 쫄면을 삶아 찬물에 비벼 씻는다.

(5) 낙지와 채소를 섞어 양념장에 무쳐 쫄면 위에 얹는다.

45) 낙지쇠고기전골

재료 및 분량

낙지 1마리, 쇠고기 200g, 양파 1/2개, 배춧잎 2장, 붉은 고추 3개, 대파 1대, 양념장(고추장 3큰술, 고춧가루 1½큰술, 간장 1큰술, 다진 파 1큰술, 다진 마늘 1/2큰술, 참기름, 후춧가루), 물 적당량

만드는 법

(1) 낙지는 소금으로 비벼 씻은 후 5cm로 자른다.

(2) 쇠고기는 불고기감으로 썰고 양파는 채 썰고 붉은 고추, 대파는 어슷하게 썰며 배춧잎은 먹기 좋은 크기로 썬다.

(3) 전골냄비에 재료를 돌려 담고 양념장을 얹어 물을 부어 끓인다.

46) 해물전골(1)

재료 및 분량

새우살 1/2컵, 게 1/2마리, 조개 1컵, 미더덕 1컵, 패주 2마리, 쭈꾸미 1마리, 미나리 1/4단, 무 100g, 콩나물 200g, 쑥갓 약간, 정종 2큰술, 양념다지기(고춧가루 3큰술, 간장 $2\frac{1}{2}$큰술, 생강 간 것 1/2큰술, 마늘 간 것 1큰술)

만드는 법

(1) 새우, 게는 손질하여 씻는다.

(2) 조개는 연한 소금물에 해감시키고 미더덕은 소금물로 씻는다.

(3) 쭈꾸미는 소금으로 비벼 씻고 패주는 먹기 좋은 크기로 썬다.

(4) 미나리는 8cm로 썰고 무는 납작하게 썰며 콩나물은 머리와 뿌리를 제거한다.

(5) 전골냄비에 해물, 미나리, 무, 콩나물을 돌려 가며 담고 물 1컵을 붓고 양념다지기를 올린 후 정종을 부어 끓으면 그 위에 쑥갓을 얹는다.

47) 해물전골(2)

재료 및 분량

새우(中) 6마리, 갑오징어 2마리, 피조개 6개, 홍합 10개, 모시조개 10개, 배추 4잎, 대파 1대, 미나리 1/2단, 붉은 고추 3개, 쑥갓 60g, 육수 80g, 우동국수 30g, 다지기 양념(육수 1/2컵, 고춧가루 4큰술, 다진 마 늘 2큰술, 다진 파 3큰술, 생강즙 · 깨소금 · 소금 약간)

만드는 법

(1) 새우는 내장을 제거하고 갑오징어는 껍질을 벗기고 안쪽에 칼집을 넣어 먹기 좋게 썬다.

(2) 피조개와 홍합, 모시조개는 껍질을 벗기고 내장을 제거한 후 연한 소금물에 헹궈 건진다.

(3) 배추, 미나리는 5cm 길이로 썰고 대파와 홍고추는 어슷하게 썰어 씨를 뺀다.
(4) 끓는 물에 국수를 삶아서 찬물에 헹군 후 사리를 짓는다.
(5) 전골냄비에 모든 재료를 돌려 담고 육수와 다지기양념을 넣어 끓이면서 삶은 국수를 곁들이고 쑥갓을 올린다.

Tip 전골을 맛있게 끓이는 법

신선한 재료를 쓰고, 국물은 간장육수가 맛이 좋으며 강한 양념장을 쓰지 않는다. 해물전골인 경우에는 양념고추장이나 양념다지기를 넣어 얼큰한 맛으로 냄새를 없앤다. 육수로 맹물이나 찬 육수를 사용하면 온도가 낮아져 익는 시간이 오래 걸리므로 전골맛을 떨어뜨린다.

48) 꽃게탕

재료 및 분량

꽃게(큰 것) 2마리, 양파 1/2개, 호박(작은 것) 1/2개, 감자 1개, 풋고추 3개, 대파 1/2대, 다진 파 2큰술, 다진 마늘 1큰술, 된장 3큰술, 고춧가루 · 소금 · 후춧가루 약간

만드는 법

(1) 꽃게는 깨끗이 손질하여 게딱지를 떼고 내장을 긁어낸다.
(2) 양파, 호박, 감자는 먹기 좋게 썰고 풋고추, 대파는 어슷하게 썬다.
(3) 물을 냄비에 붓고 된장과 고춧가루를 풀어서 끓으면 게를 넣어서 한소끔 끓인다.
(4) (3)이 익으면 채소를 넣고 다시 푹 끓이다가 간을 맞춘다.

49) 북어매운찌개

재료 및 분량

북어 1마리, 애호박 1/2개, 불린 고사리 100g, 풋고추 2개, 붉은 고추 1개, 쇠고기 60g, 다진 마늘 1큰술, 다진 생강 1작은술, 대파 1대, 고추장 1 큰술, 고춧가루 1큰술, 간장 · 소금 · 후춧가루 · 참기름 약간

만드는 법

(1) 물에 불린 북어는 물기를 닦아 내고 7cm 길이로 썬다.

(2) 애호박은 사방 2cm로 썰고 고사리는 7cm로 썬다. 고추는 둥글게 썬다.

(3) 냄비에 참기름을 두르고 다진 마늘과 쇠고기, 고춧가루를 넣고 볶다가 물을 부어 끓이면서 간장, 고추장, 생강, 북어를 넣어 끓인다.

(4) (3)이 거의 익으면 갖은 채소를 넣고 끓이다가 소금, 후춧가루로 간을 한다.

50) 북어국

재료 및 분량

북어 1/2마리, 쇠고기 60g, 실파 2대, 풋고추 1개, 붉은 고추 1개, 달걀 1개, 참기름 2작은술, 간장 1큰술, 소금 · 후춧가루 약간, 물 3컵

만드는 법

(1) 북어는 두들겨 살을 발라 가늘게 찢어 참기름, 소금으로 양념한다.

(2) 채로 썬 쇠고기는 갖은 양념을 하고 실파는 4cm로 썬다.

(3) 풋고추와 붉은 고추는 어슷하게 썰어 씨를 뺀다.

(4) 풀어 놓은 달걀에 북어와 실파, 고추를 넣어 버무린다.

(5) 데워진 냄비에 기름을 두르고 양념한 고기를 볶다가 물을 부어 끓인다.

(6) (5)에 달걀에 버무린 북어, 실파, 고추를 넣어 끓이면서 간을 한다.

51) 메기매운탕

재료 및 분량

메기 400g, 열무우거지 100g, 호박잎 10잎, 호박 1/2개, 양파 1/2개, 풋고추 2개, 붉은 고추 1개, 대파 1대, 고추장 2큰술, 고춧가루 1큰술, 다진 마늘 1큰술, 다진 생강 2작은술, 소금 · 후춧가루 약간

만드는 법

(1) 메기는 아가미와 내장을 제거하고 깨끗이 씻어 6cm로 자른다.
(2) 삶은 열무우거지는 숭숭 썰어 다진 마늘, 고춧가루, 간장, 참기름으로 양념하고 호박잎은 끓는 소금물에 데쳐 크게 썬다.
(3) 양파는 굵게 채 썰고 호박은 반 갈라 반달모양으로 썬다.
(4) 풋고추와 붉은 고추는 어슷하게 썰고 마늘과 생강은 곱게 다진다.
(5) 냄비에 물을 붓고 고추장, 고춧가루, 다진 마늘, 다진 생강을 넣고 끓이다가 생선을 넣고 반 정도 익으면 양파, 호박을 넣어 한소끔 더 끓인다.
(6) (5)에 열무우거지, 호박잎, 풋고추, 붉은 고추, 대파를 넣고 잠시 끓이면서 소금, 후춧가루로 간을 한다.

52) 쏘가리매운탕

재료 및 분량

쏘가리 400g, 민물새우 250g, 배추우거지 150g, 양파 1/2개, 미나리 80g, 풋고추 2개, 붉은 고추 1개, 대파 2대, 쑥갓 3줄기, 고추장 2큰술, 다진 마늘 1큰술, 다진 생강 2작은술, 소금 · 후춧가루 약간

만드는 법

(1) 쏘가리는 아가미와 내장을 제거하고 민물새우와 같이 연한 소금물에 흔들어 씻는다.

(2) 끓는 물에 배추우거지를 삶아 먹기 좋게 자르고 양파는 굵게 채 썬다.

(3) 미나리, 대파는 6cm로 자르고 고추는 어슷하게 썰어 씨를 뺀다.

(4) 뚝배기에 물을 부은 후 고추장을 풀고 생선과 배추우거지, 양파, 붉은 고추, 풋고추, 미나리, 대파를 넣고 끓인다.

(5) (4)가 충분히 끓으면 소금, 후춧가루, 다진 마늘, 다진 생강을 넣어 간을 하고 쑥갓을 얹는다.

Tip

쏘가리매운탕은 처음 끓일 때는 담백한 맛이 나지만 푹 끓일수록 걸쭉해지면서 고소한 국물이 우러나며 맛이 있다.

53) 용봉탕

재료 및 분량

잉어 1마리, 영계 1/2마리, 표고버섯 2장, 석이버섯 1장, 목이버섯 2장, 달걀 1개, 실파 2뿌리, 소금 1작은술, 식용유 약간, 닭고기 양념(간장 1작은술, 다진 파 1작은술, 다진 마늘 1/2작은술, 후춧가루 · 깨소금 약간)

만드는 법

(1) 비늘을 긁은 잉어는 내장을 꺼내고 깨끗이 씻어 토막을 낸다.

(2) 물을 붓고 닭을 삶아 거의 물렀을 때 잉어를 넣어 충분히 끓인 후 소금으로 간을 한다.

(3) 삶은 닭의 껍질을 벗기고 살을 굵게 찢은 후 간장, 다진 파, 다진 마늘, 후춧가루, 깨소금으로 양념을 한다.

(4) 표고버섯과 목이버섯은 각각 손질하여 썰어 기름에 볶고 석이버섯은 손질하여 채 썰어 참기름, 소금으로 양념하여 볶아 고명으로 쓴다.

(5) 달걀은 황백지단으로 부친 후 골패형으로 썬다.

(6) 그릇에 잉어를 담고 양념한 닭고기와 버섯을 얹고 황백지단, 송송 썬 실파, 석이버섯채를 모양 있게 올린 후 국물을 붓는다.

54) 생태찌개

재료 및 분량

생태 1마리, 바지락 250g, 무 1/3개, 양파 1/4개, 대파 1개, 풋고추 3개, 붉은 고추 2개, 콩나물 60g, 두부 1/3모, 물 적당량, 다지기양념(육수 1/2컵, 고춧가루 4큰술, 다진 마늘 2큰술, 다진 파 3큰술, 생강즙 · 깨소금 · 소금 약간)

만드는 법

(1) 생태는 손질하여 4cm로 자르고 바지락은 연한 소금물에 해감시킨다.
(2) 무는 껍질을 벗겨 납작하게 썰고 콩나물은 머리와 꼬리를 제거한다.
(3) 대파와 고추는 어슷하게 썰며 양파는 채 썬다. 두부는 사방 1cm로 썬다.
(4) 냄비에 물을 붓고 무를 넣어 한소끔 끓으면 생태, 바지락, 양념장을 넣고 끓어나면 콩나물, 두부, 고추, 양파, 대파를 넣어 한소끔 더 끓인다.

Tip

생태찌개에 표고버섯이나 느타리버섯, 팽이버섯과 같은 버섯류를 넣으면 맛과 영양을 높일 수 있다.

55) 해물샤브샤브

재료 및 분량

국물(모시조개 250g, 마늘 5개, 대파 1대, 물 10컵), 채소 및 해산물(물오징어 1마리, 칵테일새우 200g, 당근 200g, 숙주나물 200g, 깻잎 15장, 실파 5대, 팽이버섯 1봉), 조개국물 8컵(간장 2큰술, 맛술 2큰술), 양념장(다진 마늘 1/2큰술, 고춧가루 1큰술, 청주 1큰술, 후춧가루 약간), 통깨 약간, 밥 적당량

만드는 법

(1) 굵은 소금에 조개를 문질러 씻은 다음 소금물에 담아 해감시킨다.
(2) 물을 냄비에 붓고 조개와 마늘, 대파를 넣어 끓인다.

(3) (2)에서 거품은 걷어 내고 조개입이 벌어지면서 조개는 건져 놓고 국물만 받아 놓는다.
(4) 껍질을 벗긴 오징어는 칼집을 넣어 적당하게 자르고 칵테일새우는 소금물에 흔들어 씻어 놓는다.
(5) 팽이버섯은 밑둥을 자르고 가닥을 뜯고 숙주나물은 씻어서 건진다.
(6) 당근은 손질하여 가늘게 채 썰고 깻잎은 굵직하게 채 썬다. 실파는 5cm로 썬다.
(7) 조개국물에 간장과 맛술을 넣어 끓이다가 분량의 양념장을 넣고 끓으면 해물과 채소를 넣어 살짝 익혀 먹는다.
(8) 해물과 채소를 건져 먹고 남은 국물에 밥, 채소, 통깨를 넣고 볶는다.

56) 해물고추장찌개

재료 및 분량

물오징어 1마리, 돼지고기 100g, 바지락 20개, 물 6컵, 두부 1/2모, 양파 1/2개, 청양고추 2개, 대파 1/2대, 다진 마늘 2큰술, 다진 생강 2작은술, 쑥갓 약간, 청주 조금, 양념장〈고추장 8큰술, 고춧가루(고운 것) 4큰술, 국간장 약간, 멸치가루 2큰술〉, 소금 약간

만드는 법

(1) 껍질을 벗긴 오징어는 잘게 썰고 바지락은 연한 소금물에 담가 해감시킨다.
(2) 돼지고기 삼겹살은 가늘게 썰고 두부는 사방 1cm로 썬다.
(3) 대파와 청양고추는 어슷하게 썰고 양파는 굵게 채 썬다.
(4) 분량의 재료를 섞어 양념장을 만든다.
(5) 냄비에 기름을 두르고 다진 마늘과 생강을 볶으면서 오징어, 삼겹살, 바지락을 볶다가 청주를 넣어 잡내를 없앤다.
(6) (5)에 물을 붓고 양념장을 넣어 끓이다가 두부와 채소를 넣고 한소끔 더 끓인 후 마지막에 쑥갓을 넣어 살짝 익힌다.

57) 연어샐러드

재료 및 분량

훈제연어 350g, 양상추 1/2개, 노랑 파프리카 1개, 사과 1개, 양파1/2개, 프렌치드레싱(올리브오일 1/2컵, 식초 3$\frac{1}{2}$큰술, 설탕 3큰술, 소금 1작은술, 흰후춧가루 약간, 다진 양파 1/4개, 레몬즙 약간)

만드는 법

(1) 연어, 양파, 사과, 양상추, 노랑 파프리카는 사방 2cm로 썬다.

(2) 분량의 재료를 고루 섞어 프렌치드레싱을 만든다.

(3) 접시에 연어와 채소를 담고 프렌치드레싱을 얹어 고루 버무린다.

58) 대구살샐러드

재료 및 분량

얼린 은대구 1마리, 올리브 3개, 청피망 1개, 홍피망 1개, 요구르트 타르타르소스(삶은 달걀 1개, 오이피클 1/2개, 양파 1개, 요구르트 40g, 파슬리 약간, 레몬 1/3개, 마요네즈 2큰술)

만드는 법

(1) 은대구는 얇게 저며 먹기 좋은 크기로 썬다.

(2) 피망은 굵게 채 썰고 올리브는 둥글게 썬다.

(3) 달걀 삶아 다진 것, 곱게 다진 피클 · 양파 · 파슬리는 마요네즈, 요구르트, 레몬즙과 섞어 요구르트 타르타르소스를 만든다.

(4) 그릇에 모든 재료를 담고 소스를 얹어 버무린다.

59) 유곽쌈

재료 및 분량

대합조개 3개, 쇠고기 100g, 조갯살 1컵, 미나리 100g, 깻잎 5장, 풋고추 5개, 붉은 고추 2개, 파 1줄기, 마늘 3개, 생강 1/2개, 고추장 1큰술, 막장 3큰술, 깨소금 · 참기름 약간, 식용유 적당량

만드는 법

(1) 솔로 조개를 씻고 연한 소금물에 담가 해감시키고 칼로 조개입을 벌려 살을 꺼내고 깨끗이 씻는다.

(2) 조갯살과 쇠고기를 잘게 다지고 미나리, 깻잎, 고추를 씻어 잘게 다진다.

(3) 데워진 냄비에 기름을 두르고 조갯살과 쇠고기를 볶다가 다진 채소와 막장, 고추장을 넣고 볶으면서 다진 파, 다진 마늘, 깨소금, 참기름을 넣는다.

(4) 물기를 닦아 낸 조개껍질의 안쪽에 소를 채우고 꼭꼭 누른 후 석쇠에 얹어 은근히 굽는다.

(5) 쌈을 싸 먹을 수 있도록 다양한 채소를 준비한다.

60) 오징어냉채

재료 및 분량

물오징어 2마리, 셀러리 2줄기, 래디시 8개, 무순 60g, 청주 2큰술, 파 2개, 소금 약간, 마늘겨자소스(육수 또는 과일즙 10큰술, 겨자 갠 것 2큰술, 다진 마늘 2큰술, 식초 또는 레몬즙 6큰술, 설탕 4큰, 소금 2작은술, 간장 1작은술, 참기름 1작은술)

만드는 법

(1) 오징어는 배를 갈라 내장을 제거하고 껍질을 벗겨 깨끗이 씻은 후 안쪽에 칼집을 넣고 3×4cm로 썬다.

(2) 물에 청주, 파, 소금을 넣고 끓이다가 오징어를 넣고 삶는다.

(3) 래디시는 둥글게 썰어 물에 담그고 셀러리는 섬유질을 제거하고 어슷하게 썬다. 무순도 냉수에 담갔다가 건진다.

(4) 분량의 재료를 섞어 마늘겨자소스를 만들어 냉장고에서 차게 한 후 접시에 오징어와 채소를 담고 마늘겨자소스를 끼얹는다.

61) 모듬해물냉채

재료 및 분량

새우 200g, 소라 200g, 패주 200g, 해삼 불린 것 200g, 멍게 200g, 대파 2대, 무순 100g, 팽이버섯 150g, 방울토마토 20개, 레몬 2개, 청주 2큰술, 소금 약간, 생강 6쪽, 고추장겨자소스(고추장 6큰술, 겨자 갠 것 2큰술, 식초 또는 레몬즙 6큰술, 설탕 4큰술, 마늘즙 2큰술, 생강즙 2작은술)

만드는 법

(1) 새우, 소라, 패주, 해삼, 멍게는 연한 소금물에 씻어 건진다.

(2) 물을 냄비에 넣고 생강 저민 것, 대파, 청주, 소금, 레몬 껍질을 넣고 끓이다가 해물을 각각 삶아 냉수에 건져 차게 식힌다.

(3) 새우를 제외한 나머지 해물은 얇게 썰어 놓는다.

(4) 무순은 다듬고 대파는 채 썰고 냉수에 담갔다가 건진다.

(5) 팽이버섯은 밑둥을 자르고 씻어 물기를 빼고 절반으로 자른다.

(6) 레몬은 반달모양으로 썰고 방울토마토는 길이로 4등분한다.

(7) 분량의 재료를 섞어 고추장겨자소스를 만들어 냉장고에 넣어 차게 만든다.

(8) 접시에 대파를 깔고 그 위에 해물과 무순, 팽이버섯을 색스럽게 돌려 담고 레몬, 방울토마토로 장식한 후 먹기 직전에 고추장겨자소스를 올린다.

62) 게살냉채

재료 및 분량

게살 100g, 비트 30g, 오이 1/2개, 양배추잎 2장, 붉은 양배추잎 2장, 달걀 1개, 잣 1큰술, 풋고추 2개, 붉은 고추 1개, 냉채소스(발효겨자 1큰술, 오렌지주스 2큰술, 물엿 2큰술, 설탕 1큰술, 다진 마늘 1큰술, 식초 2큰술, 소금 1/3작은술, 참기름 1작은술, 후춧가루 약간)

만드는 법

(1) 게살은 먹기 좋게 찢어 놓는다.

(2) 양배추와 붉은 양배추는 5cm로 곱게 채 썰고, 오이는 씻어 길이로 반을 자르고 어슷하게 썰며 비트는 깨끗이 씻어 곱게 채 썬다.

(3) 모든 채소를 얼음물에 담가 차게 한 다음 건져 물기를 뺀다.

(4) 분량의 재료를 넣어 냉채소스를 만들고 잘게 썬 풋고추와 붉은 고추를 넣어 섞는다.

(5) 달걀은 황백지단을 부쳐 5cm로 채 썬다.

(6) 그릇에 게살, 채소, 황백지단채를 섞어 담고 (3)의 냉채소스를 뿌린 다음 통잣을 얹는다.

63) 영덕게그라탱

재료 및 분량

게 1마리, 양파 1개, 양송이 6개, 파슬리 2줄기, 월계수잎 3g, 완두(통조림) 2큰술, 버터 1큰술, 와인 1큰술, 화이트소스(밀가루 2큰술, 버터 2큰술, 우유 $1\frac{1}{2}$컵), 소금 · 후춧가루 · 치즈 약간

만드는 법

(1) 딱지를 뗀 게와 다리는 냄비에 담고 채 썬 양파, 파슬리 줄기, 월계수잎을 넣어 물을 조금 붓고 끓인 다음 게살을 꺼내고 게국물을 받아 둔다.

(2) 양송이는 얇게 썰어서 버터에 볶다가 소금, 후춧가루로 간을 한다.

(3) 뜨거운 냄비에 버터를 두르고 밀가루를 볶다가 우유와 게국물을 넣고 끓여 화이트소스를 만든다.

(4) 화이트소스에 게살, 양송이, 완두를 넣고 섞어 게딱지 안에 채우고 치즈를 뿌려 200℃ 오븐에 넣어 노릇하게 굽는다.

Tip

그라탱은 음식 위에 치즈나 빵가루, 크림 등의 토핑을 올려 구운 음식으로 다양한 재료를 이용할 수 있다.

64) 흰살생선우유죽

재료 및 분량

쌀가루 5큰술, 다진 흰살 생선 100g, 우유 2컵, 달걀 1개

만드는 법

(1) 쌀가루와 흰살 생선, 우유를 혼합하여 냄비에 넣고 끓인다.

(2) (1)이 거의 다 끓으면 달걀노른자를 풀어 익힌다.

고등어카레전

명태튀김

소라꼬치구이

오징어말이고추장조림

대구키위찜

해물전골

흰살생선노른자구이

흰살생선우유죽

8. 해초류 음식

1) 다시마밥

재료 및 분량

쌀 2컵, 멸치물 2컵, 다시마(10×10cm) 1장, 멸치 30g, 통깨 약간,

만드는 법

(1) 다시마는 가늘게 채 썬다.

(2) 씻어 놓은 멸치와 채 썬 다시마를 쌀과 같이 섞어 멸치물을 넣고 밥을 짓는다.

(3) 밥이 다 지어지면 위에 통깨를 뿌리고 밥을 푼다.

Tip

멸치다시를 낼 때 멸치를 팬에 살짝 볶아 쓰면 비린내가 나지 않는다.

2) 미역수프

재료 및 분량

불린 미역 3컵, 쇠고기(양지머리) 350g, 대파 1대, 마늘 4쪽, 소금 · 후춧가루 약간, 물 5컵

만드는 법

(1) 핏물을 뺀 쇠고기를 냄비에 담고 물과 대파, 마늘을 넣고 끓인다.

(2) (1)이 끓어나면 약불로 줄여 3컵이 될 때까지 끓인 후 고기는 건지고 육수는 체에 밭친다.

(3) 육수를 끓이면서 소금, 후춧가루로 간을 하고 5cm로 자른 불린 미역을 육수에 넣어 끓이다가 충분히 맛이 우러나면 불을 끈다.

(4) (3)을 식혀서 믹서에 간 다음 냄비에 부어 따뜻하게 데운 후 그릇에 담는다.

3) 미역찹쌀완자국

재료 및 분량

미역 60g, 찹쌀가루 1컵, 새우(말린 것) 60g, 건표고버섯 2장, 국간장 1큰술, 다진 마늘 1작은술, 참기름 1작은술

만드는 법

(1) 물에 불린 미역은 먹기 좋은 크기로 썬다.

(2) 찹쌀가루에 소금을 넣어 익반죽한 후 치대어 완자를 빚어 놓는다.

(3) 건표고버섯은 물에 불려 굵게 채 썬다.

(4) 물에 씻어 건진 새우를 넣고 충분히 끓인 후 찹쌀완자, 미역, 표고버섯을 넣어 다시 한 번 끓이면서 국간장, 다진 마늘로 맛을 낸다.

(5) 찹쌀완자가 익어서 떠오르면 참기름을 넣고 마무리한다.

Tip

- 찹쌀반죽은 오랫동안 치대어야 쫄깃하고 국에 넣었을 때 풀어지지 않는다.
- 미역은 미끈미끈한 성분인 알긴산이 풍부하다. 대파도 미역과 같이 미끈미끈한 성분이 있어 미역에 파를 넣으면 너무 미끄러워 음식맛을 저해할 뿐만 아니라 알긴산의 흡착력을 떨어뜨린다. 알긴산은 콜레스테롤과 농약 등 공해물을 배출시킨다.

4) 미역냉국

재료 및 분량

건미역 250g, 오이 2개, 국간장 10큰술, 설탕 2작은술, 식초 4큰술, 고운 고춧가루 · 깨소금 약간, 물 12컵

만드는 법

(1) 물에 불린 건미역은 문질러 씻어 건진다.

(2) 물을 냄비에 부어 끓이다가 국간장을 넣어 간을 맞춘 후 차게 식힌다.

(3) 끓는 물에 미역을 데치고 차게 식혀 썬 다음 다진 마늘, 국간장, 깨소금으로 무쳐 놓는다.

(4) 오이는 5cm로 자른 후 돌려 깎아 곱게 채 썬다.

(5) 양념한 미역에 찬 장국을 붓고 오이를 띄우고, 고운 고춧가루와 식초를 넣는다.

5) 우뭇가사리묵채쟁반

재료 및 분량

닭고기 200g, 우뭇가사리묵채 300g, 무 100g, 당근 100g, 오이 1개, 깻잎 60g, 상추 60g, 달걀 1개, 겨자집 10g, 비빔양념장(고춧가루 3큰술, 간장 4큰술, 다진 마늘 1큰술, 다진 양파 $1\frac{1}{2}$큰술, 설탕 $2\frac{1}{2}$큰술, 다진 생강 1/2큰술, 식초 $2\frac{1}{2}$, 겨자 갠 것 2작은술, 통깨 · 참기름 · 육수 적당량)

만드는 법

(1) 우뭇가사리묵채는 씻어 놓고, 사방 1cm로 얇게 썬 무를 썰어 설탕, 소금으로 절이고 고춧가루를 약간 넣어 버무린다.

(2) 당근은 4cm로 채 썰고, 반으로 자른 오이는 어슷하게 썰고, 상추와 깻잎도 채 썬다.

(3) 삶은 닭고기는 잘게 찢고 배는 어슷하게 썰고 달걀은 삶아서 둥글게 썬다.

(4) 분량의 재료를 섞어 비빔양념장을 만든다.

(5) 우뭇가사리묵채를 접시 가운데 담고 달걀과 채소들을 돌려 담은 후 겨자집과 양념장을 곁들인다.

6) 미역양배추볶음

재료 및 분량

생미역 350g, 양배추 250g, 풋고추 3개, 붉은 고추 2개, 다진 마늘 1큰술, 참기름 1큰술, 깨소금 1작은술, 소금 · 식용유 적당량

만드는 법

(1) 줄기를 제거한 생미역은 소금물에 씻어 건져 5cm로 썬다.

(2) 양배추는 가운데 심을 제거하고 2×4cm로 썰고 풋고추와 붉은 고추는 어슷하게 썰어 씨를 뺀다.

(3) 뜨거워진 팬에 식용유를 두르고 생미역과 양배추를 볶다가 풋고추, 붉은 고추, 다진 마늘, 깨소금, 참기름, 소금을 넣고 센 불에서 빠르게 볶아 낸다.

7) 파래해초전

재료 및 분량

물파래 200g, 모듬 해초(시판용) 150g, 달걀 2개, 부침가루 1$\frac{1}{2}$컵, 붉은 고추 3개, 물 2컵, 소금, 식용유 약간, 초간장(간장 3큰술, 식초 1큰술, 물 1큰술)

만드는 법

(1) 물파래와 모듬 해초는 소금물에 씻어 건진다.

(2) 붉은 고추는 둥글게 썰어 씨를 빼고, 물파래와 해초류는 4cm로 썬다.

(3) 그릇에 부침가루, 달걀, 물을 넣고 거품기로 저은 후 파래와 해초를 넣어 반죽한다.

(4) 뜨거워진 팬에 식용유를 두르고 반죽을 한 숟가락씩 떠 넣고 붉은 고추로 장식하고 양면을 노릇하게 지진 후 그릇에 담고 초간장을 곁들인다.

8) 다시마전

재료 및 분량

다시마 350g, 밀가루 $2\frac{1}{2}$컵, 간장 1/2큰술, 참기름 2작은술, 식용유 · 초간장 적당량

만드는 법

(1) 따뜻한 물에 불려 부드러워진 다시마는 물기를 제거하고 사방 1cm로 자른다.

(2) 밀가루와 동량의 물을 붓고 간장, 참기름을 넣어 잘 푼다.

(3) 데워진 팬에 기름을 두르고 다시마를 펴 놓고 밀가루 반죽을 얹어 앞뒤를 노릇노릇하게 지진다. 초간장을 곁들인다.

9) 다시마채조림

재료 및 분량

건다시마 200g, 참기름 1큰술, 통깨 적당량, 양념장(물 2컵, 진간장 1컵, 물엿 2/3컵, 미림 4큰술)

만드는 법

(1) 건다시마는 미지근한 물에 불려 건진 뒤 먹기 좋게 채 썬다.

(2) 분량대로 재료를 섞어 양념장을 만든다.

(3) 냄비에 다시마와 양념장을 넣고 약불에서 국물이 자작해질 때까지 조린 다음 참기름, 통깨를 넣고 섞는다.

10) 다시마말이

재료 및 분량

염장다시마 400g, 밤 4개, 배 1/2개, 곶감 3개, 대추 4개, 미나리 15줄기, 꿀소스(꿀 2큰술, 식초 3큰술, 소금 · 후춧가루 약간)

만드는 법

(1) 밤과 배는 껍질을 벗기고 채 썰고 씨를 발라낸 곶감과 대추도 채 썬다.
(2) 그릇에 채 썬 밤, 배, 곶감, 대추와 꿀소스를 넣고 버무린다.
(3) 미나리줄기는 끓는 소금물에 넣고 데친다.
(4) 염장다시마는 깨끗이 씻어 물기를 닦고 쌈을 쌀 수 있도록 큼직하게 썬다.
(5) 다시마에 꿀소스로 버무린 밤, 배, 곶감, 대추를 넣고 싼 다음 미나리로 묶는다.

11) 다시마우엉잡채

재료 및 분량

염장다시마 350g, 우엉 2대, 당근 1개, 미나리 20줄기, 붉은 고추 1개, 참기름 · 깨소금 · 통깨 약간, 간장 2큰술, 소금 1작은술, 설탕 1작은술, 식용유 적당량, 맛술 1큰술

만드는 법

(1) 염장다시마는 깨끗이 씻어 물기를 건지고 0.5cm로 채 썬다.
(2) 데워진 팬에 기름을 두르고 채 썬 다시마를 볶다가 소금간을 한다.
(3) 우엉과 당근은 5cm로 채 썰어 끓는 물에 데친 후 냄비에 간장, 물, 설탕, 맛술을 넣고 조린다.
(4) 끓는 소금물에 데친 미나리를 찬물에 헹궈 짠 후 먹기 좋은 크기로 자르고 참기름, 간장, 깨소금에 무친다.
(5) 그릇에 다시마, 우엉, 당근, 미나리를 넣고 참기름, 통깨를 넣어 무친 다음 채 썬 붉은 고추를 넣어 버무려 마무리한다.

Tip

다시마는 알칼리성식품으로 다시마에 있는 알긴산은 항암작용 및 당뇨병치료 효과가 있고, 콜레스테롤을 낮추고 튼튼한 혈관을 유지시켜 비만방지, 혈압안정에 효과적이다.

12) 파래양념무침

재료 및 분량

파래 250g, 청포묵 1모, 부추 80g, 실파 10줄기, 양념장(간장 4큰술, 고춧가루 2큰술, 다진 파 1큰술, 다진 마늘 1/2큰술, 깨소금 1작은술, 참기름 1작은술)

만드는 법

(1) 깨끗이 손질한 파래는 찬물에 헹궈 물기를 짠다.
(2) 청포묵은 1×5cm로 썰어 끓는 물에 데쳐 찬물에 헹군 후 건진다.
(3) 부추와 실파는 다듬어 씻어 4cm로 썬다.
(4) 그릇에 파래, 청포묵, 부추, 실파를 넣고 분량의 재료를 섞어 양념장을 만들어 끼얹은 후 버무린다.

13) 해초샐러드

재료 및 분량

해초 350g, 래디시 1개, 레몬 1/2개, 치커리 60g, 프렌치드레싱(양파 간 것 2큰술, 식용유 4큰술, 식초 2큰술, 소금 · 흰후춧가루 · 다진 파슬리 약간)

만드는 법

(1) 해초는 깨끗이 씻어 물에 담가 소금기를 뺀 후 건진다.
(2) 채 썬 래디시는 물에 담가 건지고 레몬은 반달모양으로 썬다.
(3) 치커리는 씻어 건진 다음 먹기 좋게 자른다.

(4) 분량대로 재료를 섞어 프렌치드레싱을 만든다.

(5) 준비한 재료를 접시에 담고 드레싱을 얹는다.

14) 모둠해초샐러드

재료 및 분량

생미역 250g, 한천 60g, 무순 60g, 귤 2개, 참깨소스(간장 1큰술, 깨소금 2큰술, 설탕 1작은술, 맛술 1큰술)

만드는 법

(1) 깨끗이 씻은 생미역은 끓는 물에 데친 후 4cm로 썬다.

(2) 한천은 따뜻한 물에 불려서 4cm 크기로 썬다.

(3) 무순은 찬물에 담갔다가 건지고, 귤은 반달모양으로 도톰하게 썬다.

(4) 분량대로 재료를 섞어 참깨소스를 만든다.

(5) 접시에 미역, 한천, 무순, 귤을 담고 참깨소스를 얹는다.

15) 해초냉채

재료 및 분량

해초 250g, 밤 6개, 오이 1개, 배 1/2개, 당근 60g, 레몬소스(레몬즙 6큰술, 설탕 2큰술, 다진 파슬리 · 소금 · 흰후춧가루 약간)

만드는 법

(1) 해초는 깨끗이 씻어 소금기를 빼고, 껍질 벗긴 밤은 납작하게 썬다.

(2) 배는 4cm로 납작하게 썰어 설탕물에 담그고 당근, 오이도 4cm로 썬다.

(3) 분량의 재료를 섞어 레몬소스를 만든다.

(4) 접시에 해초, 밤, 배, 오이, 당근을 담고 레몬소스를 끼얹는다.

다시마말이

다시마우엉잡채

다시마채조림

미역찹쌀완자국

미역파프리카볶음

파래해초전

해초냉채

해초샐러드

9. 버섯류 음식

1) 버섯밥

재료 및 분량

쌀 불린 것 4컵, 쇠고기 150g, 표고버섯 8개, 목이버섯 불린 것 80g, 양송이 8개, 은행 15개, 간장 1큰술, 청주 2큰술, 참기름 1/2큰술, 육수 4컵, 식용유 1/2큰술, 후춧가루 약간, 양념간장(간장 3큰술, 다진 마늘 1/2큰술, 다진 파 1큰술, 깨소금 2작은술, 참기름 1큰술, 후춧가루 1/2작은술, 고춧가루 1/2큰술)

만드는 법

(1) 쌀은 씻어 불려 건지고, 쇠고기와 불린 표고버섯은 채 썬다.

(2) 목이버섯은 불려 찢어 놓고 양송이는 껍질을 벗겨 썰어 놓는다.

(3) 팬에 기름을 두르고 은행에 소금을 치고 볶아 속껍질을 벗긴다.

(4) 데워진 냄비에 식용유를 두르고 쇠고기, 표고버섯, 목이버섯, 양송이를 넣고 볶다가 청주, 후춧가루를 넣고 볶으면서 쌀과 육수를 부어 밥을 짓는다.

(5) (4)의 밥을 그릇에 담고 은행을 고명으로 올리고 양념장을 곁들여 낸다.

2) 버섯 · 명란젓 잡탕죽

재료 및 분량

밥 200g, 팽이버섯 60g, 명란젓 40g, 무순 · 소금 약간, 멸치국물 1컵,

만드는 법

(1) 밥에 물을 넣어 불린 뒤 물기를 버리고 버섯은 밑동을 자르고 깨끗이 씻는다.

(2) 얇은 껍질을 벗긴 명란젓에 맛술을 뿌려서 섞는다.

(3) 머그컵에 (1)과 멸치국물, 소금을 넣어 섞은 뒤 전자레인지에 3분 정도 가열한다. 버섯이 익으면 명란젓과 무순을 얹는다.

3) 버섯크림수프

재료 및 분량

생표고버섯 8개, 양송이버섯 8개, 느타리버섯 80g, 마늘 2쪽, 양파 1개, 밀가루 3큰술, 우유 2컵, 생크림 4큰술, 육수(물) 5컵, 버터 · 파슬리 적당량

만드는 법

(1) 씻어 물기를 제거한 생표고버섯과 양송이버섯은 얇게 편으로 썬다.

(2) 깨끗이 씻어 건진 느타리버섯은 적당하게 찢는다.

(3) 마늘은 잘게 다지고 양파는 가늘게 채 썬다.

(4) 데워진 냄비에 버터를 두르고 마늘과 양파를 볶다가 버섯과 밀가루를 넣어 같이 볶는다.

(5) (4)에 육수를 붓고 끓인 후 불을 줄이고 우유를 붓고 끓이다가 도중에 생기는 거품은 걷어 낸다.

(6) 소금, 후춧가루로 간을 하고 생크림을 넣고 불을 끈 후 버터 한 조각을 넣는다.

(7) 수프 그릇에 담고 파슬리가루를 뿌린다.

4) 버섯매운국

재료 및 분량

느타리버섯 500g, 팽이버섯 2봉지, 풋고추 2개, 애호박 $\frac{1}{2}$개, 두부 1모, 대파 1/2대, 멸치액젓 2작은술, 다진 마늘 2작은술, 참기름 2작은술, 소금 약간, 멸치국물 6컵, 버섯양념(다진 마늘 1작은술, 고춧가루 $1\frac{1}{2}$큰술, 국간장 2작은술, 참기름 2작은술)

만드는 법

(1) 느타리버섯은 끓는 물에 데쳐 물기를 짠 뒤 버섯양념으로 무친다.
(2) 팽이버섯은 밑둥을 잘라 송이를 나누고 풋고추와 대파는 어슷하게 썬다.
(3) 두부는 사방 1.5cm로 썰고 애호박은 길이로 반을 자른 뒤 반달모양으로 썬다.
(4) 뜨거워진 냄비에 참기름을 두르고 양념한 느타리버섯을 볶다가 멸치국물을 부어 끓인다.
(5) (4)가 끓어나면 애호박, 풋고추, 대파, 팽이버섯, 두부, 다진 마늘을 넣고 끓인 후 멸치국물과 소금으로 간을 한다.

5) 느타리버섯들깨탕

재료 및 분량

쌀 1컵, 느타리버섯 450g, 들깨 2컵, 대파 2대, 다진 마늘 2큰술, 소금약간, 육수(물) 적당량

만드는 법

(1) 끓는 물에 데친 느타리버섯은 먹기 좋은 크기로 찢어 다진 마늘과 소금으로 간을 한다.
(2) 들깨는 물에 씻은 후 분마기에 갈아 체에 밭친다.
(3) 쌀은 물에 40분 이상 불려서 분마기에 간다.

(4) 대파 3cm로 곱게 채 썬다.

(5) 들깨가루와 쌀가루를 냄비에 넣고 육수를 부어 한소끔 끓인 후 양념한 느타리버섯을 넣어 잠시 끓이다가 파를 넣고 소금으로 간을 한다.

Tip

느타리버섯은 수분함량이 90% 이상으로 다이어트효과가 있다. 줄기와 육질이 단단하고 갓 색깔이 진한 것이 좋으며 조리 시 버섯의 결대로 손으로 찢어 사용한다. 국, 찌개, 볶음, 전골, 구이, 전, 탕 등으로 다양하게 쓰인다.

6) 팽이버섯샤브샤브

재료 및 분량

팽이버섯 3봉지, 생표고버섯 6장, 쇠고기(등심 또는 안심) 5000g, 배추 200g, 양파 1/2개, 무 50g, 당근 50g, 대파 1대, 쑥갓 50g, 다시마장국 8컵, 간장소스(간장 2큰술, 식초 2큰술, 다시마국물 2큰술, 무즙 적당량, 송송 썬 실파 적당량, 레몬즙 1큰술), 참깨소스(참깨 간 것 3큰술, 땅콩버터 2큰술, 고춧가루 1/2작은술, 간장 1큰술, 설탕 1작은술, 청주 1큰술, 레몬즙 1큰술, 다시마국물 3큰술, 소금 약간)

만드는 법

(1) 팽이버섯은 밑동을 잘라 내고 송이를 나누어 씻고, 생표고버섯은 채 썬다.

(2) 쇠고기는 샤브샤브용으로 얇게 썬다.

(3) 배추의 속대는 4cm로 썰고 양파는 채 썬다.

(4) 무와 당근은 얄팍하게 썬다.

(5) 대파는 어슷하게 썰고 씻어 놓은 쑥갓은 짧게 자른다.

(6) 분량의 재료를 섞어 간장소스와 참깨소스를 만든다.

(7) 냄비에 다시마장국을 붓고 끓이다가 고기와 채소를 담가 살짝 익혀서 고기는 간장소스에, 채소나 버섯은 참깨소스에 찍어 먹는다.

7) 겨자소스버섯찜

재료 및 분량

쇠고기 간 것 250g, 표고버섯 10개, 마늘 3개, 양파1/2개, 쪽파 2개, 래디시 2개, 파슬리 약간, 겨자 1큰술, 인삼가루 5큰술, 다시마물 1컵, 표고간장 3큰술, 참기름 · 소금 · 술 적당량

만드는 법

(1) 다진 마늘과 양파, 송송 썬 실파를 다진 쇠고기에 넣고 참기름, 소금, 술로 간을 하여 볶는다.
(2) 표고버섯의 안쪽에 인삼가루를 뿌리고 양념한 쇠고기를 소로 넣는다.
(3) 냄비에 다시마물, 표고간장, 소금을 넣고 인삼가루를 넣어 고루 섞는다.
(4) 소를 넣은 표고버섯을 (3)에 가지런히 넣고 약한 불로 조린다.
(5) (4)를 식힌 후 채 썬 래디시와 다진 파슬리를 얹는다.
(6) 겨자에 참기름, 다시마물을 넣어 만든 겨자소스에 찍어 먹는다.

8) 표고찜

재료 및 분량

표고버섯 12개, 흰살 생선 150g, 시금치 50g, 양파 50g, 당근 50g, 소금 · 후춧가루 · 밀가루 · 녹말 · 초간장 · 참기름 적당량, 초간장(간장 1큰술, 식초 1큰술, 물 1큰술, 설탕 1/4 작은술)

만드는 법

(1) 불린 표고버섯은 물기를 짜고 소금, 후춧가루, 참기름으로 양념한다.
(2) 뼈를 제거한 흰살 생선은 곱게 다진다.
(3) 시금치는 데쳐 물기를 제거한 후 다지고, 양파와 당근도 곱게 다진다.

(4) (3)에 다진 흰살 생선을 넣고 소금, 후춧가루, 참기름으로 양념한 후 녹말가루를 섞는다.

(5) 표고버섯의 안쪽에 밀가루를 뿌리고 (4)를 채워 넣는다.

(6) 찜통에 김이 오르면 쪄서 접시에 담고 초간장을 곁들인다.

Tip

표고버섯은 살이 통통하고 두툼하며 줄기가 짧은 것이 상품이며 갓 안쪽이 희고 깨끗하며 주름이 고루 펴져 있는 것이 신선하다. 특히 조리 시 향과 맛을 살리기 위해 양념을 적게 쓰고 열에도 약하므로 살짝 익히는 것이 좋다.

9) 팽이버섯피망볶음

재료 및 분량

팽이버섯 2봉지, 청피망 1개, 홍피망 1개, 쇠고기 200g, 고기양념장(간장 2작은술, 설탕 1작은술, 대파 1대, 마늘 4개, 후춧가루 약간, 참기름 1작은술, 깨소금 2작은술), 다진 마늘 2작은술, 식용유 적당량

만드는 법

(1) 밑동을 자른 팽이버섯은 송이를 나누어 흐르는 물에서 씻는다.

(2) 피망은 반으로 잘라 씨를 제거하고 채 썬다.

(3) 채 썬 쇠고기는 고기양념에 무친다.

(4) 뜨거워진 팬에 기름을 두르고 다진 마늘과 양념한 쇠고기를 볶는다.

(5) (4)의 고기가 익으면 피망을 넣고 살짝 볶다가 팽이버섯을 넣고 소금, 후춧가루로 간을 한다.

10) 팽이버섯연어말이

재료 및 분량

팽이버섯 2봉지, 훈제연어 350g, 크레송(또는 무순) 약간, 케이퍼 · 홀스 래디시 적당량

만드는 법

(1) 팽이버섯의 밑둥을 잘라 내고, 송이를 나누어 흐르는 물에서 씻는다.

(2) 훈제 연어는 얇게 썰고 크레송은 냉수에 씻어 건진다.

(3) 연어에 손질한 팽이버섯과 크레송을 얹어 만다.

(4) 접시에 연어를 보기 좋게 담고 케이퍼와 홀스 래디시를 곁들여 낸다.

11) 표고새우튀김

재료 및 분량

생표고버섯 20개, 새우살 300g, 청피망 2개, 홍피망 2개, 달걀난백 1개, 생강즙 1작은술, 청주 1큰술, 녹말가루 1큰술, 튀김기름 적당량

만드는 법

(1) 표고버섯은 기둥을 제거하고 깨끗이 씻어 물기를 닦는다.

(2) 연한 소금물에 씻은 새우살은 물기를 제거하고 잘게 다져 달걀난백, 술, 생강즙, 청주, 녹말가루와 함께 믹서에 넣어 간다.

(3) 피망은 0.5cm로 둥글게 썰어 씨를 털어 낸 다음 기름에 볶는다.

(4) 표고버섯 안쪽에 녹말가루를 뿌리고 (2)의 갈아 놓은 새우살을 채운다.

(5) 중온의 튀김기름에 새우살이 채워진 부분이 밑으로 가도록 넣어 튀긴다.

(6) 앞뒤를 충분히 튀겨 건진 다음 기름기를 뺀다.

(7) 접시에 튀김을 담고 피망을 돌려 담는다.

12) 버섯요구르트카레

재료 및 분량

건표고버섯 4장, 느타리버섯 80g, 팽이버섯 1/2봉지, 양송이 4개, 양파 1/2개, 껍질콩 60g, 버터 1큰술, 요구르트카레소스(버터 2큰술, 밀가루 1큰술, 카레가루 3큰술, 플레인 요구르트 1/2통, 레몬즙 1큰술, 물 3컵)

만드는 법

(1) 따뜻한 물에 불린 건표고버섯은 굵게 채 썬다.
(2) 느타리버섯은 소금물에 씻어 건지고, 팽이버섯은 밑둥을 제거하고 송이를 잘라 깨끗이 씻는다.
(3) 양송이는 껍질을 벗기고 편을 썰고 양파는 채 썬다.
(4) 끓는 소금물에 껍질콩은 데치고, 냄비에 버터를 두르고 양파와 버섯을 볶는다.
(5) 뜨거워진 팬에 버터를 두르고 밀가루를 볶다가 카레가루를 넣어 볶으면서 물을 붓고 카레가루를 풀어 준다.
(6) (5)에 준비한 채소와 버섯을 넣고 끓이다가 마지막에 플레인 요구르트와 레몬즙을 넣고 섞는다.

13) 양송이그라탱

재료 및 분량

흰살 생선 익힌 것 1/3컵, 감자 20g, 당근 20g, 애호박 20g, 완숙달걀 1/2개, 양송이 4개, 레몬즙 약간, 베사멜소스(화이트크림), 아메리칸 치즈 1/2장, 밀가루 적당량

만드는 법

(1) 베사멜소스에 흰살 생선 익힌 것을 넣고 끓여 준다.
(2) 감자와 당근은 껍질을 벗겨 사방 1cm로 썰어 끓는 물에 삶아 건진다.

(3) 애호박도 사방 1cm로 썰어 데쳐 건지고 완숙달걀은 잘게 썬다.
(4) 기둥을 제거한 양송이는 레몬즙을 혼합한 물에 헹구어 건져 물기를 닦는다.
(5) 양송이의 안쪽에 밀가루를 뿌리고 재료를 혼합하여 양송이 속에 담고 치즈를 뿌린다.
(6) 200℃로 예열한 오븐에서 굽는다.

Tip

양송이는 서양의 송이로 알려졌으며 버섯 중 단백질 함량이 가장 많으며 항암, 항바이러스 효과가 있다. 양송이는 갓이 피지 않고 버섯대와 붙어 있는 것이 좋으며 육질이 단단한 것을 선택한다. 양송이는 신선한 용기에 담아서 냉장 보관한다.

14) 머시룸샐러드

재료 및 분량

샐러드용채소(양상추, 래디시, 크레송) 적당량, 양송이버섯 4개, 닭가슴살 2조각, 버터 적당량, 방울토마토 10개, 삶은 달걀노른자 2개, 머스터드요구르트 드레싱(머스터드 3큰술, 요구르트 200g, 흰후춧가루 조금, 레몬주스 3큰술, 올리브오일 3큰술, 파슬리 2큰술, 꿀 2큰술, 간장 2작은술, 맛술 2작은술)

만드는 법

(1) 소금, 후춧가루로 간을 한 닭가슴살은 오븐에서 노릇하게 구워 먹기 좋게 썬다.
(2) 양송이버섯은 4조각으로 썰고, 삶은 달걀노른자는 체에 내린다.
(3) 그릇에 분량의 재료를 섞어 머스터드요구르트 드레싱을 만든다.
(4) 접시에 채소와 양송이버섯을 담고 삶은 달걀노른자를 뿌린 후 드레싱을 곁들인다.

겨자소스버섯찜

느타리버섯들깨탕

머쉬룸샐러드

버섯매운국

버섯요구르트카레

팽이버섯연어말이

팽이죽

표고찜

chapter 3

저장 음식

1. 김치류
2. 젓갈류
3. 장류
4. 장아찌류
5. 부각류 및 튀각류
6. 식초류
7. 주류

1. 김치류

김치는 일종의 발효 채소로 다른 나라에서는 찾아볼 수 없는 우리 고유의 복합 발효 식품으로서 예로부터 비타민과 무기질의 섭취가 부족한 겨울에 우수한 영양 공급원이었다.

고려시대에는 현재와 같이 고춧가루나 젓갈을 넣지 않고 소금에 절인 채소에 마늘을 섞어 소금 절임의 형태로 만든 '침채(沈菜)'를 먹었는데 이것이 김치의 시초였고 여름의 무더위와 겨울의 혹독한 추위로 인해 겨자나 후추와 같이 매운 음식을 즐겨 먹었던 우리 조상들이 조선시대 임진왜란(1592년)을 전후로 당질이 많은 고추가 도입되면서 양념채소를 김치에 첨가하기 시작한 것이 오늘날 수백 종의 김치로 발전하게 되었다. 즉, 현재 우리가 사용하는 김치라는 말은 '침채 → 팀채 → 짐채 → 김채 → 김치'로 변화되었고 김장이라는 말 역시 '침장 → 팀장 → 딤장 → 김장'으로 된 것이다.

김치는 사용하는 재료에 따라 김치류, 동치미류, 깍두기류, 절임류, 식해류 등으로 구분되어 총 193종으로 구분이 되는데 계절에 따라 담는 김치의 종류도 각각 달라 봄에는 나박김치 · 햇깍두기 · 돌나물김치 · 파김치 등을, 여름에는 열무김치 · 오이소박이 · 부추김치 · 가지김치, 가을에는 섞박지 · 통배추김치 · 풋고추김치 등을 담그며 보쌈김치 · 동치미 · 총각김치 · 깍두기 등의 김장김치는 겨울에 담근다. 또한 겨우내 장기 보관을 하며 먹기 위한 해물을 이용한 동물성 김치도 있다.

김치는 공기와 접촉하면 빨리 시어지므로 저장할 때는 항아리에 꼭꼭 눌러 담아 0~5℃의 온도에서 저장하고 김치를 꺼낼 때에는 호기성 곰팡이가 침투하면 시게 되고 군내가 나므로 젖은 손으로 꺼내서는 안 되며 김치를 꺼낸 후에는 반드시 뚜껑을 꼭 닫아 맛이 변하는 것을 막아야 한다.

김치는 영양학적으로도 매우 우수한 식품인데 채소에 함유되어 있는 펙틴(pectin)과 셀룰로오즈(cellulose)와 같은 섬유소는 동맥경화증 예방 및 비만 · 대장

암 예방에 효과적이며 특히 김치기 숙성될 때 생기는 젖산은 정장작용과 항암작용을 한다. 그 외에 노화방지 및 항산화작용을 하는 김치는 오늘날 해외에서도 우수성이 알려지면서 각광받는 건강식품으로 인정받고 있다.

1) 고추소박이

재료 및 분량

풋고추 30개, 굵은소금 3큰술, 실파 40g, 마늘 30g, 생강 15g, 멸치젓 1/3컵, 무 400g, 설탕 1큰술, 통깨 2큰술, 고춧가루 1/2컵, 찹쌀풀 적당량, 고운소금 약간

만드는 법

(1) 풋고추는 싱싱하고 통통한 것으로 골라 꼭지를 짧게 자르고 길이 1/2로 갈라 고추씨를 뺀 후 굵은소금물에 담가 고추가 떠오르지 않게 돌로 눌러 삭힌다.

(2) 무는 3cm 길이로 짧게 썰어서 가늘게 채 썰고 실파도 같은 길이로 썰어 놓는다.

(3) 마늘, 생강은 곱게 다진다.

(4) 멸치젓에 동량의 물을 붓고 달여 고운체에 밭쳐 맑은 멸치젓국을 만든 후 여기에 고춧가루와 설탕을 넣고 되직하게 갠 다음 마늘, 생강을 넣어 고춧가루 양념을 만들어 놓는다.

(5) 준비한 고춧가루 양념에 무채와 실파, 통깨를 넣고 골고루 버무리면서 마지막에 고운소금으로 간을 맞춘다.

(6) 삭힌 고추는 물기를 빼고 그 속에 준비한 양념 소를 꼭꼭 채워 넣고 항아리에 차곡차곡 눌러 담는다.

(7) 양념을 버무렸던 그릇에 물을 타서 심심하게 간을 맞춘 후 항아리에 부어 익힌다.

Tip

- 고추를 삭힐 때 고추가 물에 뜨거나 소금물이 싱거우면 고추가 물러지므로 간을 알맞게 한다.
- 고추 속을 채울 때는 무채를 가늘고 곱게 썰어 고추 속이 꽉 차게 채운다.

2) 갓김치

재료 및 분량

갓 1kg, 굵은소금 1컵, 물 3컵, 멸치젓 2/3컵, 실파 150g, 고춧가루 1½컵, 마늘 50g, 생강 25g, 설탕 1작은술, 찹쌀풀 1/2컵, 통깨 2큰술, 고운소금 약간

만드는 법

(1) 갓은 줄기가 연한 돌산 갓으로 준비하여 다듬어 씻어서 자르지 말고 그대로 소금물에 절인다. 숨이 푹 죽으면 씻어 건져 물기를 완전히 뺀다.

(2) 마늘과 생강은 곱게 다지고 실파는 깨끗이 다듬어 씻은 후 갓을 절였던 소금물에 절인다.

(3) 찹쌀풀을 쑤어서 식힌다.

(4) 멸치젓은 동량의 물을 붓고 끓여 고운체에 걸러 식힌다.

(5) (4)의 멸치젓국에 고춧가루와 설탕을 넣어 불린 다음 다진마늘, 생강, 통깨, 찹쌀풀을 넣고 걸쭉하게 고춧가루 양념을 만든다.

(6) 갓과 절인 실파에 양념을 넣고 버무린 후 가닥을 모아 잡고 돌돌 말아 항아리에 차곡차곡 눌러 담는다.

(7) 노르스름하게 푹 익어 톡 쏘는 매운맛이 가실 정도로 푹 익은 후에 먹는다.

Tip

- 갓은 줄기와 잎이 연하고 싱싱한 것을 고르되 가운데 종이 올라온 것은 피한다.
- 갓의 줄기와 잎에는 비타민 A와 C가 많이 들어 있는데 특히 비타민 C의 양은 100g을 기준으로 했을 때 딸기와 맞먹을 정도이며 단백질 또한 많이 함유되어 있다.
- 양념을 만들 때 마른 붉은 고추를 불려 갈아 사용하면 고추의 단맛과 향으로 인해 갓의 쌉쌀한 맛을 연하게 할 수도 있다.

3) 가지김치

재료 및 분량

가지 3개, 굵은소금 적당량, 무 50g, 대파 50g, 부추 45g, 마늘 20g, 생강 7g, 고춧가루 1/4컵, 새우젓 1/2작은술, 보리국물 3/4컵(보리쌀 1/5컵, 물 1컵), 찹쌀풀 · 통깨 · 설탕 · 고운소금 약간

만드는 법

(1) 가지는 너무 크지 않고 연한 것으로 준비해 꼭지를 잘라 내고 10cm 정도의 길이로 토막 낸 후 양끝을 1cm 가량 남기고 길이로 가운데에 칼집을 내어 소금에 절인다.

(2) 파, 마늘, 생강은 곱게 다진다.

(3) 부추는 깨끗이 다듬어 씻어 1cm 정도의 길이로 송송 썬다.

(4) 무는 껍질을 벗기고 1cm 길이로 적당히 채 썬다.

(5) 보리쌀 1/5컵에 물 1컵을 붓고 물이 반으로 줄어들 때까지 끓인 후 고운체에 걸러 보리국물만 받아 둔다.

(6) 새우젓은 건더기만 건져 다진다.

(7) 큰 그릇에 준비한 고춧가루, 설탕, 새우젓, 부추, 무채, 다진 파, 다진 마늘, 다진 생강을 넣고 버무린 다음 고운소금으로 간을 맞추어 소를 만든다.

(8) 절여진 가지는 찜통에서 살짝 찐 후 식힌다.

(9) 쪄 낸 가지 칼집 사이에 소를 채워 넣고 항아리에 차곡차곡 담는다.

(10) (5)의 보리 삶은 물에 고운소금으로 간을 하여 항아리에 붓고 익힌다.

Tip

- 가지는 한 뼘 정도 길이의 작고 보랏빛이 나는 것으로 담그는 것이 김치를 했을 때 무르지 않는다.
- 보리국물 대신 보리밥을 해서 넣어도 되나 보리밥이 겉돈다.
- 가지김치는 별식이므로 한꺼번에 많이 담그지 말고 몇 개씩만 담가 먹는다.

4) 파김치

재료 및 분량

실파 500g, 멸치젓 1/3컵, 고춧가루 2/3컵, 마늘 50g, 생강 20g, 설탕 1/2큰술, 통깨 1큰술, 찹쌀풀 · 고운소금 약간

만드는 법

(1) 실파는 깨끗하게 다듬어 씻어 물기를 제거한다.

(2) 멸치젓은 동량의 물을 붓고 끓여 고운체에 받쳐 맑은 멸치젓국을 받아 놓는다.

(3) 큰 그릇에 실파를 한 켜 깔고 멸치젓국을 끼얹고 다시 실파를 깔고 멸치젓국을 끼얹어 켜켜이 절인다.

(4) 실파를 절였던 젓국 국물에 고춧가루와 설탕을 넣어 불린 후 생강, 마늘, 통깨를 넣어 걸쭉하게 양념해 놓는다.

(5) 큰 그릇에 절인 파를 길이로 펼치고, 고루 양념을 무쳐 한 번에 먹을 만큼의 양으로 한데 감아 묶어 항아리에 차곡차곡 담는다.

(6) 파김치를 버무린 그릇에 약간의 물을 부어 고운소금으로 간하여 항아리에 붓고 꾹꾹 눌러 담아 익힌다.

Tip

- 파김치는 전라도 지방의 김치로 파는 길이가 짧고 흰 부분이 통통한 것으로 선택하고 고춧가루 양념은 되직하게 만들어 양념이 흘러내리지 않게 한다.
- 파김치를 담글 때 갓을 같이 넣어 주면 국물이 시원하고 잘 시어지지 않는다.

5) 콩나물물김치

재료 및 분량

콩나물 500g, 물 1리터, 실파 100g, 마늘 30g, 생강 10g, 풋고추 1개, 붉은 고추 1개, 고춧가루 $1\frac{1}{2}$큰술, 고운소금 약간

만드는 법

(1) 길이가 짧고 통통하게 살찐 콩나물을 준비하여 뿌리는 자르고 깨끗이 씻어 놓는다.

(2) 파는 곱게 채 썰고 마늘, 생강은 껍질을 벗긴 후 편으로 썰어 면주머니에 넣어 동여맨다.

(3) 풋고추, 붉은 고추는 길이로 반 갈라 씨를 제거한 후 채 썬다.

(4) 냄비에 물과 고운소금을 넣고 콩나물이 비린내가 나지 않을 정도로만 살짝 삶은 후 콩나물은 건지고 국물은 차게 식힌다.

(5) 삶은 콩나물에 고춧가루를 넣고 가볍게 버무린 후 채 썬 파와 풋고추, 붉은 고추를 넣은 다음 마늘, 생강을 담은 면주머니를 넣고 차게 식힌 콩나물 국물에 고운소금을 넣어 심심하게 간을 하여 붓는다.

Tip

콩나물물김치는 함경도 지방의 김치로 담글 때 콩나물을 너무 오래 데치면 수분이 많이 빠져 맛이 질겨지므로 살짝 데쳐야 하며 하루만 지나면 먹을 수 있어 겨울에 차게 하여 밤참으로 밥을 말아 먹으면 시원하고 구수하다.

6) 백김치

재료 및 분량

배추 1포기, 굵은소금 3컵, 새우젓 1½큰술, 무 1/4개, 미나리 30g, 갓 30g, 실파 30g, 배 1/2개, 밤 4개, 잣 2큰술, 마늘 30g, 생강 15g, 고운소금 · 실고추 약간

만드는 법

(1) 배추는 밑동을 다듬고 길이로 2등분하여 켜켜이 소금을 약간 뿌리고 소금물에 6~8시간 정도 나긋나긋하게 절인 다음 깨끗이 헹구어 물기를 빼 놓는다.

(2) 무는 5cm 길이로 곱게 채 썰고 배와 밤은 껍질을 벗겨 3cm 길이로 채 썬다.

(3) 마늘, 생강은 곱게 채 썰어 놓고 미나리, 실파, 갓은 깨끗이 다듬어 씻어 4cm 길이로 썬다.

(4) 잣은 고깔을 떼어 놓고 새우젓은 건더기만 건져 다져 놓는다.

(5) 채 썬 무, 미나리, 실파, 실고추, 갓, 배, 밤, 파, 마늘, 생강, 새우젓을 넓은 그릇에 담고 소금 간을 하여 버무린다.

(6) 배추포기에 버무린 소를 갈피마다 한 웅큼씩 고르게 채워 넣고 양념이 흐트러지지 않게 겉잎으로 잘 싼다.

(7) 항아리에 차곡차곡 눌러 담고 물에 고운소금을 타 간을 맞추어 잘박하게 붓는다.

(8) 절인 배추 우거지로 김치 위를 꼭꼭 눌러 익힌다.

Tip

- 백김치는 붉은 김치와는 달리 오래 두고 먹으면 물러지거나 맛이 없어지므로 적은 양을 담가 알맞게 익혀 빨리 먹는 것이 좋다.
- 소로 들어가는 재료는 곱게 채 썰어 넣어야 얌전하다.
- 젓갈 대신 북어 끓인 물이나 맑은 육수 또는 깨끗한 생수에 간을 알맞게 하여 시원하게 담가도 좋다.

7) 총각김치

재료 및 분량

알타리무 1kg, 굵은소금 3/4컵, 물 3컵, 실파 100g, 갓 100g, 마늘 50g, 생강 30g, 고춧가루 3/4컵, 멸치젓 1/2컵, 새우젓 1큰술, 대파 $1\frac{1}{2}$대, 찹쌀풀 1/2컵, 설탕 1큰술, 고운소금·통깨 약간

만드는 법

(1) 알타리무는 싱싱한 잎만 남기고 누런 겉잎과 잔털을 떼고 깨끗이 손질하여 굵은 소금물에 절인다.

(2) 갓, 미나리, 실파는 깨끗이 다듬고 대파, 마늘, 생강은 다진다.

(3) 찹쌀가루로 풀을 쑨다.

(4) 멸치젓은 동량의 물을 넣고 끓여 식혀 체에 걸러 준비해 놓고, 새우젓은 건더기를 건져서 잘게 다진다.

(5) 준비한 멸치젓국에 고춧가루와 설탕을 넣어 불린 후 파, 마늘, 생강, 새우젓, 찹쌀풀을 넣고 버무린다.

(6) 절인 무를 두어 번 헹궈 물기를 뺀 다음 준비한 고추 양념을 넣고 버무린다.

(7) 갓, 실파와 통깨도 넣고 버무려 소금으로 간을 맞춘다.

(8) 버무린 무와 실파를 한꺼번에 먹을 수 있을 정도의 양으로 모아 묶어 항아리에 담은 후 무청으로 덮어 놓는다.

Tip

- 총각김치는 경상도와 전라도의 별미 김치로 옛날 총각들의 너풀대는 머리와 같은 모습이라 하여 붙여진 이름이다.
- 총각무의 무청(잎)은 영양가가 높으므로 될 수 있는 대로 많이 떼어 내지 말고 김치를 담도록 한다.
- 총각김치는 김장을 하기 전에 동치미와 함께 담가서 김장김치보다 일찍 먹는다.

8) 굴깍두기

재료 및 분량

무 1kg, 굵은소금 1½큰술, 설탕 1½큰술, 생굴 100g, 실파 100g, 갓 100g, 마늘 40g, 생강 10g, 미나리 100g, 새우젓 1½큰술, 고춧가루 3/4컵, 찹쌀풀 1½큰술, 고운소금 약간

만드는 법

(1) 무는 깨끗하게 씻어 사방 2.5cm 굵기의 깍둑썰기를 하여 소금과 설탕에 살짝 절인 후 건져 체에 밭쳐 물을 받아 둔다.
(2) 갓, 실파, 미나리는 깨끗하게 손질하여 4cm 길이로 썰어 놓는다.
(3) 굴은 소금물에 흔들어 씻어 건져 두고 새우젓은 건더기를 건져서 잘게 다진다.
(4) 마늘, 생강은 곱게 다진다.
(5) (1)의 무 절인 물에 분량의 고춧가루를 넣어 버무린 후 무에 조금 넣어 먼저 빨갛게 물들여 놓는다.
(6) (5)에 굴, 실파, 미나리, 다진 마늘, 생강, 새우젓을 넣고 고운소금으로 간을 맞추어 고르게 버무린다.
(7) 항아리에 꼭꼭 눌러 담아 익힌다.

Tip

- 깍두기용 무는 단맛이 나는 것이 좋은데 만약 무가 단맛이 없을 때는 설탕에 가볍게 절인 후 건져 양념하면 된다.
- 깍두기에 굴을 넣으면 시원한 맛이 나지만 빨리 시어지므로 금방 먹는 김치에 넣는 것이 좋고 알이 굵지 않으며 청색 빛이 나는 탄력성 있는 싱싱한 굴을 사용한다.
- 가을무는 무 자체에서 단맛이 나므로 절인 후 헹구지 말고 봄·여름 무는 국물에서 쓴맛이 나므로 절인 후 헹구어 버무린다.

9) 섞박지

재료 및 분량

무 400g, 배추 1/2포기, 굵은소금 1컵, 갓 100g, 미나리 100g, 실파 100g, 대파 1대, 마늘 45g, 생강 15g, 새우젓 2큰술, 고춧가루 2/3컵, 설탕 1작은술, 붉은 고추 2개, 찹쌀풀 2큰술, 고운소금 약간

만드는 법

(1) 무는 씻어서 가로 3cm, 세로 4cm, 두께 0.5cm로 썰어 소금과 설탕에 절인 후 물은 받아 둔다.
(2) 배추는 다듬어서 깨끗이 씻어 5cm 길이로 잘라 굵은소금에 3시간 정도 절인 후 헹궈 물기를 제거한다.
(3) 갓, 실파, 미나리는 깨끗이 손질하여 씻어서 물기를 털어 낸 후 5cm 길이로 썬다.
(4) 대파는 어슷썰고, 마늘과 생강은 다진다.
(5) 새우젓은 건더기만 곱게 다진다.
(6) 무를 절인 후 받아 둔 물 1/4컵에 마늘, 생강, 고춧가루, 찹쌀풀을 넣어 버무리다가 새우젓과 소금을 넣어 버무린다.
(7) (6)을 무와 배추에 조금 넣어 붉은색을 낸다.
(8) 양념과 (7)을 실파, 갓, 미나리와 같이 버무린 후 항아리에 꼭꼭 눌러 담은 후 버무린 그릇에 물을 조금 부어 양념물을 만들어 항아리에 붓고 그 위에 소금을 조금 넣고 절인 우거지를 덮는다.

Tip

고춧가루의 붉은 색소인 캡사이신은 김치 속 젓갈의 산패를 막아 주고 젖산균의 발육을 도와 김치의 발효를 도와준다.

10) 더덕소박이

재료 및 분량

통더덕 500g, 굵은소금 5큰술, 물 4컵, 부추 100g, 새우젓 1/3컵, 고춧가루 1/2컵, 마늘 30g, 생강 15g, 대파 2대, 다시마물 1/3컵, 설탕 1작은술, 고운소금 약간

만드는 법

(1) 더덕은 곧고 굵은 것으로 골라 껍질을 벗기고 깨끗이 씻어 5cm 길이로 토막 낸 후 양끝을 1cm씩 남기고 가운데를 길이로 칼집을 내어 굵은 소금물에 담가 절여 물기를 빼 놓는다.

(2) 새우젓은 건더기를 건져 곱게 다지고 부추는 송송 썬다.

(3) 파, 마늘, 생강은 다진다.

(4) 다시마물에 고춧가루와 설탕을 넣어 불린 후 새우젓, 파, 마늘, 생강을 넣어 고루 섞은 후 부추를 넣고 버무려 소를 만든다.

(5) 더덕 칼집 사이에 준비한 소를 꼭꼭 채워 넣고 항아리에 눌러 담은 후 김치를 버무렸던 그릇에 물을 붓고 고운소금으로 간하여 항아리에 붓고 익힌다.

Tip

- 더덕소박이는 사찰의 공양 식단으로부터 유래된 김치로 특히 더덕은 산에서 나는 고기에 비유된다.
- 더덕은 소금물에 충분히 절여야 속을 넣을 때 부러지지 않고 부드럽다.

11) 감김치

재료 및 분량

배추 1/2포기, 단감 2½개, 무 400g, 굵은소금 1½컵, 물 8컵, 마늘 45g, 생강 15g, 대파 1대, 실파 50g, 고춧가루 3/4컵, 멸치젓 1/3컵, 찹쌀풀 3큰술, 고운소금 약간

만드는 법

(1) 배추와 무는 깨끗이 씻어 가로 3cm, 세로 4cm, 두께 0.5cm로 나박썰기를 하여 소금에 절인다.
(2) 단감도 같은 크기로 썰어 소금에 살짝 절여 떫은맛을 제거한다.
(3) 대파, 마늘과 생강은 다진다.
(4) 멸치젓에 동량의 물을 넣고 끓여 체에 거른 멸치젓국에 고춧가루를 넣어 걸쭉하게 불려 놓는다.
(5) 큰 그릇에 위의 재료를 모두 넣고 고루 버무려 항아리에 담는다.

Tip

- 감김치는 황해도 지방의 김치로 감의 달짝지근한 맛과 김치의 시원한 맛이 조화를 이룬 별미김치이다.
- 특히 감에는 비타민 C가 풍부하며 동맥경화, 고혈압 및 숙취 제거에 좋은 식품이다.

12) 쑥갓김치

재료 및 분량

쑥갓 1kg, 굵은소금 1/2컵, 멸치젓 8큰술, 마늘 50g, 생강 20g, 붉은 고추 5개, 고춧가루 4/5컵, 밀가루 풀 2큰술, 대파 1대, 설탕 3작은술, 고운소금 약간

만드는 법

(1) 쑥갓은 연하고 부드러운 것으로 골라 깨끗이 씻은 후 5~6cm 길이로 썰어 굵은 소금에 살짝 절인 다음 채반에 건져 물기를 빼 놓는다.
(2) 멸치젓에 동량의 물을 넣고 끓여 고운체에 내린 후 식혀 놓는다.

(3) 물에 분량의 밀가루를 넣고 밀가루 풀을 쑤어 식혀 놓는다.
(4) 파, 마늘, 생강, 붉은 고추는 채 썬다.
(5) 밀가루 풀에 멸치젓국으로 간을 하고 쑥갓과 파, 마늘, 고춧가루와 설탕을 넣고 살살 버무린 다음 항아리에 꼭꼭 눌러 담는다.

13) 배추겉절이

재료 및 분량

배추 1/2포기, 굵은소금 1½컵, 실파 30g, 붉은 고추 2개, 마늘 45g, 생강 20g, 새우젓 2큰술, 고춧가루 2/3컵, 설탕 1큰술, 다시마물 1/4컵, 통깨 2큰술, 참기름 약간

만드는 법

(1) 배추는 길이로 2등분하여 분량의 소금에 절인 뒤 씻어 채반에 건져 물기를 빼고 물은 따로 받아 둔다.
(2) 물기가 제거된 배추는 먹기 좋은 크기로 찢어 놓는다.
(3) 실파는 3~4cm 길이로 썰어 준비하고 붉은 고추는 반으로 갈라 씨를 털어 내어 2~3cm 길이로 곱게 채 썬다.
(4) 새우젓은 건더기를 건져 곱게 다진다.
(5) 마늘과 생강은 다진다.
(6) (1)의 받아 놓은 물 1/2컵에 고춧가루와 설탕을 넣어 개어 놓은 후 다진 마늘, 생강, 새우젓을 넣고 고루 섞어 양념을 만든다.
(7) 준비된 양념에 배추를 함께 섞고 파와 붉은 고추를 섞어 설탕, 참기름으로 간을 하여 낸다.

Tip

- 배추는 얇고 연녹색이 나며 단단하고 수분이 많은 중간 크기의 것을 골라 뻣뻣하지 않을 정도로만 절인다.
- 절인 배추에 물기가 있으면 양념이 겉돌게 되므로 남은 물기를 완전히 제거하고 참기름은 먹기 직전에 넣어 고소한 맛이 나도록 한다.

14) 열무김치

재료 및 분량

열무 1kg, 굵은소금 1컵, 실파 100g, 마늘 45g, 생강 25g, 양파 1개, 풋고추 5개, 붉은 고추 10개, 밀가루 풀(물 3컵, 밀가루 4큰술), 설탕 2큰술, 다시마물 · 고운소금 약간

만드는 법

(1) 열무는 다듬어 5cm 정도의 길이로 썰어 풋내가 나지 않도록 살살 깨끗하게 씻어 굵은소금에 살짝 절인 다음 다시 깨끗이 씻어 채반에 건져 물기를 빼 놓는다.

(2) 실파는 3cm 길이로 썰고 양파는 0.3cm 정도로 채 썬다.

(3) 붉은 고추 2개와 풋고추는 어슷하게 썰어 놓는다.

(4) 마늘과 생강은 다진다.

(5) 분마기에 나머지 붉은 고추 8개와 다시마물을 넣어 간다.

(6) 물 3컵에 밀가루 4큰술을 넣어 밀가루 풀을 만들어 식힌 후, 준비한 고추양념((4),(5))을 넣고 고운소금 간을 하여 절인 열무와 양파, 실파, 붉은 고추, 풋고추를 넣고 버무려 항아리에 꼭꼭 눌러 담아 익힌다.

Tip

- 열무김치는 밀가루 풀을 이용하여 풋내를 없애고 젓국 대신 붉은 고추를 갈아 만든 여름철에 먹는 시원한 김치로 밀가루 풀의 양에 따라 그 맛이 좌우된다.
- 오이나 연한 풋고추를 섞어 담그기도 한다.

15) 열무물김치

재료 및 분량

열무 1kg, 풋배추 1kg, 굵은소금 2컵, 오이 1개, 배 1/3개, 미나리 50g, 실파 50g, 붉은 고추 3개, 풋고추 3개, 양파 1개, 생강 20g, 마늘 45g, 고춧가루 1큰술, 밀가루 풀 1큰술, 물 15컵, 설탕 · 고운소금 약간

만드는 법

(1) 열무는 어리고 싱싱한 것으로 골라 잎과 뿌리를 다듬은 다음 찬물에 대충 흔들어 씻어 소금을 조금 뿌려 살짝 절인다. 열무 잎이 숨죽은 듯이 보이면 찬물에 살살 흔들어 씻어 채반에 건진다.

(2) 풋배추는 다듬어 씻어 소금을 뿌려 절인다.

(3) 오이는 6cm 길이로 토막을 내어 십자로 썰고 배는 납작하게 썬다.

(4) 미나리, 실파는 손질하여 4cm 길이로 썰고, 붉은 고추는 씨를 털어 내고 채 썬다.

(5) 생강과 마늘은 분마기에 곱게 갈아 고춧가루와 물을 조금 넣고 걸쭉하게 만든다.

(6) 밀가루에 물 5컵을 넣고 잘 풀어 묽게 풀을 쑤어 식힌 후 고춧가루를 면 거즈에 싸서 풀에 넣어 주물러 붉게 물들인다. 여기에 생강과 마늘을 넣고 소금으로 간을 맞춘다.

(7) 절여진 김칫거리에 풋고추와 (6)의 양념을 넣고 버무린다.

(8) 항아리에 열무 한 켜, 오이 한 켜를 담은 후 풀국을 조금씩 부어 가며 차곡차곡 담은 뒤 맨 위에 미나리를 덮어 남은 풀국을 부어 완성한다.

Tip

- 열무를 씻을 때는 풋내가 나기 쉬우므로 가볍게 흔들어 씻는다.
- 열무물김치를 만들 때는 다른 김치와는 달리 밀가루 풀이나 감자 삶은 물 등 녹말 푼 것을 이용하는데 이는 전분이 당화되어 김치의 발효를 촉진시켜 젖산균을 생성하고, 열무의 풋내를 흡착시켜 맛이 부드러워지기 때문이다.

16) 깻잎김치

재료 및 분량

깻잎 10단, 굵은소금 1컵, 물 6컵, 무 1kg, 고춧가루 1/2컵, 미나리 50g, 실파 50g, 생강 20g, 마늘 45g, 밤 10개, 멸치젓 1/3컵, 설탕 2큰술, 고운소금 · 통깨 약간

만드는 법

(1) 깻잎은 깨끗이 씻어 굵은소금물에 하룻밤 절인 후 물기를 빼 놓는다.

(2) 무는 4cm 길이로 채 썰어 놓는다.

(3) 실파, 미나리는 다듬어 씻어서 4cm 길이로 썰어 놓는다.

(4) 생강, 마늘은 곱게 다지고, 밤은 껍질을 벗겨 채 썬다.

(5) 멸치젓은 동량의 물을 넣고 끓여 고운체에 걸러 식혀 둔다.

(6) (5)에 고춧가루와 설탕을 넣고 잠시 불렸다가 무채, 파, 부추, 생강, 마늘, 통 깨, 밤, 설탕, 고운소금을 넣어 버무려 김치소를 만든다.

(7) 깻잎을 2~3장씩 겹쳐서 도마에 얹고 김치 소를 길이로 놓고 돌돌 말아서 항아리에 차곡차곡 담는다.

Tip

비타민과 무기질의 함량이 풍부하고 사계절 어느 때나 쉽게 구할 수 있는 깻잎으로 담근 깻잎김치는 부드럽고 연해 노인이나 어린이들에게 어울리는 김치이다.

17) 오이소박이

재료 및 분량

오이 5개, 굵은소금 적당량, 부추 100g, 실파 30g, 마늘 30g, 생강 10g, 고춧가루 1큰술, 설탕 1/4큰술, 새우젓 1큰술, 찹쌀풀 2½큰술, 고운소금 약간

만드는 법

(1) 오이는 곧은 것으로 골라 씻어 7cm 길이로 썬 다음 중심에 열십자로 칼집을 넣어 소금물에 2시간 정도 절인다.
(2) 부추와 실파는 다듬어 깨끗이 씻어 1cm 길이로 송송 썬다.
(3) 새우젓은 건더기만 건져 다지고 찹쌀풀을 쑤어 식혀 둔다.
(4) 물에 고춧가루와 설탕을 넣어 불린 후 마늘, 생강, 새우젓, 찹쌀풀을 넣고 버무린 후 실파, 부추, 고운소금을 넣고 간을 맞춘다.
(5) 오이가 잘 절여졌으면 3번 정도 헹구어 물기를 빼 둔다.
(6) 물기 짠 오이 중심에 속을 넣어서 항아리에 담아 꼭꼭 눌러서 익힌다.

Tip

- 오이소박이는 봄부터 여름철에 담가 먹는 별미김치로 특히 오이는 비타민, 무기질과 같은 영양면에서뿐만 아니라 색이나 아삭아삭 씹히는 맛이 독특해 싱그러운 맛과 향으로 입맛을 돋우어 준다.
- 오이는 모양이 곧고 싱싱하며 씨가 들어 있지 않은 애오이를 사용하는 것이 좋고 다른 김치에 비해 빨리 시어지므로 먹을 만큼 적당히 담그는 것이 좋다.

18) 부추김치

재료 및 분량

부추 500g, 고춧가루 1/2컵, 멸치젓 1/3컵, 마늘 50g, 생강 10g, 설탕 1/2큰술, 찹쌀풀 1큰술, 통깨 · 고운소금 약간

만드는 법

(1) 부추는 잎이 통통하고 짧은 것으로 준비하여 양손으로 살살 비비는 것처럼 흐르는 물에 깨끗이 씻어 물기를 빼 놓는다.

(2) 멸치젓은 동량의 물을 넣고 끓여 식혀 고운체에 걸러 놓고, 찹쌀풀을 쑤어 식혀 놓는다.

(3) 큰 그릇에 부추를 한 켜 깔고 멸치젓국을 뿌리고 다시 부추, 멸치젓국 순으로 켜켜이 절인다.

(4) 부추가 알맞게 숨이 죽으면 젓국을 따라 내어 마늘, 생강, 통깨, 고춧가루, 찹쌀풀을 넣어 섞는다.

(5) 큰 그릇에 절인 부추를 깔고 양념을 켜켜이 바른 후 살살 잘 버무려 한 번에 먹을 양만큼 타래를 틀어 항아리에 꼭꼭 눌러 담는다.

Tip

부추는 잎이 연해 다른 김치처럼 많이 버무리면 풋내가 나므로 자주 뒤적이지 않는다.

19) 통도라지김치

재료 및 분량

통도라지 500g, 실파 50g, 마늘 45g, 생강 15g, 풋고추 3개, 멸치젓 1/4컵, 고춧가루 2/3컵, 찹쌀풀 3큰술, 설탕 3작은술, 통깨 1큰술, 고운소금 약간

만드는 법

(1) 통도라지는 깨끗이 씻은 후 껍질을 벗기고 5cm 정도의 길이로 잘라 0.5cm 두께로 썰어 놓는다.

(2) 멸치젓은 동량의 물과 끓여 식혀 고운체에 걸러 놓고 찹쌀가루로 풀을 쑤어 식힌다.

(3) 마늘과 생강은 다지고, 풋고추는 씨를 제거하여 도라지와 같은 크기로 준비한다.

(4) 실파는 5cm 길이로 썰어 놓는다.

(5) 끓여 식힌 멸치젓국에 고춧가루와 설탕을 넣어 불린 후 마늘, 생강, 소금, 설탕, 통깨를 넣고 버무려 걸쭉하게 양념을 만든 다음 도라지와 풋고추를 넣고 버무린 후 실파를 넣고 버무린다.

(6) 항아리에 담아서 꼭꼭 눌러 익힌다.

Tip

도라지는 당분, 칼슘, 섬유질, 철분이 다량 함유된 우수한 알칼리성 식품으로 뿌리뿐 아니라 어린 잎과 줄기도 먹을 수 있다. 또한 강장제 및 거담 효과가 있는 약용 식품이기도 하다.

20) 얼갈이물김치

재료 및 분량

얼갈이배추 500g, 굵은소금 적당량, 오이 1개, 배 1/3개, 미나리 100g, 실파 100g, 붉은 고추 5개, 풋고추 5개, 생강 25g, 마늘 50g, 물 10컵, 고춧가루 1큰술, 밀가루 풀 적당량, 고운소금 약간

만드는 법

(1) 얼갈이배추는 싱싱한 것으로 준비하여 5cm 길이로 자른 후 찬물에 살살 씻어 옅은 소금물에 절여 냉수에 헹궈 건진다.
(2) 오이는 굵은소금으로 문질러 씻어 5cm 길이로 토막 낸 다음 납작하게 썬다. 배도 껍질 벗겨 오이와 같이 납작썰고, 미나리와 실파는 5cm 길이로 잘라 놓는다.
(3) 붉은 고추와 풋고추는 씨를 제거하고 길이로 채 썬다.
(4) 마늘과 생강은 곱게 다진다.
(5) 냄비에 밀가루와 물을 부어 밀가루 풀을 만든 다음 식혔다가 소금, 생강, 마늘을 넣고 간을 맞추고 고춧가루를 면 거즈에 싸서 주물러 붉은색을 들인다.
(6) 항아리에 얼갈이배추와 오이, 실파, 미나리, 붉은 고추, 풋고추를 담고 (5)의 양념 풀을 붓는다.

Tip

- 얼갈이배추는 살짝 만져 보아 여리고 누런 잎이 적은 싱싱한 것으로 선택한다.
- 얼갈이배추는 잎이 어리므로 한꺼번에 물속에 넣어 씻지 말고, 조금씩 덜어 상처가 나지 않도록 살살 씻는다.

21) 알타리물김치

재료 및 분량

알타리무 500g, 굵은소금 적당량, 미나리 50g, 실파 50g, 붉은 고추 2개, 풋고추 2개, 마늘 50g, 생강 25g, 밀가루 풀 3큰술, 고운소금 · 설탕 약간

만드는 법

(1) 알타리무는 연한 것으로 다듬어 씻어 먹기 좋게 토막 내어 소금물에 살짝 절여 씻어 건진다.

(2) 미나리, 실파는 다듬어 씻은 후 5cm 길이로 잘라 놓는다.

(3) 붉은 고추, 풋고추는 반으로 갈라 씨를 털고 어슷하게 썰어 놓는다.

(4) 생강은 다지고 마늘은 편으로 썰어 놓는다.

(5) 냄비에 물과 밀가루를 부어 밀가루 풀을 만들어 식힌 다음 소금, 생강, 마늘을 넣어 간을 맞추고 거즈에 고춧가루를 싸서 주물러 붉은색을 들인다.

(6) 넓은 그릇에 알타리무, 실파, 미나리, 붉은 고추, 풋고추를 섞고 (5)를 넣은 후 소금으로 살짝 버무린다.

Tip

알타리무동치미는 전라도에서 많이 담그는 담백한 김치로 알타리무는 보통 무와 달리 단단하면서도 연해 아삭거리는 맛이 별미이다.

22) 더덕생채

재료 및 분량

더덕 400g, 굵은소금 적당량, 대파 1대, 마늘 10g, 설탕 2큰술, 식초 2큰술, 고춧가루 1큰술, 통깨 · 실고추 · 고운소금 · 참기름 약간

만드는 법

(1) 더덕은 소금물에 담가 쓴맛을 우려낸 후 반으로 갈라 방망이로 자근자근 두드려 가늘게 찢는다.

(2) 대파와 마늘은 곱게 다진다.

(3) 찢은 더덕에 소금과 식초, 설탕, 고춧가루로 맛을 낸 뒤 다진 파, 다진 마늘, 통깨, 참기름, 고운소금을 넣고 조물조물 무친다.

Tip

- 더덕은 위를 튼튼하게 해 주고 폐와 비장 · 신장에 좋은 건위 · 강장 식품이다.
- 독특한 향이 강하므로 조리를 할 때 파나 마늘 같은 강한 양념을 적게 써 더덕 고유의 향을 살리는 것이 좋다.

23) 호박김치

재료 및 분량

늙은 호박 1kg, 굵은소금 적당량, 배추 500g, 실파 30g, 마늘 50g, 생강 20g, 새우젓 1/2컵, 잣 1큰술, 대추 5개, 고춧가루 1컵, 찹쌀풀 1/4컵, 실고추 약간

만드는 법

(1) 늙은 호박은 반으로 갈라 속과 씨를 말끔히 긁어내고 껍질을 깎아 낸 후 1cm 두께로 썰어 소금에 살짝 절였다가 헹구어 물기를 뺀다.

(2) 배추와 무도 절여 물기를 뺀 후 5cm 길이로 썰고 마늘, 생강은 다진다.

(3) 실파는 다듬어 5cm 길이로 썰고 찹쌀풀을 쑤어 식힌다.

(4) 찹쌀풀에 고춧가루를 넣고 개어서 잠시 두었다가 넓은 그릇에 절인 호박과 배추를 담고 고춧가루 갠 것, 새우젓을 넣고 고루 버무린 후 파, 마늘, 생강, 잣, 통깨를 모두 함께 넣고 버무려서 항아리에 꼭꼭 눌러 담는다.

Tip

- 늙은 호박은 흠집이 없는 진한 황색을 띤 것을 선택한다.
- 호박의 노란 부분에는 프로비타민 A로 효력을 나타내는 카로틴(carotene)이 많아 겨울철에 부족하기 쉬운 비타민의 공급원이 되기도 한다.

24) 상추김치

재료 및 분량

상추 500g, 굵은소금 적당량, 멸치젓 1/2컵, 마늘 45g, 생강 20g, 설탕 1/2큰술, 통깨 1큰술, 실고추 · 고운소금 약간

만드는 법

(1) 상추는 동이 선 것(상추를 심어서 씨가 맺히기 전 상태. 즉, 보통 '세었다'고 표현)을 준비하여 줄기의 껍질을 벗긴 후 소금에 살짝 절여 물에 헹구어 물기를 뺀다.

(2) 멸치젓은 동량의 물을 넣어 끓여 식힌 후 고운체에 걸러 놓는다.

(3) (2)에 고춧가루와 설탕을 넣어 불린 후 통깨, 설탕, 마늘, 생강, 실고추를 넣어 풋내가 나지 않게 살살 잘 버무려서 항아리에 담는다.

25) 석류백김치

재료 및 분량

무 2개, 배추 1포기, 굵은소금 3컵, 김치 소(무 1개, 배 1/2개, 밤 5개, 석이버섯 2장, 미나리 20g, 실파 20g, 마늘 30g, 생강 7g, 대추 4개, 석류 1/2개, 고운소금 2큰술, 설탕 · 실고추 약간)

만드는 법

(1) 석류김치용 무는 약간 큼직한 것으로 골라 3~4cm 두께로 토막 내어 밑으로 1cm 남기고 1cm 간격의 바둑판 모양으로 칼집을 넣는다.

(2) 배추는 겉잎을 떼고 2등분하여 칼집 넣은 무와 함께 절인 후 헹궈 물기를 뺀다.

(3) 김치 속 무는 곱게 채 썰고, 배와 밤도 곱게 채 썰어 설탕을 뿌려 둔다.

(4) 미나리와 실파는 4cm 길이로 자르고, 석류는 씨를 빼서 따로 둔다.

(5) 석이버섯은 미지근한 물에 불려 비벼 씻은 후 곱게 채 썰고 마늘과 생강도 채 썬다.

(6) 채 썬 무에 실고추를 넣고 비벼 분홍빛이 들면 석류알을 제외한 나머지 모든 재료를 넣고 소금 간 한다.

(7) 무 칼집 사이에 (6)의 소를 넣는다.

(8) 그릇에 배춧잎 3장을 깔고, 소를 넣은 무를 올린 후 석류알을 보기 좋게 올린 다음 밑에 깐 배춧잎으로 싼다.

(9) 배추는 3~4cm 폭으로 썰어 깐 다음 켜켜이 소를 끼우고 배춧잎을 다시 싼다.

(10)항아리에 담고 소금물을 타서 국물을 부어 준다.

Tip

- 완성된 모양이 마치 벌어진 석류알과 같다 하여 붙여진 이름으로 무, 밤, 대추, 마늘, 생강과 같은 속재료는 아주 곱게 채 썰어야 완성 시 모양이 아름답다.
- 석류백김치와 같이 맵고 짜지 않게 담근 김치는 변질이 용이하므로 꺼낸 후 반드시 우거지를 꼭꼭 눌러 덮어야 한다.
- 김칫국물은 새우젓 국물과 소금물을 섞어 붓기도 하고 배를 갈아서 밭쳐 쓰기도 한다.

26) 고들빼기김치

재료 및 분량

고들빼기 1kg, 굵은소금 1컵, 실파 1/3단, 멸치젓 1컵, 마늘 90g, 생강 30g, 마른오징어 1/2마리, 고춧가루 2컵, 찹쌀풀 1컵, 통깨 3큰술, 고운소금 · 설탕 약간

만드는 법

(1) 고들빼기는 잎과 뿌리가 좋은 것을 선택하여 검은 부분은 다듬고 잔뿌리를 떼어 깨끗이 씻는다.

(2) 씻은 고들빼기를 바닷물 정도의 소금물에 일주일 정도 담가서 노릇노릇하게 삭혀 쓴맛을 우린다. 삭히는 도중에 소금물을 두세 번 갈아 주고 공기에 접촉되지 않도록 돌로 눌러 놓는다. 삭힌 고들빼기는 쓴맛이 빠지도록 여러 번 헹구어 채반에 건져 물기를 빼 놓는다.

(3) 실파는 다듬어 씻어서 5cm 길이로 썬다.

(4) 마늘과 생강은 곱게 다진다.

(5) 찹쌀풀을 쑤어서 식힌다.

(6) 오징어는 잘게 썰어 놓는다.

(7) 멸치젓에 동량의 물을 넣어 끓여 식힌 멸치젓국에 고춧가루와 설탕을 넣고 불린 다음 다진 마늘, 다진 생강, 찹쌀풀을 넣고 섞어서 고춧가루 양념을 만든다.

(8) 먼저 고들빼기를 고춧가루 양념에 충분히 버무린 후 썰어 놓은 오징어, 실파를 넣고 고루 버무려 통깨를 섞고 고운소금으로 간을 맞춘 후 항아리에 눌러 담고 우거지로 덮어 익힌다.

Tip

- 고들빼기김치는 음력설 이후에 별미로 먹는 전라도 전주 지방의 향토음식으로 식욕을 돋울 뿐 아니라 위장을 좋게 하고 피를 맑게 해 주며 씹을 때의 쌉쌀한 맛과 향이 인삼과 같다 하여 인삼김치라고도 한다.
- 고들빼기김치는 담글 때 멸치젓국이 텁텁하면 맛도 떨어지고 빛깔이 곱지 않으므로 반드시 맑은 멸치젓국을 사용한다.

27) 동치미

재료 및 분량

동치미무 10개, 굵은소금 1/2컵, 배 $1\frac{2}{3}$개, 실파 100g, 갓 50g, 삭힌 고추 100g, 건붉은고추 3개, 마늘 45g, 생강 20g, 물 30컵, 고운소금 약간

만드는 법

(1) 무는 자잘한 재래종 무로 골라 잔털을 떼고 껍질째 솔로 비벼 깨끗이 씻은 후 소금에 굴려 놓는다.

(2) 실파는 소금물에 30분 정도 절였다가 서너 개씩 만다.

(3) 마늘, 생강은 편으로 썰어 면주머니에 넣어 묶는다.

(4) 배는 깨끗이 씻어서 껍질째 4등분한다.

(5) 갓은 깨끗이 다듬어 씻어 길게 준비한다.

(6) 고추 삭힌 것은 씻어서 물기를 빼고 마른 붉은 고추도 젖은 행주로 깨끗이 닦는다.

(7) 항아리에 삭힌 고추와 건붉은 고추를 넣은 다음 소금에 굴린 무를 넣고 중간에 마늘, 생강, 실파, 갓을 넣는다.

(8) 소금물을 부어 준 후 돌로 눌러 저장한다.

Tip

- 동치미용 무는 크기가 작고 몸매가 고우며 잔털이 많지 않고 무청이 붙어 있는 것을 사용하는 것이 국물도 시원하고 맛있다.
- 무 껍질에는 속보다 비타민 C가 배나 더 들어 있어 벗기지 말고 씻어 그냥 사용하는 것이 좋다.
- 동치미는 꺼낼 때 손에 물을 묻힌 채로 꺼내면 곰팡이가 생기고 맛이 변하므로 조심하고 땅에 묻어 저장해야 국물이 시원하고 맛있다.

28) 보쌈김치

재료 및 분량

배추 2통, 무 500g, 굵은소금 6컵, 미나리 100g, 갓 100g, 실파 100g, 배 1개, 마늘 90g, 생강 60g, 찹쌀풀 1컵, 밤 5개, 대추 10개, 생굴 1컵, 낙지 1마리, 고춧가루 1$\frac{2}{3}$컵, 새우젓 3/4컵, 은행 20알, 호두 3개, 잣 · 고운소금 · 실고추 · 통깨 · 설탕 약간

만드는 법

(1) 배추는 잎이 무성한 것으로 골라 깨끗하게 씻어 2등분한 다음 절인다.

(2) 미나리, 갓, 실파는 3cm 길이로 썰며 무와 배도 나박나박 썰어 놓는다.

(3) 대추는 씨를 빼서 삼각형으로 썰어 놓고 은행, 잣을 준비하고 소금물에 씻은 굴과 3cm로 썬 낙지도 함께 준비한다.

(4) 호두는 따뜻한 물에 잠깐 담가 꼬챙이로 껍질을 벗긴다.

(5) 밤은 속껍질을 벗겨 그대로 납작하게 썬다.

(6) 은행은 끓는 소금물에 파랗게 데쳐 껍질을 벗기고, 잣도 고깔을 떼고 깨끗하게 준비한다.

(7) 새우젓을 다져서 찹쌀풀과 고춧가루, 다진 마늘, 생강, 설탕, 굴, 낙지, 소금 약간을 혼합하여 양념을 만든다.

(8) 절인 배추를 씻어 물기를 빼고 겉잎부분을 잘라 볼에 펴 놓고 보로 사용하며 나머지는 3cm 길이로 썰어 놓는다.

(9) 보시기에 배추겉잎을 3~4장 정도 깔고 버무린 소를 소복히 담는다.

(10) 소 위에 밤, 대추, 잣, 은행 등을 얌전히 보기 좋게 얹고 배춧잎으로 한 장씩 덮어 싼다.

(11) 만든 보쌈을 항아리에 담고 소금과 고춧가루를 물에 타서 붓는다.

Tip

보쌈김치는 흐트러지지 않게 옆으로 꼭꼭 채워서 항아리에 담아 준다.

29) 무청김치

재료 및 분량

무청 1kg, 굵은소금 1/2컵, 실파 100g, 갓 200g, 마늘 100g, 생강 25g, 고춧가루 2/3컵, 설탕 2큰술, 멸치젓 1/3컵, 찹쌀풀 1/2컵, 통깨 1큰술, 고운소금 약간

만드는 법

(1) 무청은 굵은 소금물에 절인 다음 깨끗이 씻어 채반에 밭쳐 물기를 빼 놓는다.

(2) 실파는 다듬어 씻어 4cm 길이로 썰고 마늘과 생강은 곱게 다진다.

(3) 멸치젓은 동량의 물을 넣고 끓여 식혀 고운체에 걸러 맑은 멸치젓국을 만들어 놓는다.

(4) 멸치젓국에 고춧가루와 설탕을 넣어 불린 후 다진 양념, 파, 찹쌀풀을 넣고 소금 간을 한다.

(5) 큰 그릇에 무청을 담고 고춧가루 양념으로 버무린 후 먹을 수 있을 정도의 양으로 모아 묶어 꼭꼭 눌러 담아 익힌다.

Tip

무청에는 비타민 C와 카로틴, 칼슘이 많으므로 좋은 영양 급원이 된다.

30) 깍두기

재료 및 분량

무 2개, 굵은소금 적당량, 미나리 200g, 갓 200g, 실파 100g, 마늘 50g, 생강 20g, 고춧가루 1컵, 새우젓 6큰술, 설탕 2큰술, 찹쌀풀 1/2컵, 고운소금 · 통깨 약간

만드는 법

(1) 무는 사방 2.5cm 네모로 썰어 소금에 살짝 절이고 실파와 미나리는 3~4cm 길이로 썰어 놓는다.

(2) 새우젓은 건더기를 건져 잘게 디지고 미늘과 생강은 곱게 다진다.

(3) 고춧가루, 설탕, 마늘, 생강, 찹쌀풀, 새우젓을 섞어 놓는다.

(4) 썰어 놓은 무에 고춧가루 양념을 넣고 버무려 빨갛게 물들인 후 갓, 실파를 넣고 고운소금으로 간을 맞추어 고르게 버무린다.

(5) 항아리에 꼭꼭 눌러 담아 익힌다.

31) 해물김치

재료 및 분량

배추 3포기, 무 2개, 굵은소금 적당량, 도루묵 6마리, 생태 2마리, 실파 100g, 물오징어 2마리, 갓 100g, 미나리 100g, 마늘 140g, 생강 50g, 멸치젓 $1\frac{1}{2}$컵, 고춧가루 3컵, 설탕 5큰술, 찹쌀풀 2컵, 고운소금 · 통깨 약간

만드는 법

(1) 배추는 3cm 길이로 썰고 무도 가로 2.5cm, 세로 3cm, 두께 0.3cm의 크기로 도톰하게 썰어서 소금을 뿌려 절인 후 물기를 뺀다.

(2) 도루묵과 생태는 손질한 후 깨끗이 씻어 가로 2cm, 세로 3cm의 크기로 썰고 물오징어도 같은 크기로 썬다.

(3) 미나리, 갓, 실파는 깨끗이 다듬어 씻어 3cm 길이로 썰고 마늘, 생강은 곱게 다져 놓는다.

(4) 멸치젓은 동량의 물을 넣어 끓인 후 걸러 식혀 놓는다.

(5) (4)에 고춧가루와 설탕을 넣어 불린 후 고춧가루 물을 들인 무와 해물, 마늘, 생강, 갓, 미나리, 실파, 찹쌀풀, 통깨를 넣어 버무린 후 소금으로 간을 맞춘다.

(6) 항아리에 담고 우거지를 덮어 돌로 눌러 익힌다.

Tip

- 김치에 각종 해물을 넣어 줌으로써 김치에서 부족하기 쉬운 칼슘, 지방, 단백질 등을 보충해 줄 수 있는 영양김치이다.
- 해물을 너무 많이 넣으면 김치가 빨리 시어질 우려가 있고 비교적 빨리 익으므로 김장 김치가 익기 전에 담가 먹는다.

32) 매실김치

재료 및 분량

매실 2kg, 굵은소금 300g, 물 1되, 고운소금 1/3컵, 설탕 약간

만드는 법

(1) 매실을 깨끗하게 씻어 물기를 뺀 다음 굵은소금을 넣고 하룻밤 둔다.

(2) 하루가 지나면 매실만 건져 햇빛에 2~3일 정도 꾸덕꾸덕하게 말린 다음 씻어 물기를 제거한다.

(3) 물 1되에 고운소금 1/3컵을 넣고 완전히 끓여 식혀 놓는다.

(4) 매실에 (3)의 소금물을 적실 정도로만 부은 다음 위에 매실이 완전히 덮일 정도로 설탕을 부어 밀봉을 한다.

(5) 한 달 정도 지난 후 먹는다.

33) 달래김치

재료 및 분량

달래 2kg, 굵은소금 적당량, 실파 100g, 오이 2개, 고춧가루 1컵, 멸치젓 1컵, 붉은 고추(간 것) 1컵, 마늘 90g, 생강 40g, 통깨 6큰술, 찹쌀풀 2컵, 고운소금 · 설탕 약간

만드는 법

(1) 달래는 깨끗이 다듬어 씻어 소금물에 살짝 절인 후 냉수에 살살 흔들어 헹군 다음 채반에 건져 물기를 제거한다.

(2) 냄비에 물과 찹쌀가루를 풀어 약한 불에서 저어 가며 되직하게 찹쌀풀을 쑨 다음 식힌다.

(3) 붉은 고추는 곱게 갈아 고춧가루와 섞어 놓는다.

(4) 마늘과 생강은 다지고, 실파는 깨끗이 씻어 절반 길이로 잘라 놓는다.

(5) 멸치젓은 동량의 물을 넣어 끓인 후 걸러 식힌다.

(6) 넓은 그릇에 멸치젓국을 담고 먼저 고춧가루와 설탕을 넣어 불린 후 준비한 마늘, 생강, 찹쌀풀을 고루 섞어 걸쭉하게 양념을 만든다.

(7) (6)의 양념에 손질한 달래를 조금씩 넣어 가며 고루 버무린 다음, 한 줌씩 가닥을 잡아서 돌돌 말아 항아리에 차곡차곡 담는다. 먹기 전에 통깨를 조금 뿌려 낸다.

34) 얼갈이김치

재료 및 분량

얼갈이배추 1kg, 굵은소금 적당량, 오이 4개, 실파 100g, 멸치젓 1컵, 붉은 고추(간 것) 1컵, 찹쌀풀 $1\frac{1}{2}$컵, 통깨 4큰술, 생강 30g, 마늘 100g, 고춧가루 · 설탕 · 고운소금 약간

만드는 법

(1) 얼갈이배추는 겉잎을 떼어 내고 깨끗이 다듬어 씻은 후 5cm 길이로 썰어 소금에 살짝 절여 물기를 빼 놓는다.

(2) 오이는 굵은소금으로 문질러 씻어 2등분한 다음 길이로 4쪽 내어 소금에 살짝 절인다.

(3) 실파는 다듬어 깨끗이 씻은 후 물기를 뺀다.

(4) 멸치젓은 동량의 물을 넣어 끓인 후 걸러 식혀 둔다.

(5) 냄비에 물과 찹쌀가루를 풀어 찹쌀풀을 쑤어 식힌다.

(6) 넓은 그릇에 멸치젓국을 넣고 고춧가루와 설탕을 넣어 불린 후 갈아 놓은 붉은 고추를 한데 섞어 고루 혼합한다.

(7) (6)에 생강과 마늘, 찹쌀풀, 설탕을 넣고 고운소금으로 간을 맞춘 다음 절인 얼갈이배추와 오이, 실파를 넣어 버무린다.

35) 봄동김치

재료 및 분량

봄동 1kg, 굵은소금 적당량, 실파 100g, 오이 2개, 멸치젓 1/2컵, 찹쌀풀 1/2컵, 고춧가루 1/2컵, 붉은 고추(간 것) 1/2컵, 마늘 50g, 생강 25g, 통깨 2큰술, 고운소금 약간

만드는 법

(1) 봄동은 한 잎씩 떼어 물에 흔들어 씻어 물기를 빼고, 오이는 소금으로 살살 비벼 씻은 후 5cm 길이로 토막 낸다.

(2) 실파는 뿌리를 다듬어 씻어 절반으로 잘라 놓는다.

(3) 물 2컵에 소금 4큰술을 탄 소금물에 손질한 봄동과 오이를 넣고 도중에 한두 번 뒤집어 절인다.

(4) 붉은 고추는 반 갈라 씨를 빼고 깨끗이 씻은 다음 곱게 갈아 분량의 고춧가루를 조금씩 부어 가며 고루 섞는다.

(5) 마늘과 생강은 곱게 다진다.

(6) 멸치젓은 동량의 물을 넣어 끓인 후 걸러 식힌다.

(7) 찹쌀풀을 쑤어 식히고, 넓은 그릇에 멸치젓국과 (4)의 양념재료, 찹쌀풀을 넣어 고루 버무린 다음 소금으로 간을 맞춘 후 봄동, 오이, 파를 조금씩 넣어 가며 버무린다.

36) 돌나물물김치

재료 및 분량

돌나물 500g, 굵은소금 적당량, 미나리 100g, 실파 100g, 붉은 고추 2개, 배 1/3개, 마늘 50g, 생강 20g, 밀가루 풀(밀가루 1큰술, 물 10컵), 고춧가루 1큰술, 고운소금 · 설탕 약간

만드는 법

(1) 돌나물은 싱싱한 것으로 준비하여 가볍게 씻어 건진 다음 소금을 뿌려 숨이 살짝 죽으면, 풋내가 나지 않게 살살 흔들어 씻어 채반에 건진다.

(2) 미나리와 실파는 깨끗이 다듬어 씻어 3cm 길이로 썰고, 붉은 고추는 반 가른 후 씨를 털어 내고 채 썬다.

(3) 마늘과 생강은 다지고, 배는 사방 2cm 크기로 납작하게 썬다.

(4) 밀가루를 물에 풀어 아주 묽은 풀국을 끓여 식힌다.

(5) (4)의 풀국에 고춧가루를 거즈에 싸서 흔들어 붉은색을 들인 다음 소금, 생강, 마늘로 간을 맞춘다.

(6) 항아리에 돌나물, 배, 미나리, 파, 붉은 고추를 담고 (5)의 국물을 붓고 약간의 설탕을 넣어 마지막 간을 한다.

Tip

- 돌나물물김치는 봄에만 잠깐 해 먹을 수 있는 햇김치로, 피를 맑게 하여 주고 대하증에도 좋다.
- 다른 재료에 비해 풋내가 나기 쉬우므로 풀국을 준비하여 국물김치로 담가 먹으며, 담근 지 여러 날이 경과하면 빛이 누렇게 되고 산뜻한 맛이 사라지므로 그때그때 먹을 만큼 준비한다.

37) 삼동초(하루나)김치

재료 및 분량

삼동초 2kg, 굵은소금 적당량, 멸치젓 1컵, 실파 200g, 고춧가루 1컵, 붉은 고추(간 것) 1컵, 마늘 100g, 생강 40g, 찹쌀풀 2컵, 통깨 6큰술, 고운소금 · 설탕 약간

만드는 법

(1) 삼동초와 실파는 깨끗이 씻어 건진 다음, 소금물에 살짝 절였다가 찬물에 살살 씻어 물기를 제거한다.
(2) 멸치젓은 동량의 물과 함께 끓여 거른 후 식힌다.
(3) 찹쌀풀을 쑤어 식힌다.
(4) 붉은 고추는 곱게 갈고 마늘, 생강은 깨끗이 손질하여 곱게 다져 놓는다.
(5) 멸치젓국에 고춧가루와 설탕을 넣어 불린 후 붉은고추 간 것, 마늘, 생강, 찹쌀풀, 통깨를 넣고 버무린 후 소금으로 간한다.
(6) (5)의 재료에 삼동초, 실파를 조금씩 넣어 가며 살살 뒤적여 양념한 다음 항아리에 꼭꼭 눌러 담는다.

38) 나박김치

재료 및 분량

배추 500g, 무 400g, 굵은소금 3큰술, 미나리 50g, 실파 20g, 물 10컵, 마늘 25g, 생강 15g, 붉은 고추 2개, 고춧가루 5큰술, 고운소금 약간

만드는 법

(1) 배추와 무는 가로 2.5cm, 세로 3cm로 납작납작하게 썰어 굵은소금에 절인 후 건져 둔다.
(2) 실파와 미나리는 다듬어 3cm 길이로 썰고 마늘, 생강은 곱게 채 썬다.

(3) 붉은 고추는 길이로 갈라 씨를 빼고 3cm 길이로 채 썬다.
(4) 절인 배추와 무를 실파, 마늘, 생강, 붉은 고추와 버무려 항아리에 담는다.
(5) 무와 배추를 절인 소금물에 물과 고운소금을 더 넣고, 면주머니에 고춧가루를 넣어 국물에 흔들어 김칫국물을 만들어 붓는다.
(6) 김치가 익으면 미나리를 넣는다.

39) 오이물김치

재료 및 분량

오이 5개, 배추속대 100g, 무 30g, 굵은소금 적당량, 부추 50g, 미나리 50g, 실파 30g, 고춧가루 3큰술, 마늘 40g, 생강 10g, 찹쌀풀 2큰술, 고운소금 · 설탕 약간

만드는 법

(1) 오이는 가늘고 작은 것으로 골라 깨끗이 씻어 절반으로 잘라 껍질 속에 V자형으로 칼집을 넣어 소금에 살짝 절인다.
(2) 무는 곱게 채 썰어 소금에 푹 절인 후 물기를 꼭 짜 마늘채, 생강채를 넣어 버무린다.
(3) 배추는 속대로 뜯어 깨끗이 씻어 소금에 살짝 절인다.
(4) 실파, 미나리, 부추는 손질하여 씻어 5cm 길이로 썬다.
(5) 칼집 넣은 오이 사이에 (2)의 재료를 넣는다.
(6) 물에 찹쌀가루를 풀고 끓여 식힌 다음 국물을 잡아 소금, 설탕을 넣어 간을 맞춘다.
(7) 항아리에 (5)를 넣은 다음 배추, 부추, 미나리, 실파 썬 것을 넣는다.
(8) 면주머니에 고춧가루를 싸서 (6)의 국물에 비벼 고춧가루 물을 만들어 부어 준다.

Tip

오이는 비타민과 무기질의 공급원일 뿐만 아니라 이뇨에 좋으며 위장병에도 효과적이다.

40) 수삼물김치

재료 및 분량

수삼 6뿌리, 무 500g, 실파 30g, 굵은소금 적당량, 오이 6개, 미나리 60g, 고춧가루 1/2 큰술, 마늘 50g, 생강 20g, 설탕 · 고운소금 약간

만드는 법

(1) 수삼은 깨끗이 씻어서 5cm 크기로 얇게 저며 썬다.

(2) 무는 곱게 채 썰어 소금에 절였다가 물기를 꼭 짠 후 고춧가루 물을 들인다.

(3) 오이는 깨끗이 씻어서 5cm 크기로 썰어 4조각 낸 뒤 씨를 도려낸 후 가운데에 칼집을 넣어 소금에 살짝 절인다.

(4) (3)의 오이를 물기를 짜서 칼집 사이로 (2)의 속이 빠지지 않게 넣는다.

(5) 마늘과 생강은 곱게 다진다.

(6) 큰 그릇에 고춧가루와 다진 마늘, 다진 생강을 넣고 물을 넣어 곱게 갠 다음 고운 면주머니에 걸러 국물을 만든다.

(7) (6)의 국물에 소금, 설탕을 넣어 간을 맞춘 후 수삼과 미나리, 오이를 넣어 익힌다.

Tip

수삼은 신비한 약효를 가지고 있어 약용뿐만 아니라 전통 식품의 구실을 하는 건강식품으로 쌉쌀한 맛이 오이소박이와 잘 어울려 별미 물김치가 된다.

41) 무말이물김치

재료 및 분량

무 1kg, 굵은소금 적당량, 당근 1/2개, 오이 1개, 배 1개, 붉은고추 2개, 미나리 70g, 마늘 30g, 생강 20g, 고운소금 · 설탕 약간

만드는 법

(1) 무는 둥글고 얇게 저며 썬 다음 설탕과 소금에 절인다.

(2) 미나리는 뿌리와 잎을 떼고, 소금물에 절여 건진 다음 물기를 뺀다.

(3) 오이와 배는 5~6cm 길이로 자른다.

(4) 당근은 꽃 모양으로 만들어 썰고, 붉은 고추는 동그랗게 썰어 씨를 털어 낸다.

(5) 마늘과 생강은 즙으로 만들어 생수에 넣고, 소금과 설탕으로 간한다.

(6) 절여 놓은 무에 오이와 배를 넣고 돌돌 말아 당근과 함께 절여 놓은 미나리를 끈으로 하여 묶는다.

(7) (6)의 무말이에 (5)를 붓고, 붉은 고추를 넣는다.

Tip

- 무는 몸매가 곱고 빛깔이 흰 것, 무청이 달려 있는 것이 싱싱하고 좋다.
- 무는 생리적으로도 중요한 작용을 하는 효소가 매우 많은데 특히 예로부터 기침에 특효가 있는 것으로 알려져 있다.

42) 보쌈물김치

재료 및 분량

배추 1/3통, 굵은소금 적당량, 미나리 50g, 실파 50g, 대추 4개, 석이버섯 3개, 마늘 40g, 생강 20g, 배 1/4개, 밤 3개, 호도 · 잣 · 고운소금 · 설탕 약간

만드는 법

(1) 배추는 깨끗하게 다듬어 굵은 소금물에 4시간 정도 절인다(일부는 2~3cm로 잘라 절인다).

(2) 대추는 돌려깎기 하여 채 썰고 밤, 생강, 마늘, 배도 채 썬다.

(3) 미나리와 실파는 5cm 길이로 썬다.

(4) 석이버섯은 충분히 불려 고운 채로 썬다.

(5) 호두는 따뜻한 물에 불려 속껍질을 꼬챙이로 벗겨 적당한 크기로 자른다.

(6) 썰어 절인 배추에 대추채, 밤채, 생강채, 마늘채, 배채, 석이버섯채, 미나리, 실파를 혼합한 후 소금, 설탕으로 간한다.

(7) 호두, 잣을 고명으로 함께 넣는다.

(8) 배춧잎은 잎이 넓은 것으로 골라 (6)의 무침을 잘 싸서 항아리에 담은 후 설탕과 배즙을 넣고 국물을 만들어 부어 발효시킨다.

Tip

미나리는 혈압 강하, 해열 진정, 일사병 등에도 효과가 있는 대표적인 알칼리성 식품으로 수분이 많아 변통 촉진성 식품이기도 하다.

43) 과일물김치

재료 및 분량

사과 2개, 귤 2개, 배 1개, 오이 1개, 당근 1개, 무 200g, 마늘 3쪽, 생강 1쪽, 레몬즙 2큰술, 고운소금 · 설탕 약간

만드는 법

(1) 사과와 배, 당근은 깨끗하게 씻어 껍질을 벗긴 다음 원하는 모양으로 썬다.

(2) 무는 껍질을 벗겨 알맞은 크기로 썰고 생강과 마늘은 얇게 편으로 썬다.

(3) 귤은 껍질을 벗겨 얇게 썰고, 오이는 깨끗하게 손질하여 씻어 알맞은 두께와 크기로 썬다.

(4) (1),(2),(3)의 재료를 함께 담아 설탕을 뿌린다.

(5) 생수나 끓여 식힌 물을 소금으로 간하여 분량의 레몬즙을 혼합한다.

(6) (4)에 (5)의 국물을 부어 가볍게 익혀 차게 보관한다.

Tip

배는 불고기를 잴 때나 육회 등에 섞으면 효소의 작용으로 고기가 연해질 뿐 아니라 소화성도 좋아지고 변비 환자에게도 효과적인 식품이다.

44) 수삼오이소박이

재료 및 분량

수삼 6뿌리, 굵은소금 적당량, 부추 100g, 실파 30g, 오이 10개, 고춧가루 · 새우젓 · 마늘 · 생강 · 고운소금 · 통깨 · 설탕 약간

만드는 법

(1) 수삼은 손질하여 채 썰고 오이는 7~8cm 길이로 토막 낸 후 가운데에 십자로 칼집을 넣어 소금에 절인다.
(2) 부추와 실파는 1cm 길이로 송송 썬다.
(3) 새우젓, 마늘, 생강은 다진다.
(4) 고춧가루에 새우젓국과 물을 넣어 촉촉하게 갠 후 수삼, 다진 마늘, 다진 생강, 부추, 파를 넣고 소금, 설탕, 통깨로 양념하여 소를 만든다.
(5) 절여 놓은 오이에 준비한 소를 넣고 차곡차곡 담아 익힌다.

45) 취나물김치

재료 및 분량

취나물 400g, 굵은소금 적당량, 고춧가루 3/4컵, 마늘 40g, 생강 15g, 통깨 2큰술, 고운소금 2큰술, 찹쌀풀 2/3컵, 물엿 1큰술

만드는 법

(1) 취나물은 싱싱하고 연한 것으로 준비하여 깨끗이 씻어 끓는 소금물에 살짝 데쳐 찬물에 헹군 후 물기를 뺀다.
(2) 물에 찹쌀가루를 넣고 찹쌀풀을 쑤어 식혀 둔다.
(3) 찹쌀풀에 고춧가루, 마늘, 생강, 통깨, 물엿을 넣고 소금으로 간하여 양념을 만든다.
(4) 준비된 양념에 취나물을 넣어 버무린다.

46) 양배추김치

재료 및 분량

양배추 1통, 굵은소금 2/3컵, 마늘 90g, 대파 2대, 미나리 100g, 고춧가루 1컵, 통깨 · 고운소금 약간

만드는 법

(1) 양배추는 한입 크기로 썰어 소금에 절인 후 씻어 건져 둔다.

(2) 미나리는 손질하여 4cm 길이로 썰고 마늘과 대파는 다진다.

(3) 고춧가루에 다진 마늘, 미나리, 다진 파, 통깨, 소금물을 섞어 양념을 만든다.

(4) 씻어 건져 둔 양배추에 양념을 넣어 골고루 버무린다.

47) 북어무깍두기

재료 및 분량

북어 1마리, 굵은소금 적당량, 무 2개, 대파 2대, 갓 100g, 미나리 100g, 마늘 50g, 생강 10g, 고춧가루 2/3컵, 실고추 30g, 새우젓 1/3컵, 고운소금 · 설탕 약간

만드는 법

(1) 통북어는 불려서 가시를 발라내고 토막을 내어 소금물에 잠깐 담가 둔다.

(2) 무는 3cm 길이로 갸름하게 썰어 소금에 살짝 절여 둔다.

(3) 파는 어슷하게 채 썰고 마늘과 생강은 다져 놓는다.

(4) 미나리는 깨끗하게 손질하여 4cm 길이로 자른다.

(5) (2)의 무 절인 물에 고춧가루와 설탕을 불려서 무에 넣고 색을 낸다.

(6) 새우젓을 다져서 넣고 북어와 양념을 모두 넣고 버무린 후 소금으로 간 한다.

Tip

미나리를 씻을 때 놋그릇이나 놋숟가락과 함께 물에 담가 두면 거머리가 기어 나와 쉽게 씻을 수 있다.

48) 홍화해물김치

재료 및 분량

무 5개, 굵은소금 적당량, 도루묵 7마리, 생태 3마리, 물오징어 2마리, 홍화씨 1/2컵, 고춧가루 1/2컵, 미나리 200g, 갓 200g, 실파 100g, 대파 3대, 마늘 180g, 생강 70g, 멸치젓 1컵, 설탕 · 고운소금 약간

만드는 법

(1) 무는 나박김치보다 도톰하게 썰어 살짝 절인다.

(2) 홍화씨는 체에 밭쳐 뜨거운 물에 흔들어 씻고 물은 받아 둔다.

(3) 도루묵과 생태는 비늘을 긁고 내장과 아가미를 뗀 후 깨끗이 씻어 무와 같은 크기로 썬다.

(4) 물오징어는 다리를 떼고 내장을 제거한 후 깨끗이 씻어 무 크기만하게 썬다.

(5) 대파는 어슷썰고 미나리, 갓, 실파는 4cm 길이로 썬다.

(6) 마늘, 생강은 곱게 다진다.

(7) 멸치젓은 동량의 물을 넣어 끓여 거른 후 식힌다.

(8) 절여 놓은 무에 고춧가루를 조금 넣어 버무려 색을 낸다.

(9) 멸치젓국에 고춧가루와 설탕을 넣어 불린 후 (8)과 해물, 준비된 재료를 모두 넣고 버무려 소금 간 한다.

Tip

생선이 클 경우 먹기 좋게 얇게 저며서 사용한다.

49) 산약비지미

재료 및 분량

산약 5뿌리, 무 5개, 굵은소금 1/2컵, 고춧가루 2컵, 멸치젓 1컵, 미나리 200g, 대파 2대, 실파 100g, 찹쌀풀 1/2컵, 마늘 110g, 생강 40g, 설탕 2큰술, 통깨 3큰술, 고운소금 약간

만드는 법

(1) 산약은 불려 두었다가 강판에 간다.

(2) 무는 깨끗이 다듬어서 씻어 무를 이리저리 돌려 가며 썰어서 소금에 살짝 절인 후 소쿠리에 건져 물기를 뺀다.

(3) 분량의 고춧가루에 비슷한 양의 따뜻한 물과 산약 간 것을 붓고 되직하게 개어 무를 넣고 버무려 빨갛게 물을 들인다.

(4) 동량의 물과 함께 끓여 식힌 멸치젓국을 큰 그릇에 넣고 엷게 쑨 찹쌀풀 1/2컵을 부어 뒤섞어 간이 고루 베게 한다.

(5) 젓국을 넣어 버무린 비지미에 5cm 길이로 썬 미나리, 실파, 어슷썬 파, 마늘, 생강 다진 것을 넣는다.

(6) (5)에 분량의 통깨와 설탕을 넣어 고루 버무린 후 고운소금으로 간을 맞춘다.

Tip

산약비지미의 양념은 더운물로 개어야 색깔도 곱고 매콤한 맛이 난다.

50) 콩나물김치

재료 및 분량

배추속대 2포기, 굵은소금 적당량, 콩나물 500g, 낙지 1마리, 실파 100g, 미나리 100g, 배 1/4개, 밤 5개, 고춧가루 1컵, 새우젓 3큰술, 마늘 50g, 생강 20g, 설탕 1큰술, 실고추·고운소금·통깨 약간

만드는 법

(1) 배추속대는 소금물에 절여서 깨끗이 씻어 소쿠리에 건져 물기를 빼 둔다. 포기김치를 만들 때보다 약간 덜 절인다.

(2) 콩나물은 거두절미하고 깨끗이 씻어 소금 간을 해서 살짝 삶아 식힌다.

(3) 낙지는 다리만 소금으로 주물러 씻어 여러 번 헹군 후 4cm 길이로 썰고 미나리와 실파는 다듬어서 5cm 길이로 썬다.

(4) 밤과 배는 납작하게 썬다.

(5) 새우젓은 건더기만 건져 다진다.

(6) 큰 그릇에 절여 손으로 쭉쭉 찢은 배추와 콩나물을 담고 고춧가루를 넣고 고루 버무려 색을 들인다.

(7) (6)에 새우젓과 소금으로 간하여 다시 버무린 후 낙지와 배, 밤, 실파, 미나리 등 양념을 모두 넣어 버무려서 꼭꼭 눌러 담아 놓는다.

Tip

콩나물김치는 빨리 시어지므로 2~3일 먹을 만큼만 담는 것이 좋고 버무려서 바로 먹을 것은 참기름을 한두 방울 쳐도 괜찮다.

51) 곤쟁이젓깍두기

재료 및 분량

배추 1통, 무 5개, 굵은소금 1/2컵, 실파 100g, 갓 100g, 미나리 100g, 대파 1대, 마늘 60g, 생강 20g, 고춧가루 1½컵, 곤쟁이젓 1컵, 고운소금 약간

만드는 법

(1) 배추는 겉대를 젖히고 밑동을 바싹 자른 다음 반으로 칼집을 넣어 손으로 쪼개 소금물에 담그고 줄기 부분에 덧소금을 뿌려 6~8시간쯤 절인 후 물기를 뺀다.

(2) 무는 잔털을 떼고 깨끗이 씻어 3cm 크기로 깍둑썰어 소금에 살짝 절인다.

(3) 미나리와 실파는 다듬어서 5cm 길이로 썬다.

(4) 절여 놓은 배추는 5cm 길이로 썰어 큰 그릇에 무와 함께 담고 고춧가루를 넣고 쓱쓱 문지르듯 버무려서 빨갛게 물을 들인 다음 미나리, 갓, 실파, 마늘, 생강 다진 것을 모두 넣고 살짝 버무려 소금 간을 하고 곤쟁이젓을 넣어 버무린다.

(5) 항아리에 꼭꼭 눌러 담고 소금을 얹은 다음 절인 무청으로 덮고 김칫돌로 눌러 놓는다.

Tip

우거지를 덮을 때 배춧잎 대신 무청을 쓰는 경우가 있는데 이는 무청이 더 단단해 쉽게 무르지 않기 때문이다.

52) 배추통김치

재료 및 분량

배추 1포기, 굵은소금 3컵, 물 16컵, 무 1개, 미나리 100g, 갓 100g, 실파 100g, 생강 40g, 마늘 70g, 멸치젓 1/2컵, 새우젓 1/8컵, 생굴 100g, 생새우 100g, 찹쌀풀 1큰술, 고춧가루, 밤 10개, 설탕 1큰술, 고운소금 · 통깨 약간

만드는 법

(1) 배추의 누런 겉잎을 떼고 깨끗이 다듬은 다음 배추 밑동 부분 쪽으로 칼을 넣어 절반 가량 내려 자른 후 나머지는 손으로 쪼갠다.

(2) 큰 그릇에 배추를 담고 뿌리 쪽에 소금을 약간씩 얹은 후 굵은소금물에 6~8시간 정도 절인 다음 깨끗이 씻어 건져 물기를 빼 놓는다.

(3) 절여진 배추는 물에 씻어 채반에 건져 물기가 빠지면 뿌리 쪽을 다듬어 놓는다.

(4) 미나리, 갓, 실파는 깨끗이 씻어 4cm 길이로 썰어 놓는다.

(5) 멸치젓은 동량의 물을 넣고 달여 식혀 고운체에 걸러 준비해 놓고, 새우젓은 건더기만 건져 잘게 다져 놓는다.

(6) 생굴과 생새우는 소금물에 살살 씻어 물기를 뺀 다음, 생새우는 굵게 다진다.

(7) 식힌 멸치젓국에 고춧가루와 설탕을 넣어 불린 후 무채, 갓, 미나리, 파, 마늘, 생강을 넣고 고루 버무리다 생굴과 생새우를 넣어 소금, 통깨로 간을 맞추어 양념을 만든다.

(8) 물기 뺀 배춧잎을 한 손으로 모아 잡고 배추 사이사이에 버무려 놓은 양념을 한 웅큼씩 고르게 채워 넣고 배추 겉잎으로 양념이 흘러나오지 않게 둘러 감아 항아리에 차곡차곡 담는다.

(9) 절인 배추 우거지로 김치 위를 덮어 꼭꼭 눌러 담아 공기와 접촉하지 않게 하고 소금을 살짝 뿌려 익힌다.

Tip

• 배추통김치는 우리나라의 김치 중 가장 보편적인 김치로 남쪽지방은 멸치젓을 많이 넣어 맵고 짠 반면 북쪽지방은 젓갈과 고춧가루를 많이 쓰지 않아 매우 담백하다.

- 배추는 중간크기로 눌러 봐서 속이 단단하고 겉잎이 푸르며 속이 노란 것일수록 맛있다.
- 항아리에 담은 김치 위에는 반드시 절인 배추 겉잎을 덮어 두고 오래 두고 먹을 것은 켜켜마다 소금을 뿌려 꼭꼭 눌러 놓는다.

53) 어리굴김치

재료 및 분량

통배추 1/2포기, 무 1개, 굵은소금 적당량, 미나리 50g, 실파 50g, 밤 5개, 배 1/2개, 생굴 100g, 마늘 45g, 생강 25g, 고춧가루 1컵, 멸치젓 1/4컵, 설탕 · 실고추 · 통깨 · 고운소금 약간

만드는 법

(1) 통배추는 겉잎을 떼어 내고 먹기 좋은 크기로 나박썰기 하여 소금에 살짝 절였다가 찬물에 헹구어 소쿠리에 건져 물기를 뺀다.

(2) 무는 껍질을 벗기고 배추와 같은 크기로 납작썰기를 하여 소금에 절였다가 찬물에 헹구어 건져 물기를 뺀다.

(3) 생굴은 엷은 소금물에 흔들어 씻는다.

(4) 밤과 배는 껍질을 벗기고 납작하게 썰고 미나리와 실파는 줄기만 골라 씻어 5cm 정도 길이로 썬다.

(5) 마늘, 생강은 곱게 다진다.

(6) 멸치젓은 동량의 물을 넣고 달여 고운체에 걸러 식힌다.

(7) 멸치젓국에 설탕과 고춧가루를 개어 빨갛게 색을 낸 다음 마늘, 생강을 넣어 양념을 만들어 둔다.

(8) 큰 그릇에 절여진 배추, 무를 담고 고추양념을 넣고 버무려 간을 맞춘 다음 미나리, 실파, 생굴, 밤, 배를 넣어 살살 버무려 통깨와 실고추를 뿌려 담는다.

Tip

고춧가루 대신 마른고추를 물에 불렸다가 씨를 빼어 내고 곱게 빻아서 담그면 색깔이 훨씬 곱고 맛도 좋다.

54) 무짠지

재료 및 분량

무 10개, 굵은소금 2컵, 간장 6컵, 설탕 1컵

만드는 법

(1) 무는 껍질째 깨끗이 씻어 반으로 갈라 소금을 전체적으로 뿌려 둔다.

(2) 소금 뿌린 무를 채반에 말려 꾸덕꾸덕하게 마르면 간장, 설탕에 저장한다.

(3) 간장물만을 꺼내어 달여 식혀 붓기를 2~3차례 한 후 김장철에 꺼내어 먹는다.

Tip

- 무는 일반적으로 황토 흙에서 자란 것이 난낫이 좋고 누 손으로 쥐고 씻기에 알맞은 정도의 크기가 무난하다.
- 무의 겉이 싱싱해 보이더라도 들어 봐서 단단하고 잘라 보아 속이 꽉 찼는지를 확인해야 한다.

55) 갓물김치

재료 및 분량

갓 1kg, 동치미무 2개, 굵은소금 적당량, 대파 50g, 마늘 45g, 생강 20g, 고춧가루 1/4컵, 미나리 50g, 찹쌀풀 1/4컵, 물 10컵, 고운소금 약간

만드는 법

(1) 갓은 뿌리를 잘라 다듬고 동치미무는 길이로 반 갈라 소금을 뿌려 절인다.

(2) 파는 어슷어슷하게 채 썰고, 미나리는 다듬어 5cm 길이로 자른다.

(3) 마늘과 생강은 다진다.

(4) 찹쌀풀을 묽게 쑤어 식힌다.

(5) 절여진 갓과 무는 헹구어 고춧가루와 양념을 넣고 소금 간을 하여 버무린다.

(6) 식힌 찹쌀풀에 소금을 넣고 젓는다.

(7) 찹쌀풀 국물을 항아리에 붓는다.

Tip

갓은 푸른색과 붉은색의 두 종류가 있는데 배추김치의 속재료로는 푸른 갓을, 갓김치를 담글 때는 붉은 갓을 사용하는 것이 좋다. 그러나 기호에 따라 향이 강하지 않은 푸른 갓을 써도 되며, 동치미 같이 맑은 국물을 내야 할 때는 푸른 갓을 이용한다.

56) 미나리나박김치

재료 및 분량

배추 500g, 무 500g, 돌미나리 500g, 대파 30g, 마늘 20g, 생강 10g, 고춧가루 1/3컵, 설탕 2큰술, 국물(물 20컵, 소금 1/2컵), 실고추 약간

만드는 법

(1) 배추와 무는 네모로 납작납작하게 썰어 소금에 절인다.

(2) 돌미나리는 잎을 떼지 말고 깨끗하게 씻어 4cm 길이로 자른다.

(3) 파, 마늘, 생강은 채 썬다.

(4) 무 절인 것에 실고추를 넣어 함께 버무려 항아리에 담는다.

(5) 면주머니에 고춧가루를 싸서 소금물에 풀어 항아리에 붓고 미나리는 익을 때쯤 넣는다.

Tip

젓국을 쓰지 않고 고춧물로 간을 하여 맛이 시원하고 담백하다.

57) 열무연배추김치

재료 및 분량

열무 400g, 연배추 200g, 굵은소금 1/4컵, 실파 30g, 풋고추 2개, 붉은 고추 4개, 마늘 50g, 생강 10g, 밀가루 풀 1½큰술, 고운소금 약간

만드는 법

(1) 열무와 연배추를 겉대는 떼고 4~5cm 길이로 뚝뚝 끊어 흐르는 물에 여러 번 씻어 건진 후 소금을 켜켜로 뿌려 물을 끼얹어 절여 둔다.

(2) 붉은 고추 2개와 풋고추 2개는 어슷썰고 실파는 4cm 길이로 자른다.

(3) 분마기에 나머지 붉은 고추, 마늘, 생강을 넣고 함께 갈아 양념을 만든다.

(4) 밀가루로 풀을 묽게 쑤어 놓는다.

(5) 절여진 열무와 배추를 헹구어 물기를 뺀 후 큰 그릇에 담고 풋고추, 붉은 고추, 실파를 (3)의 양념에 버무려 항아리에 담는다.

(6) 고추를 갈았던 분마기에 묽게 쑨 밀가루 풀을 타서 소금 간을 하여 김칫국을 만들어 붓는다.

58) 장김치

재료 및 분량

배추속대 1통, 무 1/2개, 굵은소금 적당량, 진간장 1컵, 갓 50g, 미나리 30g, 대파(흰 부분) 1대, 마늘 45g, 생강 25g, 밤 8개, 배 1개, 잣 1큰술, 표고버섯 4장, 석이버섯 4장, 진간장 1컵, 설탕 2큰술, 실고추 · 고운소금 약간

만드는 법

(1) 배추는 속이 꽉 찬 고소한 것으로 준비하여 겉잎은 떼어 버리고, 속대만을 떼어 3cm 길이로 썰어 흔들어 씻어 물기를 뺀다.

(2) 무도 3cm 토막으로 잘라 3등분하여 넙작넙작 나박썰기를 한다.

(3) 큰 그릇에 배추 썬 것을 넣고 진간장에 절이다가 배추가 나른해지면 무를 넣고 다시 절인다. 배추와 무가 나른하게 절여지면 간장 물을 다시 따라 낸다.
(4) 대파는 흰 부분으로 준비해 3cm 길이로 채 썰고 마늘, 생강도 얇게 저며 썬다.
(5) 표고버섯과 석이버섯은 불려서 물기를 짜고 곱게 채 썬다.
(6) 미나리는 다듬어 3cm 길이로 썰고 잣은 고깔을 떼어 놓는다.
(7) 밤은 껍질을 벗겨 동글납작하게 썰고, 배는 6등분하여 속을 파낸 다음 납작납작하게 썬다.
(8) 절여진 배추, 무에 준비한 밤, 배, 잣, 파, 마늘, 생강, 짧게 끊어 둔 실고추를 넣고 버무린다. 미나리, 갓, 석이버섯, 표고버섯도 넣어 살살 뒤적이듯이 섞어 버무린다.
(9) 항아리에 버무린 재료를 담고 따라 두었던 간장 물에 물 3컵을 섞어 설탕, 소금으로 간을 한 뒤 항아리에 붓는다.

Tip

- 장김치는 여느 김치와는 달리 시원하면서도 달짝 지근한 맛이 특징이며 주안상이나 떡국상에 잘 어울린다.
- 배추와 무를 절일 때 무는 배추보다 수분이 많아 빨리 절여지므로 나중에 넣는 것이 좋고 미나리나 잣은 먹을 때 띄우는 것이 좋다.
- 담근 지 2~3일 후면 먹을 수 있다.

59) 양파초김치

재료 및 분량

양파 5개, 식초 10큰술, 풋고추 8개, 붉은 고추 8개, 굵은소금 $2\frac{1}{2}$큰술, 설탕 5큰술

만드는 법

(1) 양파는 껍질을 벗기고 반으로 갈라 굵직하게 채 썬다.
(2) 양파를 소금에 살짝 절였다가 수분을 꼭 짠 후 식초, 설탕에 재워 둔다.
(3) 풋고추와 붉은 고추는 반으로 갈라 씨를 털어 낸 후 양파와 같은 굵기로 썬다.
(4) (2)를 고추와 섞어 초김치를 만들어 일주일 안으로 먹는다.

Tip

- 양파는 껍질이 바싹 말라 있고 윤기가 흐르며 단단하고 묵직한 것으로 고르되 싹이 너무 난 것은 영양가와 향미가 떨어지므로 피하도록 한다.
- 양파는 지방의 함유량이 적고 칼슘과 철분의 함량이 많아 강장효과를 높이는 역할을 하며 고혈압 예방 및 발한 · 이뇨 · 최면작용 · 피로회복에도 좋다. 또한 양파의 자극적인 성분은 강한 항균작용을 하기도 한다.

60) 돌미나리김치

재료 및 분량

돌미나리 200g, 무 100g, 굵은소금 3큰술, 마늘 10g, 생강 3g, 풋고추 1개, 붉은 고추 1개, 멸치젓 1/4컵, 감초물 1/4컵(감초1g, 물1컵), 찹쌀풀 1/4컵(물 1/4컵, 찹쌀가루 1/2큰술), 고춧가루 1/4컵, 통깨 1/2큰술

만드는 법

(1) 돌미나리는 물에 1~2시간 담갔다가 뿌리를 다듬고 깨끗이 씻어 채반에 건져 물기를 빼 놓는다.

(2) 무는 5cm 길이로 채 썰어 고춧가루로 물을 들여 놓는다.

(3) 마늘과 생강은 다지고 풋고추와 붉은 고추는 씨를 빼내고 채 썬다.

(4) 멸치젓은 동량의 물을 붓고 달여서 고운체에 걸러 식혀 멸치젓국을 만들어 놓는다.

(5) 찹쌀풀을 묽게 쑤어 식혀 놓고 감초 물도 만들어 식혀 놓는다.

(6) 큰 그릇에 감초 물, 찹쌀풀, 생강즙, 고춧가루, 통깨, 멸치젓국을 넣고 김치 양념을 만든 후, 돌미나리와 무채를 넣고 골고루 버무린다.

(7) 굵은소금으로 간을 맞추어 항아리에 담아 익힌다.

Tip

- 돌미나리는 비타민이 풍부하고 향기가 좋아 입맛을 돋우고 혈압을 내리게 하며 해열, 진정제로 쓰이며 신경통에도 좋다. 한편 철분과 섬유질을 다량 함유하고 있어 변비에도 좋다.
- 돌미나리김치는 되도록 손이 안 가도록 털면서 무치고 3일 정도 두고 익혀 먹어도 좋지만 바로 먹을 수도 있다.

61) 대구깍두기

재료 및 분량

무 4개, 대구 1마리, 굵은소금 1/2컵, 실파 200g, 새우젓 1컵, 마늘 150g, 생강 30g, 고춧가루 2컵, 설탕 약간

만드는 법

(1) 무는 싱싱한 것으로 골라 2.5cm 크기로 깍뚝썰기 하여 소금을 뿌려 절인다.
(2) 실파는 3cm 정도로 썰어 놓고 마늘과 생강은 다진다.
(3) 대구는 내장을 손질하여 큼직하게 썰어서 소금을 살짝 뿌린다.
(4) 새우젓은 건더기만 건져 다져 놓는다.
(5) 미지근한 물에 고춧가루와 설탕을 넣어 불린 후 대구, 무, 실파를 넣고 고루 섞으며 새우젓으로 간한다.

Tip

김치를 담글 때 굵은소금은 간수를 충분히 빼야 하는데 간수를 덜 빼고 김치를 절이면 쓰고 맛이 떨어진다.

62) 비늘김치

재료 및 분량

무 4개, 굵은소금 1/2컵, 미나리 30g, 갓 30g, 배춧잎 10장, 실파 50g, 배 1개, 밤 5개, 멸치젓 2큰술, 고춧가루 3큰술, 마늘 45g, 생강 20g, 고운소금 · 설탕 · 통깨 약간

만드는 법

(1) 무는 몸매가 매끈하고 작고 싱싱한 것으로 준비하여 잔털을 떼어 내고 껍질째로 솔로 문질러 씻어 썰어 놓고 배춧잎도 깨끗이 씻는다.
(2) 손질된 무는 길이로 1/2등분하고 껍질 쪽에 비늘 모양으로 어슷어슷하게 칼집을 깊숙이 넣어 배춧잎과 함께 소금에 절인다.

(3) 나머지 무 1개는 곱게 채를 썬다.

(4) (2)의 절인 무는 물에 씻어 건져 물기를 뺀다.

(5) 미나리, 실파, 갓은 4cm 길이로 썬다.

(6) 밤은 채 썰고 생강, 마늘은 곱게 다진다.

(7) 멸치젓은 동량의 물과 함께 끓인 후 걸러 식혀 놓는다.

(8) 멸치젓국에 고춧가루와 설탕을 넣어 불린 후 생강, 마늘을 담아 섞다가 무채, 파, 미나리, 갓, 배, 밤, 통깨, 소금을 넣고 버무려 김치소를 만든다.

(9) 절인 무 칼집 사이에 김치소를 꼭꼭 집어넣고 절인 배춧잎에 싸서 항아리에 넣는다.

Tip

비늘김치는 궁중김치로 무는 충분히 절이고 무채도 곱게 썰어야 속을 넣을 때 쉽다.

63) 우엉김치

재료 및 분량

우엉 1kg, 굵은소금 적당량, 멸치젓 1컵, 실파 100g, 마늘 100g, 생강 20g, 찹쌀풀 1컵, 고춧가루 2/3컵, 통깨 · 고운소금 약간

만드는 법

(1) 껍질에 흠이 없고 탄력이 있으며 매끈한 중간 굵기의 우엉을 골라 칼등으로 긁어 껍질을 벗기고 길이 5cm, 두께 3mm로 썰어 물에 담가 검은 물을 우려내고 떫은 맛을 뺀다.

(2) 검은 물을 우려낸 우엉을 소금물에 살짝 절여 물에 헹궈 물기를 뺀다.

(3) 실파는 깨끗이 다듬어서 5cm 길이로 썬다.

(4) 마늘 70g은 편으로 썰고 나머지 30g과 깨끗하게 다듬은 생강은 곱게 다져 놓는다.

(5) 멸치젓은 동량의 물을 넣어 푹 달인 후 걸러 식혀 놓는다.

(6) 찹쌀풀은 되직하게 쑤어 식혀 놓는다.

(7) 넓은 그릇에 멸치젓국과 고춧가루를 넣어 불린 후 다진 생강, 마늘, 찹쌀풀을 섞

어 버무리다 우엉, 실파 썬 것, 마늘 저민 것, 통깨를 넣어 버무려서 항아리에 담는다.

Tip

- 우엉김치는 완전히 익지 않아도 먹을 수 있는 건강 김치로 우엉은 칼로 깎으면 버리는 부분이 많아지므로 칼등으로 벗기는 것이 좋고 껍질을 벗긴 우엉을 체로 치거나 잘라서 물에 담가 검은 물을 빼야 김치색이 좋아진다.
- 우엉에는 탄닌이 있어 공기 중에 노출되면 흑갈색으로 변하게 되고 프라보노이드라는 색소가 있어 산성에서는 무색, 알칼리성에서는 황색으로 변하는 성질이 있다.

64) 낙지석박지

재료 및 분량

생낙지 5마리, 무 2개, 굵은소금 1/2컵, 마늘 100g, 생강 20g, 멸치젓 1/2컵, 쌀가루 죽 1컵, 고춧가루 1½컵, 실파 50g, 밤 6개, 실고추 · 고운소금 약간

만드는 법

(1) 낙지는 썰어 굵은소금으로 문질러 1~2시간 눌러 둔다.
(2) 무는 넓이 3cm, 두께 0.5cm로 납작하게 썰어 소금을 뿌려 숨을 죽인다.
(3) 마늘, 생강은 채 썰고 실파는 3cm 길이로 자른다.
(4) 밤은 납작하게 썰고 실고추도 짧게 끊어 놓는다.
(5) 쌀가루 죽을 쑤어 식혀 놓고 멸치젓은 동량의 물과 함께 끓여 체에 거른 후 식혀 둔다.
(6) 넓은 그릇에 멸치젓국, 쌀가루 죽, 고춧가루, 마늘, 생강을 넣어 골고루 섞는다.
(7) 위 양념에 낙지, 무를 넣어 버무리면서 파, 밤, 실고추를 뿌려 넣고 고루 무쳐 소금물로 양념 그릇을 살짝 헹궈 항아리에 붓는다.

Tip

- 낙지는 다리가 길고 가늘며 다리의 흡반이 정확히 붙어 있어 빨아당기는 듯한 느낌이 강하고 몸통이 탄력 있는 것이 좋다.
- 무는 무청이 달려 있고 들어 봐서 묵직하고 꽉 찬 소리가 나는 것이 바람이 들지 않은 것이다.

65) 가지열무김치

재료 및 분량

가지 5개, 열무 3kg, 굵은소금 적당량, 대파 1대, 마늘 30g, 생강 10g, 새우젓 3큰술, 고춧가루 5큰술, 풋고추 5개, 붉은 고추 5개, 밀가루 풀 2큰술, 통깨 · 고운소금 · 설탕 약간

만드는 법

(1) 가지는 빛깔이 선명하고 반질반질하게 윤이 나며 꼭지에 흰 부분이 많은 것으로 골라 꼭지를 떼고 소금물에 넣어 말랑말랑하게 반숙하여 찬물에 헹군 다음 무거운 것으로 눌러 물기를 뺀다.

(2) 반쯤 익힌 가지를 5cm 정도 토막 내어 한끝은 붙인 채 네 갈래로 칼집을 넣는다.

(3) 싱싱하고 연한 열무를 골라 다듬어 통째로 소금물에 절인다. 간간하게 절여지면 씻어서 물기를 제거한다.

(4) 풋고추와 붉은 고추는 반으로 갈라 씨를 털어낸 후 어슷하게 썰어 놓는다.

(5) 마늘과 생강은 다지고 대파는 흰 부분만 다진다.

(6) 밀가루 풀을 묽게 쑤어 식히고 새우젓은 건더기만 건져 다진다.

(7) 다진 마늘, 파, 생강, 고춧가루, 밀가루 풀 등 양념을 합하고 붉은 고추, 풋고추 어슷썬 것과 새우젓, 통깨를 합하여 섞은 뒤 설탕과 소금으로 간한다.

(8) 십자로 갈라진 가지 속에 버무린 양념을 고루 넣고 나머지 양념에 열무를 넣어 가볍게 버무린다.

(9) 가지를 열무 5뿌리 정도로 찬찬하게 감아서 항아리에 꼭꼭 눌러 담은 후 김칫국을 붓는다.

Tip

가지는 과채류 중에서도 고유의 빛깔이 고와 시각적 효과를 높여줄 뿐만 아니라 입맛이 떨어졌을 때 튀김이나 나물로 무쳐 먹으면 칼로리를 쉽게 보충할 수 있어 좋다.

66) 미나리창란젓김치

재료 및 분량

미나리 200g, 무 100g, 굵은소금 적당량, 마늘 30g, 생강 10g, 창란젓 50g, 고춧가루 2큰술, 고운소금 · 통깨 약간

만드는 법

(1) 줄기가 통통하고 잎이 싱싱한 미나리를 골라 뿌리와 잎은 떼어 내고 깨끗이 다듬어 여러 번 물로 씻어 물기를 제거한다.

(2) 무는 1.5cm 크기의 네모로 나박나박 썰어 소금에 살짝 절인 후 고춧가루 물을 들여 놓는다.

(3) 잘 익은 창란젓을 2cm 길이로 썰어 고춧가루 양념을 해 놓는다.

(4) 미나리는 4cm 길이로 썰고 파는 어슷썬다.

(5) 마늘과 생강은 곱게 다져서 고춧가루에 버무려 젓갈과 같이 양념하여 둔다.

(6) 준비된 무와 미나리, 양념된 창란젓을 함께 버무려 고루 간이 배게 하여 그릇에 담고 통깨를 뿌린다.

Tip

미나리는 대가 길고 줄기가 통통하며 잎이 싱싱한 것이 좋고 전체적으로 불그스름한 빛깔을 띠며 수분을 많이 함유한 것이 좋다.

67) 근대김치

재료 및 분량

근대 2kg, 굵은소금 2/3컵, 무 600g, 멸치젓 2/3컵, 고춧가루 2/3컵, 마늘 50g, 생강 10g, 찹쌀풀 2/3컵(물 2/3컵, 찹쌀가루 1½큰술), 실파 100g, 실고추 · 고운소금 · 설탕 약간

만드는 법

(1) 근대는 깨끗이 씻어 굵은소금에 절여 채반에 담아 물기를 빼고, 무는 4cm 길이로 굵게 채 썰어 굵은소금에 절여 놓는다.
(2) 마늘과 생강은 곱게 다지고 실파는 4cm 길이로 잘라 둔다.
(3) 멸치젓에 동량의 물을 붓고 끓인 후 걸러 식힌다.
(4) 물에 분량의 찹쌀가루를 넣고 찹쌀풀을 만들어 식혀 놓는다.
(5) 큰 그릇에 멸치젓국을 담고 설탕과 고춧가루를 넣어 불린 후 마늘, 생강을 넣고 양념을 만들어 준비한 근대, 무, 파, 실고추를 넣고 살살 버무린다.
(6) 고운소금으로 간을 맞추어 항아리에 꼭꼭 눌러 담아서 익힌다.

68) 닭김치

재료 및 분량

닭(영계) 1마리, 표고버섯 3개, 석이버섯 3개, 쇠고기 300g, 간장 4큰술, 대파 1대, 마늘, 붉은 고추 2개, 통깨 · 설탕 약간

만드는 법

(1) 쇠고기 200g과 표고버섯, 석이버섯은 채 썰고 나머지 쇠고기 100g은 다져 놓는다.
(2) 대파의 흰 부분과 마늘은 다지고 붉은 고추는 씨를 제거한 후 채 썬다.
(3) 다진 쇠고기는 간장, 다진 파, 마늘, 통깨로 양념한다.

(4) 닭의 뱃속에 다진 쇠고기를 넣고 동여매어서 물을 붓고 불에 1시간 이상 곤다.

(5) 닭을 꺼내어 뱃속의 것과 닭고기를 찢고 고운소금으로 간을 한 후 항아리에 담는다.

(6) 닭국물의 기름은 걷어 내고, 고운소금으로 간을 맞추어 닭고기가 담긴 항아리에 붓고 위에 붉은 고추 채 썬 것을 띄운다.

Tip

닭 속에 쇠고기를 넣고 푹 삶아 여러 가지 채소를 넣어 만든 동물성 김치로 담근 지 1~2일 정도 지나면 먹을 수 있다.

69) 감동젓무

재료 및 분량

배추 1통, 무 1개, 굵은소금 1/2컵, 배 2개, 오이 2개, 밤 10개, 생굴 100g, 낙지 1마리, 전복 100g, 북어 80g, 고춧가루 1컵, 감동젓(곤쟁이젓) 100g, 잣 2큰술, 설탕 2큰술, 고운소금 2큰술, 실고추 약간

만드는 법

(1) 배추는 잎이 얇은 중간 정도의 크기로 골라 뿌리 쪽을 갈라 씻어 소금물에 절였다가 물기를 뺀 후 3cm 길이로 썰어 놓는다.

(2) 무와 배는 껍질을 벗겨 가로 2cm, 세로 2.5cm, 두께 0.3cm로 썰어서 설탕물에 잠시 재워 둔다.

(3) 실파와 미나리는 다듬고 씻어 3cm 길이로 썰고 마늘, 생강은 곱게 다진다.

(4) 오이는 무와 같은 크기로 썰고 밤은 껍질을 벗겨 굵은 채로 썰며, 잣은 고깔을 떼어 놓는다.

(5) 생굴은 소금물에 씻어 건지고 낙지와 전복은 소금으로 문질러 씻은 후 낙지는 3cm 길이로 썰고 전복은 같은 길이로 얇게 저민다.

(6) 북어는 물에 불려서 껍질을 벗겨 길이로 2등분하여 2cm 길이로 토막 낸다.

(7) 감동젓에 고춧가루를 풀어 불린 후 무, 오이, 미나리, 실파, 낙지, 전복, 북어와

다진 마늘, 생강을 넣어 골고루 버무린 다음 소금으로 간을 맞춘다.

(8) 맨 나중에 생굴, 실고추, 밤채, 잣을 넣고 살살 버무려서 항아리에 꼭꼭 눌러 담고 배추 우거지로 푹 덮어서 익힌다.

Tip

감동젓은 곤쟁이젓의 별칭으로 아주 작은 새우로 담근 젓갈을 말하는데 감동젓무에 들어가는 배추는 중간 잎만을 일정하게 모아서 사용한다.

70) 채김치

재료 및 분량

무 3개, 미나리 100g, 갓 100g, 실파 100g, 배 1/2개, 동태 1마리, 고춧가루 1컵, 굵은소금 1/2컵, 마늘 50g, 생깅 20g, 새우짓 1/4깁, 설딩 약간

만드는 법

(1) 무와 배는 손질하여 약간 굵게 채 썰어 고춧가루를 넣어 주물러 빨갛게 물을 들인다.

(2) 동태는 껍질을 벗기고 포를 떠서 굵직하게 채 썰어 준비한다.

(3) 마늘, 생강, 새우젓은 다지고 미나리, 갓, 실파는 4cm 길이로 썰어 준비한다.

(4) (3)의 양념에 동태와 다른 재료를 넣고 버무려서 설탕으로 간을 맞춘 다음 항아리에 꼭꼭 눌러 담는다.

Tip

치아가 없는 노인들에게 적당한 김치로 채를 썰어 만든 김치이므로 오래 두고 먹지 않는다.

71) 숙깍뚜기

재료 및 분량

무 5개, 굵은소금 2컵, 미나리 200g, 실파 200g, 고춧가루 1컵, 새우젓 2/3컵, 마늘 50g, 생강 20g, 설탕 2큰술, 고운소금 약간

만드는 법

(1) 무는 깨끗이 씻어 가로, 세로 2.5cm로 깍뚝썰어 끓는 물에 살짝 삶은 다음 건져서 찬물에 헹군다.

(2) 미나리와 실파는 다듬어 4cm 길이로 자르고 마늘과 생강은 다진다.

(3) 새우젓은 건더기만 건져 다진다.

(4) 미지근한 물에 설탕과 고춧가루를 개어 불린 후 삶은 무에 버무린다.

(5) 붉게 물들인 무에 준비한 미나리, 실파, 마늘, 생강, 새우젓으로 간을 맞추어 고루 버무린 다음 소금으로 간을 한다.

(6) 항아리에 담을 때 공기가 통하지 않도록 꼭꼭 눌러 담고 우거지로 위를 덮는다.

Tip

숙깍두기는 깍뚝썰기 한 무를 삶아 노인이나 어린이들이 먹기 좋게 담근 김치로 무를 너무 오래 삶으면 물러지므로 살짝만 삶고, 싱싱한 맛을 위해서는 생무를 조금 섞기도 한다.

72) 연꽃동치미

재료 및 분량

무 1개, 굵은소금 4큰술, 미나리 200g, 대파 1대, 오이 1개, 마늘 50g, 생강즙 1큰술, 배 1/2개, 붉은고추 5개, 잣 2큰술, 김치국물(물 2리터, 고운소금 5~6큰술)

만드는 법

(1) 무는 몸매가 가는 것을 선택하여 깨끗이 씻은 다음, 껍질을 벗기고 지름이 6cm

정도가 되도록 둥글고 아주 얇게 저민 다음 굵은소금물에 절여 둔다.

(2) 미나리는 다듬어 줄기째로 소금물에 절인다.

(3) 오이는 가늘고 곧은 것을 골라 소금에 비벼 씻은 후 5cm 길이로 곱게 채 썰고 배도 껍질을 벗겨 곱게 채 썬다.

(4) 마늘은 납작납작하게 썰고, 파는 흰 부분만 5cm 길이로 잘라 곱게 채 썬다.

(5) 붉은 고추는 절반으로 쪼개 씨를 털어 낸 후 5cm 길이로 가늘게 채 썬다.

(6) 도마 위에 절여 놓은 무를 놓고 그 위에 오이, 배, 고추 썬 것을 얌전히 얹은 다음 돌돌 말아 절인 미나리로 꼭꼭 동여 묶는다.

(7) (6)을 항아리에 차곡차곡 담은 후 고추, 파, 마늘, 잣을 얹고 물에 고운소금과 생강즙을 타서 간을 맞추어 항아리에 붓는다.

Tip

무를 얇게 저며 속에 여러 가지 채소를 넣고 만든 물김치로 얇게 썬 무 겉 표면으로 비치는 화려한 물김치이다.

73) 제육김치

재료 및 분량

배추 1포기, 굵은소금 적당량, 삶은 제육 200g, 실파 50g, 오이 1개, 미나리 50g, 밤 5개, 마늘 50g, 생강 20g, 고춧가루 1/2컵, 새우젓 1/3컵, 실고추 · 통깨 · 고운소금 약간

만드는 법

(1) 배추는 한 잎씩 떼어 깨끗이 씻은 후 5cm 정도의 길이로 썰어 소금에 절였다 헹궈 물기를 제거한다.

(2) 제육은 파, 생강을 조금 넣고 푹 삶아 무거운 것으로 눌러 굳힌 후 납작하게 썬다.

(3) 파는 어슷썰고, 미나리는 손질하여 5cm 길이로 썬다.

(4) 마늘과 생강은 곱게 갈다가 새우젓을 넣고 다시 간다.

(5) 밤은 편으로 썰고 오이는 5cm 길이로 잘라 네 쪽으로 다시 썬다.

(6) 절여 둔 배추에 오이, 미나리, 밤, 파 썬 것을 넣어 고춧가루로 고루 버무려 통깨, 실고추로 양념한다.

74) 전복김치

재료 및 분량

말린 전복 10마리, 무 2개, 굵은소금 적당량, 배 1개, 밤 10개, 대추 10개, 유자 1개, 대파 2대, 생강 50g, 잣 2큰술, 고운소금 약간

만드는 법

(1) 말린 전복은 물에 충분히 불린 뒤 깨끗하게 씻어 얇고 어슷하게 잔 칼집을 넣어 썬다.

(2) 무는 2cm 두께로 토막을 낸 후 나박김치 모양으로 납작하게 썰어 소금에 살짝 절인다.

(3) 배와 유자는 껍질을 벗긴 후 곱게 채 썬다.

(4) 대파와 생강도 곱게 채 썬다.

(5) 밤은 껍질을 벗겨 납작하게 썰고 대추는 젖은 행주로 깨끗하게 닦아 씨를 뺀 다음 납작하게 썬다.

(6) 전복의 칼집 사이로 배, 유자 채 썬 것을 넣는다.

(7) 항아리에 전복을 담고 그 위에 무 절인 것과 파, 생강, 밤, 대추 썬 것을 얹는다.

(8) 물에 소금을 심심하게 풀어 끓인 후 항아리에 부어 익힌다.

75) 별미오이소박이

재료 및 분량

오이 5개, 굵은소금 적당량, 무 150g, 부추 150g, 배춧잎 10장, 새우젓 1/5컵, 고춧가루 1/3컵, 통깨 · 마늘 · 실고추 · 생강 · 고운소금 약간

만드는 법

(1) 오이는 소금에 비벼 깨끗이 씻은 후 양끝을 잘라 내고 두 토막을 낸 후 나무젓가락으로 속을 파내어 둥글게 다듬어 소금에 절인다.

(2) 배추잎은 소금물에 절여 물기를 빼 놓는다.

(3) 무와 부추는 2cm 길이로 채 썰어 놓고 마늘과 생강은 곱게 다진다.

(4) 무채에 다진 마늘, 생강, 새우젓, 고춧가루를 넣고 고루 버무린 후 부추를 넣고 다시 버무려 소금 간을 한 후 통깨와 실고추를 넣는다.

(5) 오이 속에 (4)의 양념을 넣는다.

(6) 절여 둔 배춧잎을 놓고 (4)의 속재료를 편 후 속에 양념을 넣은 오이를 올려놓고 꼭 싸서 항아리에 저장한다.

(7) 먹을 때 꺼낸 후 한입 크기로 썰어 그릇에 담아 낸다.

76) 우엉깍두기

재료 및 분량

우엉 1kg, 고춧가루 1컵, 멸치젓 2/3컵, 다진 마늘 4큰술, 다진 생강 1큰술, 다진 파 6큰술, 통깨 · 실고추 약간

만드는 법

(1) 우엉은 연한 것으로 준비하여 껍질을 긁어낸 후 찬물에 잠시 담갔다가 깍두기모양으로 썬다.

(2) 멸치젓은 동량의 물을 넣어 푹 달인 후 걸러 식혀 놓는다.

(3) 멸치젓국에 고춧가루, 파, 마늘, 생강을 넣어 갈아 놓는다.

(4) 썰어 놓은 우엉에 (3)의 고춧가루 양념과 통깨, 실고추를 넣어 고루 버무린 후 소금으로 간을 맞춘다.

(5) 항아리에 (4)를 담고 우거지를 덮어 익힌다.

고추김치

깻잎말이김치

도라지김치

김치류

연꽃동치미

참나물김치

총각김치

콩나물김치

파김치

2. 젓갈류

젓갈은 우리나라의 대표적인 수산발효식품으로 곡류를 주식으로 하는 동양에서 싱겁고 단조로운 식사를 피하기 위해 고기 맛을 내기 위한 조미료로 사용하였으며 그 품질이나 용도가 장류에 준한다 하여 어장(魚醬)이라고도 부른다.

우리나라는 삼면이 바다에 인접해 풍부한 어패류를 소금에 절인 후 저장해 젓갈을 만든 것을 시작으로 조선시대에는 소금으로만 절인 것, 소금과 누룩에 절인 것, 소금에 엿기름과 찹쌀밥 등을 섞어 절인 것, 소금에 술과 기름 등을 섞어 절인 것 등 현재보다 더 많은 종류의 젓갈류가 만들어졌다.

젓갈을 담가 2~3개월 정도 숙성시킨 것을 '젓', 6개월 이상 숙성시킨 것을 '젓국'이라 하는데 이때 사용되는 소금의 양은 보통 20% 내외가 적당하나 어리굴젓이나 알젓처럼 10% 내외의 저염식을 사용하는 것도 있다.

젓갈의 종류는 봄에 담그는 멸치젓 · 갈치젓 · 꼴뚜기젓을 시작으로 여름의 새우젓, 가을의 추젓 · 굴젓 · 게젓, 겨울의 가자미젓 · 명란젓 · 창란젓 · 동태젓 등 수십 가지에 달하며 그 원료 역시 어류, 갑각류, 연체류 등의 순으로 종류가 다양하다.

젓갈을 담글 때는 신선한 재료를 공기 접촉이 적은, 입이 좁고 깊은 오지그릇에 담아 10~15℃ 이하의 서늘한 곳에서 저장하고 저장 시에는 맨 위에 소금을 듬뿍 뿌리고 무거운 돌로 눌러 젓갈 재료가 국물에 잠기도록 한다.

1) 오징어젓(1)

재료 및 분량

오징어 5마리, 멸치액젓 10큰술, 무 400g, 굵은소금 약간, 고춧가루 $2\frac{1}{2}$컵, 풋고추 5개, 붉은 고추 5개, 통마늘 10개, 통깨 5큰술, 물엿 5큰술, 생강 약간

만드는 법

(1) 싱싱한 물오징어를 배를 갈라 손질하여 껍질을 벗겨 멸치액젓에 10시간 정도 절인다.

(2) 충분히 절인 오징어를 꺼내어 굵게 채 썰어 놓는다.

(3) 무는 5cm 정도의 길이로 채 썰어 소금을 약간 뿌렸다가 꼭 짜서 오징어와 섞는다

(4) 풋고추, 붉은 고추, 통마늘을 어슷하게 썰어 놓는다.

(5) 오징어를 절였던 멸치액젓에 고춧가루를 넣어 끓여 식힌 후 여기에 멸치액젓에 절였던 물오징어와 (4), 통깨, 물엿, 생강즙을 넣어 버무린 후 항아리에 3~4일 두면 먹을 수 있다.

Tip

오징어젓은 오징어가 한창인 6~8월경에 담그는 것이 좋고 오징어에는 리신(lysine), 트레오닌(threonine), 트립토판(tryptophan) 등이 풍부해 곡류를 주식으로 하는 한국인의 식생활에서 부족 하기 쉬운 필수 아미노산을 보충해 주는 양질의 식품이다.

2) 오징어젓(2)

재료 및 분량

오징어 10마리, 굵은소금 200g, 배 1개, 무 1kg, 고춧가루 · 마늘 · 생강 약간

만드는 법

(1) 싱싱한 물오징어를 배를 갈라 손질하여 소금에 하룻밤 절인다.
(2) 절여진 오징어는 물에 헹군 후 굵직하게 채 썰어 다시 소금에 살짝 절였다가 물기를 제거한다.
(3) 무도 배와 같은 길이로 썰어 소금에 살짝 절인다.
(4) 마늘과 생강은 채 썬다.
(5) 절여진 오징어, 무, 배, 마늘, 생강을 버무린 후 소금 간 하여 항아리에 담은 후 3~4일 후에 먹는다.

Tip

오징어를 소금에 절일 경우 소금의 양은 보통 재료의 20~25% 정도이며 절인 오징어는 찬물에 헹궈 짠맛을 뺀다.

3) 어리굴젓

재료 및 분량

생굴 400g, 굵은소금 1/2컵, 무 60g, 배 1개, 붉은 고추 5개, 밤 3개, 대파 1대, 마늘 3쪽, 생강 1쪽, 고춧가루 1/3컵, 설탕 · 통깨 약간

만드는 법

(1) 굴은 잔 것으로 준비하여 심심한 소금물에 흔들어 껍질은 골라내고 씻어 건져 물기를 뺀 후 소금을 넣어 1~2일 정도 절인다.
(2) 무와 배는 1.5cm 사방으로 얇게 썰고 밤도 얇게 저민다.

(3) 붉은 고추는 반으로 갈라 씨를 털어 낸 후 물 $1\frac{1}{2}$컵 정도를 붓고 푹 끓여 식힌 후 곱게 갈아 고춧가루를 넣어 버무려 둔다.

(4) 파, 마늘, 생강은 채 썬다.

(5) 절인 굴은 (3)의 양념에 넣고 (4)의 재료를 넣어 소금, 설탕으로 고루 버무려서 간을 맞춘 후 통깨를 넣는다.

(6) 항아리에 담아 비닐로 덮은 후 익히는데 2~3일 후에 먹으면 알맞다.

Tip

- 굴에는 단백질, 철분, 칼슘, 비타민 B_1, B_2, C가 많이 함유되어 있어 노인이나 어린이들에게 좋은 식품으로 겉으로 보아 선명하고 유백색이며 통통한 것이 싱싱하다.
- 굴은 11월에서 3월 사이에 가장 맛있는데 특히 어리굴젓은 부재료를 많이 넣고 짜지 않게 담아 먹는 것으로 오랫동안 두고 먹는 젓갈이 아니다.
- 전라도에서는 굴을 물로 씻지 않고 진간장에 담가 항아리에 넣어 1년 동안 땅에 묻어 두어 1년 후 꺼내어 먹는데, 이를 '석화젓'이라 한다.

4) 창란젓

재료 및 분량

창란 1kg, 무 1kg, 굵은소금 130g, 고춧가루 8큰술, 마늘 40g, 생강 10g, 풋고추 5개, 붉은 고추 5개, 대파 1대, 설탕 · 통깨 약간

만드는 법

(1) 명태 창자를 준비하여 내장을 꺼내어 물로 씻어 물기를 쪽 뺀 후 소금을 고루 뿌려 절인다.

(2) 절인 명태 창자는 4cm 길이로 썰어 고춧가루에 무쳐 둔다.

(3) 무는 사방 1.5cm 크기로 썰어 소금에 살짝 절여 물기를 짠 후 절인 명태 창자와 섞는다.

(4) 풋고추와 붉은 고추는 각각 어슷하게 썰어 씨를 뺀다.

(5) 마늘, 생강, 파는 채 썬다.

(6) 모든 재료를 한데 섞어 고루 버무린 후 설탕, 소금, 통깨 간하여 항아리에 담는다.

Tip

- 명태는 버릴 것이 별로 없는 생선으로 창자로는 창란젓을, 아가미로는 아가미젓을, 알로는 명란젓을 담그는데 특히 창란젓을 담글 때 동태 창자보다는 생태 창자를 이용해 담그는 것이 질이 좋은 젓갈이 된다.
- 젓갈을 담글 때 오랫동안 익힌 후 먹는 소라젓, 밴댕이젓은 굵은소금을 쓰고 창란젓, 조개젓, 어리굴젓 등은 금방 삭으므로 고운소금을 이용해도 좋다.

5) 명란젓

재료 및 분량

명란 1kg, 굵은소금 100g, 고춧가루 1/2컵, 실파 50g, 마늘 50g, 생강 10g, 참기름 · 설탕 · 통깨 약간

만드는 법

(1) 신선하고 터지지 않은 명란에 소금을 듬뿍 뿌려 하룻밤 정도 절인다.

(2) 절여진 명란은 소쿠리에 담아 수분을 제거한 후 소금과 고춧가루를 섞어 놓는다.

(3) 실파는 송송 썰고 마늘과 생강은 채 썬다.

(4) 절인 명란젓에 실파, 마늘, 생강, 참기름을 넣고 무쳐 통깨를 뿌린다.

(5) 항아리에 소금과 고춧가루를 넉넉히 뿌리고 다시 명란을 넣어 그 위에 소금과 고춧가루 섞은 것을 뿌린다. 명란을 켜켜로 놓아 맨 위에 소금과 고춧가루를 섞어 먹기도 하고 찜통에 살짝 쪄서 먹기도 한다.

Tip

- 명란젓은 명태알을 소금과 고춧가루로 양념한 것으로 동지 전인 11월 말이 명란 젓을 담그는 제철이다.
- 명란을 고를 때는 난막이 얇고 광택이 나며, 투명하고 원형 그대로의 것이 좋다. 또한 손질할 때는 난막이 터지지 않도록 바구니에 담아 혈액, 기름기, 내장 등을 소금물로 잘 씻어 내야 한다.

6) 황석어젓

재료 및 분량

황석어 1kg, 굵은소금 100g, 갖은양념(고춧가루 3큰술, 풋고추 2개, 붉은 고추 2개, 대파 1대, 마늘 50g, 생강 10g, 통깨 1큰술, 식초 2/3큰술, 참기름 2큰술)

만드는 법

(1) 황석어는 싱싱한 것으로 준비하여 바닷물 정도의 짭짤한 소금물에 재빨리 헹구어 소쿠리에 담아 물기를 뺀다.

(2) 물기 없는 항아리 바닥에 소금을 약간 뿌려 놓는다.

(3) 황석어를 그릇에 담아 분량의 소금을 넣어 살살 버무려 놓는다.

(4) 항아리에 황석어를 담고 나머지 소금과 조기를 켜켜로 넣어 꼭꼭 눌러 둔 다음 위에 소금을 하얗게 뿌린 후 항아리 가장자리를 깨끗이 다듬어 비닐로 뚜껑을 덮고 밀봉한다. 서늘한 곳에 보관한다.

(5) 약 3~4개월이 지나면 삭아서 구수한 맛으로 바뀐다. 먹을 때는 황석어젓을 한 마리씩 꺼내어 머리와 꼬리를 떼고 살만 발라 고춧가루와 참기름, 다진 파, 마늘, 통깨, 어슷썬 풋고추, 붉은 고추를 넣어 무쳐 먹거나 밥솥에 쪄 먹는다.

Tip

- 황석어젓은 황석어가 크고 노란 빛깔을 띠어야 맛있고 오래 삭을수록 감칠맛이 더해지는 젓갈로 5~6월에 담갔다가 가을철부터 먹기 시작하는데 손으로 만져 보아 물렁물렁한 느낌이 드는 것이 잘 삭은 것이다.
- 무칠 때 식초를 넣고 무쳐야 아가미가 부드럽게 된다.

7) 갈치젓

재료 및 분량

갈치 내장 1kg, 굵은소금 100g, 갖은양념(고춧가루 · 풋고추 · 붉은 고추 · 다진 파 · 다진 마늘 · 통깨 · 설탕, 참기름 약간)

만드는 법

(1) 싱싱한 갈치 내장을 준비하여 바닷물 정도의 심심한 소금물에 헹구어 소쿠리에 담아 물기를 완전히 뺀다.

(2) 항아리에 소금을 켜켜로 넣고 나머지 소금은 갈치 내장이 보이지 않을 정도로 충분히 덮는다.

(3) 비닐로 덮어 고무줄로 묶은 후 서늘한 곳에 3~4개월 정도 보관한다.

(4) 약 3~4개월 후 숙성이 된 갈치젓은 풋고추, 붉은 고추를 송송 썬 것과 함께 갖은 양념에 버무려 먹는다.

Tip

갈치젓은 김치를 담글 때 액젓으로 사용해도 좋다.

8) 게젓

재료 및 분량

참게 1kg, 굵은소금 200g, 물 2컵, 진간장 2컵, 설탕 2큰술, 마늘 50g, 생강10g

만드는 법

(1) 새끼 게는 바닷물 정도의 소금물로 깨끗하게 씻어 소쿠리에 건져 물기를 완전히 뺀다.

(2) 물기 없는 항아리에 등껍질이 밑으로 가도록 담고 간장, 설탕을 넣어 하루 정도 서늘한 곳에 보관한다.

(3) 하루가 지난 후 간장만 따라 내어 팔팔 끓여 식힌 다음 항아리에 다시 붓는다.

(4) 마늘과 생강은 편으로 썰어 간장을 넣은 항아리에 같이 넣어 준다.

(5) 3일 후에 다시 간장만 따라 내어 끓여 식혀 붓기를 2~3회 반복한 다음 웃소금을 게가 보이지 않도록 충분히 뿌리고 밀봉하여 서늘한 곳에 1개월 정도 보관한다.

(6) 먹을 때 간장 국물과 게를 함께 낸다.

Tip

참게는 '논게' 또는 '민물게'라고도 하며 9~10월경에 잡는 암게가 알이 꽉 차고 맛이 있다. 또한 5월에 나는 살아 있는 꽃게를 손질하여 토막 낸 후 매운 양념장에 버무려 먹는 꽃게장도 있다.

9) 조개젓

재료 및 분량

조갯살 1kg, 굵은소금 100g, 갖은양념(붉은 고추 2개, 풋고추 2개, 고춧가루 1$\frac{1}{2}$큰술, 통깨 1/2큰술, 다진 파 1큰술, 다진마늘 1큰술, 다진 생강 1작은술, 식초 또는 참기름 약간)

만드는 법

(1) 조갯살은 싱싱한 것으로 준비하여 바닷물 정도의 소금물에 깨끗이 씻어 소쿠리에 담아 물기를 완전히 빼 놓는다.

(2) 물기를 완전히 제거한 조갯살에 분량의 소금을 1/2정도만 넣고 버무린다.

(3) 물기 없는 항아리를 준비하여 바닥에 남은 소금을 한 켜 깔고 소금에 버무린 조갯살을 넣고 되풀이해서 나머지 소금과 조갯살을 켜켜로 넣는다.

(4) 조갯살이 보이지 않도록 웃소금을 충분히 뿌린 후 밀봉하여 서늘한 곳에서 20일 정도 보관한다.

(5) 푹 익은 조개젓에 갖은 양념을 하여 먹는다.

Tip

조개젓은 4월에서 초여름에 나는 조개를 이용하는데 조개는 칼슘, 인, 철분, 비타민 A가 풍부한 식품으로 먹을 때 식초를 넣는 경우 참기름을 같이 넣지 않는 것이 떫은 맛이 없고 맛도 좋다.

10) 새우젓

재료 및 분량

생새우 1kg, 굵은소금 100g, 갖은양념(붉은 고추 2개, 풋고추 1개, 다진 파 1큰술, 다진 마늘 1큰술, 다진 생강 1/2작은술, 통깨 1/2큰술, 참기름 1/2큰술, 식초 약간)

만드는 법

(1) 생새우는 바닷물 정도의 심심한 소금물에 깨끗하게 씻어 소쿠리에 건져 물기를 완전히 제거한다.

(2) 물기가 완전히 빠진 새우에 분량의 소금 중 1/2 정도를 넣고 버무린다.

(3) 물기 없는 항아리를 준비해 맨 밑에 남은 소금을 한 켜 깔고 (2)를 넣고 반복해서 나머지 소금과 새우를 켜켜로 넣는다.

(4) 새우가 보이지 않도록 웃소금을 맨 위에 충분히 뿌리고, 밀봉하여 서늘한 곳에 두어 1개월 이상 삭힌다.

(5) 반찬으로 먹을 때 새우젓은 국물이 짜므로 꼭 짠 후 갖은양념 하여 무쳐 먹는다.

Tip

- 새우젓은 담는 시기에 따라 오젓, 육젓, 추젓, 백하젓, 곤쟁이젓 등으로 나뉘는데 그중 육젓은 6월에 담는 젓으로 새우젓 중 최고의 상품으로 김장용으로 알맞다.
- 새우젓에 들어가는 소금은 새우 중량의 7~10%가 적당하고 새우젓을 담기에 좋은 새우는 살이 통통하고 붉은빛의 잡티가 없는 것이다.
- 새우는 껍질이 있어 소금이 육질로 배어드는 것이 느리고, 또 내장에 강력한 효소가 들어 있어 다른 어패류보다 부패하기 쉬우므로 다른 젓갈보다 많은 양의 소금을 넣는 것이 좋다.

11) 아가미젓

재료 및 분량

대구 아가미 1kg, 굵은소금 100g, 갖은양념(풋고추 1개, 붉은 고추 2개, 다진 마늘 1큰술, 다진 생강 1/2작은술, 식초 1큰술, 고춧가루 2큰술, 다진 파 약간, 통깨 1큰술, 참기름 3/4 큰술)

만드는 법

(1) 싱싱한 대구의 아가미를 바닷물 정도의 소금물에 씻어 소쿠리에 건진 후 물기를 완전히 제거하다.

(2) 물기가 완전히 빠진 아가미에 분량의 소금을 1/2 정도 넣고 버무린다.

(3) 물기 없는 항아리의 맨 밑에 남은 소금을 한 켜 깔고 (2)를 넣는 것을 되풀이한다.

(4) 맨 위에 아가미가 보이지 않을 정도로 웃소금을 충분히 뿌린 후 밀봉하여 서늘한 곳에 보관한다.

(5) 잘 삭은 아가미는 잘게 다져 식초와 고춧가루를 넣고 미리 버무려 놓는다.

(6) 고추는 씨를 빼고 잘게 다진 후 나머지 재료와 갖은 양념 하여 먹는다.

Tip

10월경에 대구가 많이 날 때 대구의 아가미를 소금에 절여 담그는 젓갈로 먹을 때 미리 식초에 버무렸다 양념하면 아가미가 연해져 더욱 맛있다.

12) 멸치젓

재료 및 분량

생멸치 1kg, 굵은소금100g, 갖은양념 (다진파 · 다진 마늘 · 다진 생강 · 고춧가루 · 풋고추 · 붉은 고추 · 통깨 · 식초 약간)

만드는 법

(1) 멸치는 싱싱한 생멸치로 준비하여 바닷물 정도의 심심한 소금물에 깨끗이 씻은 후 소쿠리에 건져 물기를 완전히 제거한다.

(2) 물기가 완전히 빠진 멸치에 분량의 소금을 1/2 정도 넣고 버무려 놓는다.

(3) 물기 없는 항아리의 맨 밑에 남은 소금을 한 켜 깔고 소금에 버무려 둔 멸치를 넣고 나머지 소금과 멸치를 켜켜로 넣는 것을 반복한다.

(4) 멸치가 보이지 않도록 맨 위에 웃소금을 충분히 뿌린 후 밀봉하여 서늘한 곳에 여러 달 두어 삭힌다.

(5) 멸치의 살이 부스러질 정도로 잘 익으면 잘게 썰어 다진 파와 마늘, 식초, 고춧가루, 풋고추, 붉은 고추, 통깨 등을 넣고 무쳐 반찬으로 먹는다.

Tip

- 멸치젓은 경상도와 전라도 등 남해안 지방에서 잡힌 멸치로 6~7cm 정도의 크기에 색이 붉으며 비늘이 적고 뼈와 머리가 완전히 붙어 있는 것이 좋다.
- 봄에 담근 것을 춘젓, 가을에 담근 것을 추젓이라고 하는데 추젓보다 춘젓이 질이 좋고 맛이 좋다.
- 김치에 넣을 멸치젓은 그냥 사용하면 김치가 검어지므로 반드시 동량의 물을 넣고 달여 체에 밭쳐 사용하도록 한다.

13) 꼴뚜기젓

재료 및 분량

꼴두기 1kg, 굵은소금 200g, 갖은양념(다진 파 · 다진 마늘 · 생강 · 고춧가루 · 통깨 · 참기름 약간)

만드는 법

(1) 꼴뚜기는 작은 것으로 준비하여 바닷물 정도의 심심한 소금물에 깨끗하게 씻어 소쿠리에 건져 물기를 완전히 제거하다.

(2) 물기가 완전히 제거된 꼴뚜기에 분량의 소금을 1/2 정도 넣고 버무린다.

(3) 물기 없는 항아리의 맨 밑에 남은 소금을 한 켜 깔고 소금에 버무린 꼴뚜기를 반복해서 넣고 나머지 소금과 꼴뚜기를 켜켜로 넣는다.

(4) 꼴뚜기가 보이지 않도록 맨 위에 웃소금을 충분히 뿌린 후 밀봉하여 서늘한 곳에 2~3개월 정도 보관한다.

(5) 먹을 때는 먹통과 내장을 제거하고 갖은양념을 하여 무쳐 먹는다.

Tip

꼴뚜기를 고를 때는 3~4월에 잡히는 알이 없고 자잘한 것을 고르고 빨리 먹을 때는 소금 간을 짜지 않고 심심하게 한다.

14) 밴댕이젓

재료 및 분량

밴댕이 1kg, 굵은소금 200g, 갖은양념(다진 파 · 다진 마늘 · 생강 · 통깨 · 고춧가루 · 참기름 약간)

만드는 법

(1) 밴댕이는 싱싱한 것으로 골라 내장을 꺼내어 손질한 후 바닷물 정도의 심심한 소금물에 씻어 소쿠리에 건져 물기를 완전히 제거한다.

(2) 물기가 완전히 빠진 밴댕이에 분량의 소금을 1/2 정도 넣고 버무려 놓는다.

(3) 물기 없는 항아리를 준비하여 맨 밑에 남은 소금을 한 켜 깔고 소금에 버무려 둔 밴댕이를 넣고, 반복해서 나머지 소금과 밴댕이를 켜켜로 넣는다.

(4) 맨 위에 밴댕이가 보이지 않도록 웃소금을 충분히 뿌리고 밀봉하여 서늘한 곳에 2~3개월 정도 보관한다.

(5) 잘 삭아진 밴댕이젓은 먹을 때 조금씩 꺼내어 갖은 양념에 무쳐 먹는다.

Tip

- 밴댕이는 길이가 5~10cm 정도의 청어과의 바닷고기로 3~4월에 살이 가장 많으므로 이때 담그는 것이 좋다.
- 전라남도와 평안북도 지방에서는 멸치젓 대신 밴댕이젓을 많이 이용한다.

15) 가자미식해

재료 및 분량

참가자미 5마리, 무 100g, 굵은소금 1/4컵, 메좁쌀 1/2컵, 마늘 20g, 엿기름가루 1/4컵, 생강 10g

만드는 법

(1) 참가자미는 노랗고 싱싱한 것으로 골라 내장과 머리를 제거한 후 깨끗이 손질하여 소금을 뿌려 채반에 널어 둔다.

(2) 이틀 정도 지난 후 꾸덕꾸덕하게 말린 참가자미는 먹기 좋은 크기로 썰어 놓는다.

(3) 메조밥을 되직하게 지어 소금 간을 한 후 식혀 둔다.

(4) 무는 굵게 채 썰어 소금에 살짝 절였다가 물기를 꼭 짠다.

(5) 마늘은 다지고 생강은 다져 즙을 낸다.

(6) 무채 절인 것과 썰어 놓은 가자미, 다진 마늘, 생강즙, 고춧가루, 엿기름가루를 넣어 빨갛게 버무린다.

(7) 항아리에 꼭꼭 눌러 담고 돌로 눌러 서늘한 곳에서 1주일 정도 보관한다.

Tip

- 식해를 만들 때는 참가자미 외에도 북어, 동태, 도루묵 등이 많이 쓰인다.
- 북쪽지방은 날씨가 추운 관계로 생선류를 크게 썰어 간을 심심하게 하지만 남쪽지방은 날씨가 더운 관계로 간을 짜게 한다.

16) 소라젓

재료 및 분량

소라 1kg, 굵은소금 100g, 갖은양념(다진 파 · 다진 마늘 · 고춧가루 · 통깨 약간)

만드는 법

(1) 소라는 입이 꼭 다물어진 싱싱한 것으로 준비하여 살을 뺀 다음 내장을 제거하고 손질해 바닷물 정도의 심심한 소금물에 깨끗하게 씻어 건져 물기를 완전히 제거한다.
(2) 물기가 완전히 빠진 소라에 분량의 소금을 1/2 정도 넣고 버무려 둔다.
(3) 물기 없는 항아리의 맨 밑에 남은 소금을 한 켜 깔고 소라와 소금을 번갈아 가며 켜켜로 넣는다.
(4) 소라가 보이지 않을 정도로 맨 위에 웃소금을 충분히 뿌리고 밀봉하여 서늘한 곳에서 2~3개월 이상 두어 삭힌다.
(5) 적당히 익은 소라젓을 꺼내어 얄팍하게 썬 후 갖은양념으로 버무려 무쳐 먹는다.

Tip

소라젓은 담근 지 2~3개월 후면 먹을 수 있는데 9월경이 제철로 오래 두고 먹을수록 맛이 더 감칠나다.

17) 연안식해

재료 및 분량

조갯살 1kg, 굵은소금 100g, 멥쌀 3컵, 엿기름가루 3컵, 잣 9큰술, 고춧가루 3큰술, 참기름 3큰술

만드는 법

(1) 조갯살은 싱싱한 것으로 골라 내장을 제거하고 씻어서 소쿠리에 건져 물기를 뺀

후 소금에 절인다

(2) 조갯살이 소금에 절여지면 베보자기에 싸서 물기를 꼭 짠다.

(3) 밥을 고슬고슬하게 지어 펴서 엿기름가루와 섞는다.

(4) 대추는 씨를 빼 적당히 썰어 둔다.

(5) 조갯살에 밥과 씨를 뺀 대추, 잣을 섞고 소금, 고춧가루, 참기름을 넣어 항아리에 담는다.

(6) 5~6일이 지나면 먹을 수 있으나 너무 오래 두고 먹지는 않는다.

Tip

신선한 조갯살에 대추와 잣이 들어가 맛이 좋은 반면 너무 오래두고 먹지는 말고 간을 알맞게 하여 담근 후 5~6일 후에 먹는 것이 좋다.

18) 명태식해

재료 및 분량

명태 1kg, 굵은소금 약간, 무 500g, 엿기름가루 4큰술, 좁쌀밥 6컵, 갖은양념(다진 파 · 다진 마늘 · 생강 · 고춧가루 · 고운소금 약간)

만드는 법

(1) 명태는 깨끗하게 손질하여 반으로 갈라 2cm 길이로 썬다.

(2) 무는 사방 2.5cm로 얄팍하게 썰어 고춧가루로 살짝 버무려 고춧가루 물을 들인다.

(3) 좁쌀밥은 따뜻할 때 엿기름가루와 버무린다.

(4) (3)에 명태와 절여 둔 무채, 갖은 양념을 넣고 고루 섞어 버무린다.

(5) 항아리에 담아 공기가 통하지 않도록 밀봉하여 서늘한 곳에서 10일 정도 삭힌다.

(6) 차게 보관하여 두고 먹는다.

Tip

동태식해도 명태식해와 만드는 방법은 비슷하나 동태식해는 엿기름을 넣지 않고 메좁쌀만으로 발효시켜 일주일 정도 후면 먹을 수 있다.

19) 동태식해

재료 및 분량

동태 1kg, 굵은소금 200g, 좁쌀밥 6컵, 갖은양념(고춧가루 · 다진 생강 · 다진 마늘 약간)

만드는 법

(1) 동태를 깨끗하게 씻어 물기를 완전히 뺀 다음 적당한 크기로 썰어 소금에 절여 하룻밤 둔다.

(2) 절여진 동태를 물에 한 번 씻어서 물기를 완전히 제거한다.

(3) 좁쌀밥을 고슬고슬하게 지어 고춧가루와 그 외의 양념을 모두 넣고 고루 섞어 소금으로 간을 맞추고 준비한 동태살을 넣어 살살 버무린다.

(4) 항아리에 꼭꼭 눌러 담아 밀봉하여 1주일 후에 먹는다.

Tip

젓갈류는 공기가 들어가지 않도록 반드시 밀봉하여 삭혀야 부패되지 않고 맛있게 삭혀진다.

20) 꽃게장

재료 및 분량

꽃게 1kg, 굵은소금 약간, 양념장(진간장 6큰술, 풋고추 6개, 붉은 고추 3개, 마늘 5쪽, 생강 1쪽, 대파 5대, 고춧가루 2큰술, 설탕 1큰술, 통깨 · 참기름 약간)

만드는 법

(1) 꽃게는 깨끗이 씻어 적당히 토막을 낸 후 소금을 솔솔 뿌려 놓는다.

(2) 마늘과 생강은 채 썰고 파는 2cm 길이로 썬다.

(3) 고추는 어슷어슷 썬 다음 씨를 털어 낸다.

(4) 모든 재료를 간장에 넣어 양념장을 만든다.

(5) 소금을 뿌려 놓은 꽃게에 양념장을 넣고 버무린다.

21) 토하젓

재료 및 분량

토하새우(민물새우) 1kg, 굵은소금 약간, 찹쌀 400g, 마늘 500g, 새우 500g, 건붉은 고추 1/2근, 고춧가루 1컵

만드는 법

(1) 가을철 민물새우를 물에 씻지 말고 깨끗이 손질한 후 항아리 바닥에 소금을 뿌린 후 새우 한 켜, 소금 한 켜씩 반복해서 넣는다. 이때 맨 위에는 새우가 보이지 않도록 웃소금을 듬뿍 덮어 꼭꼭 눌러 놓는다.

(2) 서늘한 곳에서 밀봉하여 약 6개월 정도 삭힌다.

(3) 찹쌀은 물에 하룻밤 정도 불린 후 고슬고슬하게 쪄 분마기에 간다.

(4) 잘 삭은 새우와 건붉은 고추, 생강, 마늘도 분마기에 갈아 (3)과 섞는다.

(5) 다시 항아리에 담고 웃소금을 뿌려 다시 익힌다.

Tip

- 토하젓은 예로부터 체했을 때 한 숟가락만 먹으면 낫는다 하여 소화젓으로 알려져 있고 오래 묵을수록 구수하고 맛있다.
- 전라남도 양반댁에서만 즐겨 먹던 귀한 음식으로 조선 시대에는 궁중 진상품으로도 유명했다고 한다.

22) 정어리젓

재료 및 분량

정어리 1kg, 굵은소금 100g, 갖은양념(고춧가루 · 다진 마늘 · 다진 양파 · 참기름 약간)

만드는 법

(1) 정어리는 싱싱한 것으로 준비하여 바닷물 정도의 심심한 소금물에 헹군 후 소쿠

리에 담아 물기를 뺀다.

(2) 정어리는 그릇에 담아 소금을 넣어 살살 버무려 놓는다.

(3) 물기 없는 항아리의 밑 부분에 1cm 정도의 소금을 뿌리고 정어리와 소금을 켜켜로 담아 꼭꼭 눌러 둔 다음 맨 윗부분에도 정어리가 보이지 않을 정도로 소금을 하얗게 뿌린다.

(4) 항아리 가장자리를 깨끗이 닦고 비닐로 밀봉하여 서늘한 곳에 보관한다.

(5) 2~3개월 정도 숙성시킨 후 꺼내어 갖은양념을 하여 밥에 곁들인다.

Tip

잘 익은 정어리젓은 적갈색으로 김치를 담글 때 멸치젓 대신 쓰이며 구수한 냄새와 맛이 특징이다.

23) 곤쟁이젓

재료 및 분량

곤쟁이 1kg, 굵은소금 300g, 갖은양념(통깨 · 고춧가루 · 다진 마늘 · 참기름 약간)

만드는 법

(1) 곤쟁이는 바닷물 정도의 심심한 소금물에 헹군 후 소쿠리에 담아 물기를 제거한다.

(2) 큰 그릇에 곤쟁이를 담고 소금을 조금 넣어 살살 버무린다.

(3) 항아리를 물기 없게 깨끗이 하여 밑 부분에 소금을 뿌린 후 곤쟁이와 소금을 켜켜로 담아 누르고 맨 윗부분에 웃소금을 곤쟁이가 보이지 않을 정도로 뿌린 후 밀봉한다.

(4) 약 2~3개월 후 곤쟁이젓이 완성되면 갖은양념을 하여 반찬으로 먹거나 계란, 호박 등과 함께 쪄서 먹기도 한다.

Tip

- 곤쟁이젓은 '자젓' 또는 '고개미젓'이라고 하여 주로 서해안에서 5월에 담그는 젓이다.
- 새우젓 대신 사용되기도 하며 특히 복어의 독성분을 중화시켜 주는 작용을 한다.

가자미식해

굴젓

낙지젓

명란젓

새우젓

오징어젓

조개젓

창란젓

3. 장류

'장(醬)'은 한국 및 일본, 중국 등의 동양권에서 주로 식용하며 간장, 고추장, 된장 등을 통틀어서 일컫는 조미료적 식품으로 초기에는 간장과 된장이 섞인 걸쭉한 혼용장(混用醬)의 형태였으나 삼국시대에 이르러 간장과 된장으로 분리되었다.

B.C. 3세기경의 문헌 〈주례(周禮)〉에 의하면 처음에는 짐승, 새, 물고기와 같은 고기류를 말린 후 가루 내어 술에 담근 후 누룩과 소금을 섞어 숙성시킨 '장(醬)'이 등장하고 290년경의 중국 문헌인 〈삼국지 위지동이전(三國志 魏志東夷傳)〉에 보면 "고구려 사람이 발효식품을 잘 만든다"고 기록된 것으로 보아 우리 민족이 일찍부터 발효식품을 잘 만들었음을 알 수 있다. 그 후 조선시대에 들어오면서 메주에 의한 장이 주류를 이루게 되었고 16세기 일본에서 유입된 고추를 17세기 후기에 가루를 만들어 사용하기 시작하면서 종래의 장에 고춧가루를 첨가한 '막장' 형태의 고추장이 만들어졌으며 19세기에 현재의 담금법과 동일한 고추장이 개발되었다.

장을 담는 항아리는 광택이 나는 것은 납 성분이 많은 것이므로 광택이 없고 우툴두툴한 것이 좋고 짙은 노란색이거나 너무 무거운 것은 피한다.

장을 담글 때 짚으로 새끼줄을 꼬아 숯덩이와 붉은 고추를 꽂은 금줄을 만들어 독에 매어 놓는데 이는 잡귀가 먼저 장맛을 보면 장맛이 변한다고 하여 잡귀가 범접하지 못하게 하기 위함이며, 백지로 버선 모양을 오려 거꾸로 붙이는 것은 잡귀가 버선 속으로 들어가면 다시 밖으로 나오지 못하게 하기 위함이다. 장을 담근 후 3~4일 정도는 항아리의 뚜껑을 덮어 두었다가 볕이 좋은 날 오전, 항아리의 뚜껑을 열고 저녁에는 뚜껑을 덮도록 한다.

'장은 八珍(모든 음식)의 주인', '집안을 알려면 장맛을 보라'는 말이 오늘날까지 전해 내려올 만큼 장은 매우 가치 있는 식품이므로 항상 깨끗하고 정성스럽게 손질하고 관리해야 한다.

메주 만들기

재료 및 분량

콩 15kg, 짚 · 물 적당량

만드는 법

(1) 메주콩은 굵은 햇콩으로 준비하여 벌레 먹은 것은 골라내고 깨끗이 씻어 8시간 이상 물에 불려 조리질을 해 놓는다.
(2) 물에 불린 콩은 다시 한 번 깨끗이 씻어 소쿠리에 밭쳐 물기를 제거한다.
(3) 가마솥에서 콩이 붉은빛이 돌 때까지 5~6시간 정도 푹 익히는데 이때 솥뚜껑 위에 무거운 것을 올리고 삶는다.
(4) 삶은 콩은 콩알이 안 보일 정도로 곱게 찧는다.
(5) 메주 틀에 베보자기를 깔고 찧어 놓은 콩을 꼭꼭 눌러 담아 속이 꽉 차도록 하여 네모지게 7덩이 정도로 만든다.
(6) 바닥에 볏짚을 깔고 메주를 뉘어 굳으면 짚으로 엮어 12~16주 정도 말린다. 이때 10일에 한 번씩 꺼내어 통기시키고 햇볕을 쐬어서 환기시킨다.
(7) 실외에서 항아리에 볏짚 째 차곡차곡 재워 2~3주 정도 메주를 더 띄운다.
(8) 띄운 메주는 꺼내서 햇볕에 말렸다가 통풍이 잘되는 곳에 저장해 사용한다.

Tip

- 보통 음력 10월에 수확한 햇콩을 가을에 구입해 메주를 만드는데 메주콩을 불릴 때는 여름에는 8시간, 겨울에는 12시간 정도 수침한다.
- 잘 띄워진 메주는 흰색, 갈색 곰팡이가 생기고, 잘 띄워지지 않은 메주는 검은색 곰팡이가 생기는데 메주가 검은색을 띤 것은 잡균이 부패를 일으킨 경우로 장을 담궜을 때 맛이 쓰고 짜다.

간장류

1) 간장

재료 및 분량

메주 5덩이(15kg 정도), 물 40리터, 굵은소금 7kg, 건붉은 고추 10개, 대추 10개, 참숯 5덩이, 한지버선본 1개, 짚 적당량

만드는 법

(1) 항아리는 입이 크고 광택이 없는 것으로 골라 깨끗이 씻어 물기를 제거한 후 가마솥에 물을 조금 붓고 청솔가지를 꺾어 넣고 항아리를 거꾸로 엎어 불을 지펴 항아리 속을 소독한다.

(2) 메주는 솔로 깨끗하게 문질러 씻어 반으로 쪼개어 볕에 말려 물기를 없앤다.

(3) 일주일 전쯤 분량의 물에 소금을 미리 풀어 두었다가 고운체에 내려서 준비해 놓는다.

(4) 항아리에 메주 손질한 것을 넣고 준비해 놓은 소금물을 붓는다. 이때 메주 덩어리가 위로 떠오르면 염도가 적당한 것이다.

(5) 이틀 정도 지나면 달궈진 숯과 고추를 넣어 간장의 군 냄새를 제거하고 잡균의 번식을 방지한다.

(6) 햇볕이 잘 드는 곳에서 아침에는 뚜껑을 열어 놓고 밤에는 뚜껑을 덮어 약 3개월간 발효시킨다.

(7) 발효된 메주를 꺼내어 간장과 메주를 분리시킨 후 메주건더기는 따로 걸러 된장을 만들고 간장만 솥에 붓고 달인다.

(8) (7)을 뭉근하게 오랫동안 끓이면서 거품은 걷어 내고 어느 정도 졸아들면 항아리에 붓는다.

Tip

- 소금의 양은 간장을 담그는 계절에 따라 조절해야 하는데 밥을 도토리만큼 뭉쳐서 소금물에 넣어 보고 한 뼘만큼 내려가면 적당하고, 밑으로 더 내려가면 싱거우므로 소금물을 더 진하게 한다.

- 담근 간장은 햇볕 좋고 통풍이 잘 되는 곳에서 아침 11시경에 뚜껑을 열어 두었다가 오후 3시경에 닫아 발효, 숙성이 잘되도록 해 주고 항아리 겉을 수시로 닦아 청결을 유지해 준다.

2) 무장

재료 및 분량

메주 4kg, 굵은소금 4컵, 물 6리터

만드는 법

(1) 메주는 솔로 박박 문질러 깨끗이 씻은 후 잘게 조각을 내어 햇볕에 바짝 말린 후 항아리에 차곡차곡 담는다.

(2) 물은 끓여 식혀 둔다.

(3) 끓여 식힌 물을 메주 담은 항아리에 붓고 메주를 10일 정도 재워 놓는다.

(4) 홍차 색깔의 장물이 생기면 건더기는 꺼내어 꼭 짜고 그 국물에 소금 간을 한 다음 냉장고에 보관해 두고 먹는다.

Tip

- 무장의 간은 짜지 않게 하고 금방 상할 수 있으니 오래 보관하지 말고 바로 먹는다.
- 무장의 건더기는 파, 달래 등을 넣어 끓여 먹으면 맛이 담백하고 성인병 예방에도 좋다.
- 무장은 밥을 말아 비벼 먹거나 편육과 함께 먹어도 좋다.

된장류

1) 된장

재료 및 분량

메주 5덩이(15kg), 물 16리터, 굵은소금 20컵, 보리쌀 4컵, 메줏가루 6컵, 건고추 10개

만드는 법

(1) 정월에 잘 뜬 메주는 솔로 박박 문질러 깨끗이 씻은 후, 여러 조각으로 쪼개어 햇볕에 널어 바짝 말린다.

(2) 간수를 뺀 소금 14컵과 맹물 16리터는 일주일 전 팔팔 끓여 식혀 놓는다.

(3) 바짝 말린 메주를 항아리에 차곡차곡 넣고 (2)를 메주가 잠길 정도로 자작하게 부은 다음 꼭꼭 눌러 10일 정도 재워 놓는다.

(4) 일주일 정도 지나 장물이 촉촉하게 생기면서 메주가 부드럽게 불리면 큰 그릇에 옮겨 담고 손으로 주물러 고슬고슬하게 풀어 놓는다.

(5) 보리는 깨끗하게 씻어 하룻밤 정도 물에 담갔다가, 보리죽을 쑨 후 한 김 나가면 소금 4컵을 넣어 된장의 간을 한 후, 메줏가루와 섞어 놓는다.

(6) (5)와 (4)를 고루 섞어 잘 혼합하여 맛이 싱거우면 소금을 더 넣어 간을 맞춘다.

(7) 항아리에 담을 때 된장 사이사이에 건고추를 넣고 꼭꼭 눌러 담은 뒤 맨 위에 웃소금을 뿌려 봉해 둔다.

Tip

- 장을 담근 후 약 30일간은 뚜껑을 활짝 열어 발효를 충분히 시켜 주지만, 30일이 지나면 뚜껑을 1/3만 열어 준다.
- 된장 중간중간에 건고추를 넣는 이유는 방부작용 및 칼칼한 맛으로 인해 된장의 맛이 좋아지기 때문이다.

2) 보리된장

재료 및 분량

보리쌀 5kg, 굵은소금 3kg, 콩 5kg, 황국 6g

만드는 법

(1) 보리쌀을 깨끗이 씻어 하룻밤 물에 불린 후 찜통에 고슬고슬하게 찐다.

(2) 찐 보리쌀을 펴서 한 김이 나가면 황국을 버무려 놓는다.

(3) 따뜻한 곳에 두어 곰팡이가 피기 시작하면 젖은 천으로 덮어 보리쌀이 마르지 않도록 한다.

(4) 온도를 따뜻하게 유지하면서 2~3회 정도 뒤집어 보리메주를 만든 후 황록색 균이 피면 햇볕에 바짝 말린다.

(5) 콩을 깨끗하게 씻어 물에 불린 후 붉은색이 날 때까지 가마솥에 푹 삶은 다음 식힌다.

(6) 콩이 식으면 말린 보리메주와 소금을 함께 넣고 찧어 항아리에 꼭꼭 눌러 담아 익힌다.

Tip

- 보리된장은 제조 과정이 쉬워 가정에서 쉽게 만들 수가 있으며 구수하고 단맛을 가진 것이 특징이다.
- 보리된장이 신맛이 날 때가 있는데 이는 콩과 메주에 수분 함량이 많거나 싱거울 때 또는 콩을 덜 쪘을 때 나타나는 현상으로 소금을 첨가해 섞어 두면 맛이 개선된다.

고추장류

1) 찹쌀고추장

재료 및 분량

찹쌀가루 600g, 고춧가루 1.2kg, 메주가루 600g, 굵은소금 400g, 엿기름가루 900g, 물 15리터, 물엿 1컵

만드는 법

(1) 찹쌀을 깨끗이 씻은 후 물에 하룻밤 정도 불려 곱게 빻아 가루로 만들어 놓는다.

(2) 물을 끓여서 미지근하게 식힌 후 엿기름가루를 풀어 잠시 두었다가 손으로 주물러 체에 걸러 건더기는 꼭 짜서 버리고 엿기름물을 맑게 가라앉힌다.

(3) 엿기름물이 가라앉으면 웃물만 따라 내어 큰 솥에 붓고 찹쌀가루를 엿기름물에 넣어 불에 얹은 후 45℃ 정도가 유지되게끔 약 30분 정도 그대로 둔다.

(4) 시간이 지나 찹쌀가루가 삭아서 묽어지면 불에 올려 한소끔 끓으면 다시 불을 약하게 하여 30분 정도 뭉근하게 졸여 약 1/3 정도가 되도록 한다.

(5) 다 졸여진 찹쌀물을 한 김 나가게 식힌 후, 메줏가루를 넣어 골고루 혼합하여 하룻밤 둔다.

(6) 하루가 지나면 소금으로 간을 맞추어 항아리에 8부 정도 담고 위에 웃소금을 뿌린 후 망사를 덮어 햇볕이 잘 드는 곳에서 뚜껑을 열어 볕을 쪼인다.

Tip

- 장을 담글 때 메주는 단백질이 분해되어 아미노산의 구수한 맛을 내고, 엿기름가루는 엿기름의 아밀라아제(amylase)가 당화를 촉진하며, 찹쌀가루는 찹쌀의 아밀로펙틴(amylopectin)을 덱스트린(dextrin)과 말토오즈(maltose)로 분해시켜 단맛이 생성된다.
- 고추장이 싱거우면 부글부글 끓어 오르고 변질의 우려가 있으므로 간수를 제거한 소금으로 간을 알맞게 해야 하며 그 농도는 나무주걱으로 저었을 때 가볍게 돌아가는 정도가 좋다.

2) 호박고추장

재료 및 분량

단호박 1kg, 고춧가루 200g, 엿기름가루 300g, 물 1리터, 메줏가루 100g, 굵은소금 90g

만드는 법

(1) 물 1리터를 끓여서 미지근하게 식힌 후 엿기름가루를 물에 풀어 그대로 잠시 둔다.
(2) 잠시 후 손으로 주물러 체에 걸러 건더기는 꼭 짜서 버리고 엿기름물을 그대로 두어 맑게 가라앉힌다.
(3) 단호박은 껍질과 씨를 제거한 후 얇게 썰어 놓는다.
(4) 썰어 놓은 호박에 (2)의 맑은 엿기름물을 붓고 8시간 정도 약한 불에서 뭉근하게 끓여 1/3 정도의 양이 되도록 졸인다.
(5) 다 끓으면 한 김 식힌 후 메줏가루와 고춧가루, 소금을 섞는다.
(6) 항아리에 꼭꼭 담아 위에는 웃소금을 뿌려 뚜껑을 덮고 20일 동안 햇빛 잘 드는 곳에서 익힌 후 서늘한 곳에 저장한다.

Tip

호박고추장은 맛이 달고 호박에 다향 함유된 카로틴 성분으로 영양 성분 또한 우수하다.

3) 대추고추장

재료 및 분량

찹쌀가루 200g, 굵은소금 40g, 엿기름가루 150g, 끓여 식힌 물 600cc, 대추 1/2되, 메줏가루 100g, 고춧가루 100g, 꽃소금 50g

만드는 법

(1) 엿기름가루는 하루 전에 물에 담가 불린 후 체에 걸러 건더기는 꼭 짜서 버리고 엿기름물은 맑게 가라앉힌다.

(2) 대추는 젖은 거즈로 깨끗하게 닦아 2~3시간 정도 푹 고아 씨째로 체에 으깨어 걸러 대추고를 만들어 둔다.

(3) 솥에 엿기름물의 맑은 웃물만을 따라 붓고 대추고를 함께 넣어 약한 불에서 뭉근하게 졸인다.

(4) 체에 내린 찹쌀가루는 경단을 만들어 끓는 물에서 삶아 건져 놓는다.

(5) 찹쌀경단을 치대어 풀면서 대추고를 넣어 혼합해 둔다.

(6) 찹쌀경단이 모두 풀어지면 여기에 고춧가루, 메줏가루를 넣고 잘 섞은 후 소금으로 간 해 항아리에 넣는다.

Tip

찹쌀가루 경단을 삶을 때는 경단이 떠오르면 바로 건지지 말고 조금 더 두어 충분히 익힌 후 건져낸다.

4) 고구마고추장

재료 및 분량

고구마 1kg, 메줏가루 200g, 고춧가루 400g, 엿기름가루 400g, 끓여 식힌 물 1리터, 굵은소금 2컵

만드는 법

(1) 고구마는 껍질을 벗겨 무르도록 푹 쪄낸 후 으깨어 식힌다.

(2) 엿기름가루와 물을 섞은 후 체에 걸러 건더기는 짜서 버리고 가라앉힌 맑은 엿기름물은 으깬 고구마와 섞어 삭힌다.

(3) 고구마와 엿기름물 섞은 것을 따뜻한 곳에서 잠시 두어 삭으면 약한 불에서 잘 저으면서 뭉근히 끓여 묽은 엿이 되도록 졸인다.

(4) (3)이 식어 한 김 나가면 메줏가루와 고춧가루를 넣어 잘 섞어 주고 소금으로 간을 한다.

5) 보리고추장

재료 및 분량

보리쌀 1kg, 물 400cc, 고춧가루 80g, 간장 600cc, 소주 1/3홉, 설탕 180g, 시판코오지(koji) 1/3봉, 굵은소금 약간

만드는 법

(1) 보리쌀은 깨끗이 씻어 하룻동안 물에 불린 후 찜통에 고슬고슬하게 찐다.

(2) 찐 보리쌀은 식혀 한 김이 나가면 코오지균과 고루 혼합한 후 찬 공기가 들어가지 않도록 얇은 천이나 이불을 덮어 주의하며 20시간 정도 펼쳐 둔다.

(3) 황국균(Aspergillus oryzae)이 나기 시작하면 빻아 간장, 설탕, 물, 소주와 고루 혼합하여 1시간 정도 약한 불에서 뭉근하게 끓인다.

(4) (3)을 한 김 나가게 식힌 후, 고춧가루와 혼합하고 소금 간을 한다.

Tip

- 보리고추장을 담글 때 소주를 넣는 이유는 잡냄새를 제거하기 위함이다.
- 보리고추장은 짜고 맵지 않으며 색이 고운 것이 특징인데 충분히 삭힌 후에 먹는 것이 고소하고 담백하다.

6) 수수고추장

재료 및 분량

수수가루 1kg, 메주가루 1kg, 고춧가루 1kg, 굵은소금 1.3kg, 물 3리터, 엿기름가루 300g

만드는 법

(1) 물은 끓여서 미지근하게 식힌 후 엿기름가루를 풀어 잠시 두었다가 손으로 주물러 체에 걸러 건더기는 꼭 짜서 버리고 엿기름물을 맑게 가라앉힌다.

(2) 엿기름물이 가라앉으면 웃물만 따라내어 큰 솥에 붓고 수수가루를 엿기름물에 넣어 불에 얹은 후 미지근한 상태가 유지되게끔 그대로 둔다.

(3) 시간이 지나 수수가루가 삭아 묽어지면 불에 올려 한소끔 끓이다가 불을 약하게 해 1/3 정도가 되도록 졸인다.

(4) 한 김이 나가면 메줏가루, 고춧가루와 섞고 소금으로 간을 맞춘 뒤 항아리에 8부 정도 담고 위에 웃소금을 뿌린다.

7) 마늘고추장

재료 및 분량

깐 마늘 700g, 고춧가루 700g, 찹쌀가루 1kg, 메줏가루 350g, 물엿 400g, 굵은소금 2컵, 끓여 식힌 물 1.5리터

만드는 법

(1) 찹쌀은 깨끗하게 씻어 하룻밤 불린 후 곱게 빻아 경단을 만들어 끓는 물에 삶아 건져 식힌다.

(2) 마늘은 곱게 다지고 물은 끓여 식혀 둔다.

(3) 찹쌀경단을 치대어 풀면서 끓여 식힌 물과 섞는다.

(4) 찹쌀경단이 다 풀어지면 다진 마늘과 메줏가루, 고춧가루, 물엿을 넣고 잘 섞은 후 소금으로 간을 해 고루 잘 젓는다.

(5) 한 달 정도 발효 · 저장시켰다가 먹는다.

Tip

마늘고추장은 하지 전에 담그는 여름 고추장으로 향이 뛰어나고 씹히는 맛이 좋으며 보리고추장, 찹쌀고추장과는 달리 익히지 않고 바로 먹어도 좋다.

8) 밀가루고추장

재료 및 분량

밀가루 1kg, 고춧가루 800g, 메줏가루 500g, 엿기름가루 300g, 굵은소금 500g, 물 3리터

만드는 법

(1) 밀가루 1kg에 물 2리터를 섞어 밀가루 풀을 쑨 다음 미지근하게 식혀 둔다.

(2) 엿기름가루에 끓여 식힌 물 1리터를 넣어 체에 걸러 건더기는 버리고 엿기름물은 그대로 두어 맑게 가라앉힌다.

(3) 밀가루 풀과 엿기름물을 큰 그릇에 담고 섞어 뚜껑을 덮어서 30분 정도 그대로 두어 삭힌다.

(4) (3)이 단맛이 나기 시작하면 메줏가루와 고춧가루를 섞어 고루 버무린 다음 소금으로 간을 맞추어 항아리에 담는다.

Tip

- 밀가루고추장은 찌개나 장아찌를 만드는 데 가장 적합한 장이다.
- 고추장에 엿기름을 넣는 이유는 단맛 효과 및 방부제 역할때문이다.

9) 팥고추장

재료 및 분량

팥 1kg, 콩 5kg, 멥쌀 2kg, 찹쌀 2kg, 고춧가루 1.5kg, 물 2리터, 굵은소금 1.5kg, 엿기름가루 300g

만드는 법

(1) 멥쌀은 깨끗이 씻어 하룻밤 정도 물에 불려 건져 빻아 고슬고슬하게 찐 후 펼쳐 식힌다.

(2) 팥과 콩은 깨끗이 씻어 돌을 골라내고 푹 삶아 곱게 빻는다.

(3) (1)과 (2)를 섞어 주먹만큼씩 떼어 구멍 떡을 만들어 볕에 바짝 말린다.

(4) 구멍 떡을 짚 사이사이에 넣어 따뜻한 곳에 일주일 정도 두었다가 볕에 바짝 말려 곱게 빻아 체에 거른다.

(5) 찹쌀은 깨끗이 씻어 하룻밤 물에 불렸다가 되직하게 죽을 쑤어 식힌 후 메줏가루를 섞어 하룻밤을 둔다.

(6) 하루가 지나면 (5)에 고춧가루를 섞고 소금으로 간 한 후 항아리에 8부 정도 담고 꾹꾹 눌러 위에 소금을 충분히 뿌려 밀봉한 후 보관한다.

기타장류

1) 청국장

재료 및 분량

메주콩 3kg, 굵은소금 700g, 고춧가루 400g, 마늘 350g, 생강 150g, 물 $1\frac{1}{2}$컵

만드는 법

(1) 콩을 깨끗이 씻어 돌을 고르고 하룻밤 정도 물에 불려 건져서 가마솥에 무거운 것을 올리고 푹 삶는다.

(2) 콩이 푹 무르면 넓게 펴서 담요를 덮은 채로 40℃ 정도의 따뜻한 온도를 유지하면서 2~3일 정도 그대로 둔다.

(3) 물은 끓여 식혀 두고 마늘과 생강은 다진다.

(4) 2~3일 후 콩에 끈기가 생기면서 곰팡이가 희게 피면 절구에 넣고 고춧가루, 마늘, 생강 다진 것을 넣어 찧고 끓여 식힌 물을 조금씩 넣어 주며 고루 섞어 항아리에 꼭꼭 눌러 담아 두고 먹는다.

2) 찌엄장

재료 및 분량

메줏가루 1kg, 굵은소금 150g, 보리쌀 500g, 고춧가루 40g, 배추김치 국물 10컵

만드는 법

(1) 보리쌀을 깨끗이 씻어 하룻동안 물에 불린 후 푹 삶아 한 김 나가게 펼쳐 둔다.

(2) (1)에 메줏가루와 고춧가루, 김치 국물을 자작자작하게 부어 섞은 후 굵은 소금으로 간을 한다.

(3) 15~30일 정도 익힌 후 먹는다.

Tip

찌엄장은 쌈장이나 찌개로 끓여 먹을 때 사용하는데 엿기름 대신 김치 국물이 들어간다는 게 특징이고 들어간 보리의 양에 따라 먹는 시기가 결정된다.

3) 막장

재료 및 분량

메줏가루 700g, 보리쌀 1kg, 고추씨 200g, 엿기름가루 200g, 거칠게 빻은 고춧가루 200g, 굵은소금 200g, 끓여 식힌 물 적당량

만드는 법

(1) 보리쌀은 깨끗이 씻어 하룻밤 물에 담갔다가 소쿠리에 건져 약간 질게 밥을 지어 빻아 둔다.

(2) 고추씨는 곱게 빻아 거칠게 빻은 고춧가루와 섞어 준다.

(3) 엿기름가루는 끓여 식힌 물에 풀어 고운체에 밭쳐 건더기는 버리고 엿기름물은 그대로 두어 맑게 가라앉힌다.

(4) (3)의 맑은 엿기름물에 보리쌀 가루를 넣어 묽게 하여 약한 불에서 뭉근하게 1/3

이 될 때까지 졸인 후 메줏가루와 고춧가루를 넣어 골고루 버무린다.

(5) 소금으로 간을 맞추어 항아리에 담고 웃소금을 뿌려 7~10일 정도 햇볕을 쪼인다.

Tip

- 막장은 날이 더울 때 담그면 맛이 시어지므로 너무 더울 때는 담그지 않는 것이 좋다.
- 막장을 묽게 하려면 밀가루 풀과 엿기름가루를 잘 섞어 식힌 후, 소금으로 간해 막장을 모두 섞어 다시 버무리면 되는데 고추씨 대신 고추씨를 빼지 않고 고추를 함께 빻아서 담가도 된다.

4) 담북장

재료 및 분량

콩 2kg, 굵은소금 150g, 고춧가루 60g, 물 1컵, 마늘 30g, 생강 10g

만드는 법

(1) 콩은 뜨거운 번철에 볶아 껍질은 버리고 콩이 물러지도록 다시 푹 삶는다.

(2) 콩이 잘 삶아지면 짚을 깔고 삶은 콩을 펼친 후 얇은 천이나 이불을 덮어 따뜻한 곳에서 2~3일 정도 띄운다.

(3) 마늘과 생강은 다지고 물은 끓여 식혀 둔다.

(4) 끈적하게 진이 나기 시작하면 고춧가루, 소금, 생강, 마늘을 넣고 골고루 섞은 다음 끓여 식힌 물을 넣고 찧어 항아리에 꼭꼭 눌러 담아 약 10일 후에 먹는다.

Tip

담북장은 수시로 간단하게 담가 먹을 수 있으며 찌개를 끓일 때 넣으면 구수하다.

5) 집장

재료 및 분량

찹쌀 1kg, 굵은소금 약간, 메줏가루 80g, 보릿가루 900g, 엿기름가루 20g, 고춧잎 · 무청 · 호박 등의 채소 적당량

만드는 법

(1) 보릿가루는 물을 뿌려 적당히 버무려 찜통에 넣고 푹 쪄 보리 설기떡을 만든다.
(2) 다 쪄지면 그릇째 담요를 덮어 따뜻한 곳에서 3~4일 정도 띄운다.
(3) 보리 설기떡이 잘 띄워지면 펴서 잘게 부수어 바짝 말린 후 갈아 부드러운 가루로 만들어 둔다.
(4) 엿기름가루는 가는 체에 쳐서 고운 가루만 준비한다.
(5) 무는 굵은 채로 썰어서 소금에 절인 후 꼭 짜 준다.
(6) 찹쌀은 깨끗이 씻어 하룻밤 물에 불린 후 죽을 쑨다.
(7) 찹쌀죽이 한 김 나가 미지근할 때 소금과 나머지 재료를 모두 섞어 항아리에 담고 서늘한 곳에서 5일 정도 삭힌다.

Tip

- 집장은 지역마다 그 맛이 조금씩 다른데 특히 전라도 집장은 경기도, 충청도보다 매콤하고 고소한 것이 특징이다.
- 소금은 굵은소금을 그냥 사용하지 말고 오랫동안 볶아서 갈색이 된 것을 사용하면 더 고소하고 맛있다.

고구마고추장

대추고추장

된장

밀가루고추장

4. 장아찌류

장아찌는 김치와 더불어 우리 고유의 전통 식품으로, 그 재료와 방법이 너무나 다양하다. 장아찌는 장과(醬瓜)라고도 하는데 각종 채소를 꾸덕꾸덕하게 말린 후 된장, 고추장, 간장 등의 각종 장류나 식초에 절였다가 그대로 또는 양념하여 먹는 저장식품을 말하며 저장하지 않고 즉석에서 익혀 만드는 것을 숙장과(熟醬瓜)라고 한다.

장아찌는 사용하는 재료에 따라 크게 채소를 이용한 장아찌, 과실 · 견과류를 이용한 장아찌, 어류 · 해초류를 이용한 장아찌, 육류 · 기타 재료를 이용한 장아찌로 나눌 수가 있고 그 재료로는 깻잎 · 배추 · 고춧잎 · 콩잎 · 오이 · 무 · 감자 · 더덕 · 도라지 · 마늘 등의 각종 채소류, 감 · 참외 · 수박 · 호두 · 밤과 같은 과실 및 견과류, 다시마 · 김 · 북어 · 오징어 · 미역귀 등의 어류 및 해초류, 이외에도 두부 · 쇠고기와 같은 육류 및 기타 재료가 있다.

장아찌를 담는 법은 된장에 박는 법, 고추장에 박는 법, 간장에 담는 법, 식초를 이용해 담는 법이 있는데 장아찌에 사용되는 장은 작은 항아리에 덜어 장아찌 전용으로 사용하는 것이 좋다. 이는 장아찌의 재료를 장이 들어 있는 큰 항아리에 그냥 넣으면 재료의 수분으로 인해 장맛이 변하기 때문이다. 특히 크기가 작은 고추나 깻잎 등의 재료를 장에 박을 때는 베주머니에 재료를 넣어 박는 것이 꺼낼 때 찾기에도 좋고 깔끔하며 간장을 이용할 경우에는 재료가 떠오르지 않도록 위에 무거운 것을 올려 잘 눌러 놓는 것이 좋다.

1) 고추장아찌

재료 및 분량

풋고추 1kg, 굵은소금 1/8컵, 간장 $2\frac{1}{2}$컵, 식초 1컵, 소주 1/2컵, 설탕 1/2컵, 물 1컵

만드는 법

(1) 풋고추는 초가을의 맵지 않고 껍질이 연한 싱싱한 것으로 골라 통째로 깨끗이 씻어 물기를 제거한다.
(2) 고추의 꼭지 쪽에 바늘구멍을 내어 항아리에 담는다.
(3) 물에 소금을 넣고 한소끔 끓으면 진간장, 식초, 설탕, 소주를 넣고 다시 한소끔 끓여 식힌 후 항아리에 붓고 고추가 떠오르지 않게 돌로 눌러 놓는다.
(4) 3~4일 정도 지나면 간장만 따라 내어 끓여 식혀 다시 붓기를 2~3회 반복한다.

Tip

- 구멍을 뚫는 개수에 따라 그 맛이 다른데 오래 두고 먹고 싶으면 구멍을 조금만 뚫는다.
- 구멍을 내 주는 이유는 조미 간장에 담가 둘 때 속으로 양념이 잘 배도록 하기 위함인데 이때 고추 꼭지는 바짝 떼지 말고 길이가 2cm 정도 되도록 잘라 준다.

2) 김장아찌(1)

재료 및 분량

파래 김 30장, 대파 2대, 간장 9큰술, 마늘 10쪽, 통깨 3큰술, 설탕 3큰술, 참기름 2큰술, 물엿 3작은술, 고춧가루 약간

만드는 법

(1) 김은 파래 김으로 준비하여 티가 없도록 손질한 후 불에 살짝 구워 손으로 비벼 잘게 부순다.
(2) 파, 마늘, 생강은 곱게 다진다.
(3) (1)의 김에 갖은양념을 한 후 잘 버무려 통깨를 넣어 간을 맞춘다.

3) 김장아찌(2)

재료 및 분량

김 50장, 무명실 약간, 물 3컵, 다시마 약간, 통마늘 1/2통, 생강 1쪽, 양파 1개, 건표고버섯 3장, 물엿 1컵, 진간장 1컵

만드는 법

(1) 김은 굽지 말고 8등분하여 한 등분씩 무명실로 묶는다.

(2) 물엿과 진간장을 동량으로 하여 80~90% 정도가 될 때까지 졸인다.

(3) 물, 다시마, 통마늘, 생강, 양파, 건표고버섯을 넣어 1½컵이 될 때까지 졸인다.

(4) (3)을 (2)에 넣어 다시 졸인 후 완전히 차게 식힌다.

(5) 항아리에 묶어 놓은 김을 차곡차곡 넣은 후 (4)를 붓는다.

(6) 이틀에 한 번씩 국물만 꺼내어 끓여 식힌 후 붓는 것을 2~3회 반복해 준다.

(7) 먹을 때는 하나씩 꺼내어 참기름, 통깨를 넣어 무쳐 낸다.

Tip

김은 김밥용으로 사용하는 도톰한 김으로 만들어야 쉽게 찢어지지 않고 김이 오그라들지 않는다.

4) 깻잎장아찌

재료 및 분량

깻잎 10단, 멸치액젓 3큰술, 간장 3큰술, 마늘 5쪽, 생강 1쪽, 고춧가루 3큰술, 양파 1/4개, 물엿 1½큰술, 야채물 10큰술, 설탕 · 실고추 약간

만드는 법

(1) 깻잎은 깨끗이 씻어서 소금물에 헹구어 물기를 완전히 제거한다.

(2) 마늘은 채 썰고 생강과 양파는 다진다.

(3) 간장, 설탕, 마늘채, 다진 생강, 실고추, 통깨, 고춧가루, 멸치액젓, 야채물, 다

진 양파를 넣어 양념장을 만든다.

(4) 깻잎에 켜켜로 양념을 얹어 10장 정도씩 같이 묶어 반으로 접은 다음 항아리에 차곡차곡 담는다.

(5) 그릇 위에 소독저 같은 것으로 얼기설기 놓고 무거운 돌로 꼭 눌러 둔다.

Tip

- 깻잎은 비타민 A와 C가 풍부히 들어 있고 독특한 향과 맛으로 입맛이 없는 사람에게 권할 만한 밑반찬이다.
- 특히 깻잎은 혈액순환을 좋게 하고 몸의 신진대사도 활발하게 해 주기 때문에 피부 미용에도 효과적이다.

5) 도토리묵장아찌

재료 및 분량

도토리묵 1kg, 간장 3컵, 마늘 30g, 설탕 2큰술, 붉은 고추 4개, 갖은양념(다진 파 · 마늘 · 고춧가루 · 통깨 · 참기름 약간)

만드는 법

(1) 도토리묵은 큼직하게 썰어 물기를 완전히 제거하고 항아리에 담는다.

(2) 마늘은 편 썰고 붉은 고추는 반 갈라 씨를 뺀 후 어슷하게 썰어 둔다.

(3) 냄비에 간장, 설탕을 넣어 함께 끓이다가 썰어 놓은 마늘과 고추를 넣어 잠깐 끓여 식힌다.

(4) (3)을 도토리를 담은 항아리에 붓고 서늘한 곳에 1개월 정도 보관한다.

(5) 맛이 든 도토리장아찌는 꺼내어 먹기 좋게 썰어 갖은양념하여 무쳐 먹는다.

Tip

도토리묵은 굵게 채 썰어 말려 두었다가 불려서 볶아 먹기도 하고 썰어 간장에 넣어 두었다가 필요할 때마다 꺼내어 무쳐 먹기도 한다.

6) 마른오징어장아찌

재료 및 분량

마른오징어 5마리, 간장 2$\frac{1}{2}$컵, 물 5컵, 소주 1/2컵, 설탕 2$\frac{1}{2}$컵, 물엿 2$\frac{1}{2}$컵

만드는 법

(1) 마른오징어는 길이로 반을 갈라 1cm 폭으로 껍질째 잘라 망주머니에 넣는다.
(2) 간장, 물, 소주, 설탕, 물엿을 한꺼번에 달여 식힌 후 마른오징어를 넣은 항아리에 붓고 돌로 눌러 밀봉한다.
(3) 약 2개월 뒤 꺼내어 물기를 제거하고 꾸덕꾸덕하게 말린 후 고추장에 박아 약 3개월간 더 저장하였다가 먹는다.

Tip

오징어의 껍질은 제거하지 말고 그대로 사용해야 구수하며 오징어가 너무 두꺼우면 좋지 않으므로 1cm 두께로 적당히 써는 것이 좋다.

7) 무말랭이장아찌

재료 및 분량

무말랭이 500g, 마른오징어 1마리, 멸치액젓 10큰술, 새우젓 5큰술, 고춧가루 9큰술, 마늘 9쪽, 생강 3쪽, 대파 1대, 간장 9큰술, 물엿 9큰술, 찹쌀풀 9큰술, 소금 3작은술, 설탕 3작은술, 고춧잎(말린 것) 2$\frac{1}{2}$컵, 붉은 고추 3개, 통깨 3큰술, 참기름 2$\frac{1}{2}$큰술, 실고추 약간

만드는 법

(1) 무말랭이는 길이 5cm, 두께 0.5cm 정도의 크기로 썰어 바람이 잘 통하고 햇볕이 좋은 곳에서 바짝 말린다.
(2) 고춧잎은 연하고 부드러운 것을 따서 끓는 소금물에 살짝 데쳐 채반에 널어 바짝 말린다.

(3) 무말랭이와 말린 고춧잎은 찬물에 살짝 불려 여러 번 헹군 후 물기를 꼭 짠다.
(4) 마른오징어는 물에 불려 껍질을 벗기고 무말랭이 크기만하게 자른다.
(5) 찹쌀풀을 되직하게 쑤어 식혀 놓는다.
(6) 파, 마늘, 생강은 곱게 다진다.
(7) 멸치액젓과 새우젓은 곱게 다져 고춧가루에 국물만 넣어 갠다
(8) 준비한 무말랭이와 고춧잎에 고춧가루를 넣고 물을 곱게 들인 후 파, 마늘, 생강 다진 것과 채 썬 붉은 고추, 물엿, 간장, 통깨 등을 넣어 고루 섞은 후 찹쌀풀을 넣어 버무린다.
(9) 소금으로 간을 맞추고 항아리에 꼭꼭 눌러 담아 서늘한 곳에서 2주일 정도 익힌다.

Tip

- 무말랭이장아찌를 경상도에서는 '골곰짠지'라고 하여 간장 대신 젓국을 넣어 만들기도 한다.
- 무말랭이를 만들 무는 9월경에 나는 것으로 오래 두고 먹을 때는 찹쌀풀을 넣지 말고 간장을 끓여 식혀 부었다가 삭힌다.
- 무말랭이는 불린 후 물기를 꼭 짜야 무침을 했을 때 물이 덜 생기고 맛있다.

8) 오이고추장장아찌

재료 및 분량

오이 1kg, 굵은소금 6큰술, 고추장 적당량

만드는 법

(1) 오이는 7~9월 사이에 나는 작고 통통한 것으로 골라 물에 깨끗이 씻어 물기를 뺀 다음 소금을 뿌려 하룻밤 절인다.
(2) 절인 오이는 베보자기에 싸서 물기를 완전히 뺀 다음 채반에 널어 그늘에서 3~4일간 꾸덕꾸덕하게 말린다.
(3) 말린 오이를 망에 넣어 고추장에 박아 3~4개월 정도 보관한다.

Tip

오이는 열량은 적은 반면 비타민 A와 C, 칼륨, 인산 등의 미네랄이 풍부한 식품이다.

9) 오이된장장아찌

재료 및 분량

오이 1kg, 굵은소금 6큰술, 된장 적당량

만드는 법

(1) 오이는 작고 통통한 것으로 골라 물에 깨끗이 씻어 물기를 뺀 다음 소금을 뿌려 하룻밤 절인다.

(2) 절인 오이를 베보자기에 싸서 물기를 완전히 뺀 다음 채반에 널어 그늘에서 3~4일간 꾸덕꾸덕하게 말린다.

(3) 말린 오이를 망에 넣어 된장 속에 3~4개월 정도 박아 둔다.

10) 무숙장아찌

재료 및 분량

무 1kg, 쇠고기 300g, 실파 70g, 간장 2/3컵, 설탕 3작은술, 마늘 20g, 통깨 3작은술, 간장 15큰술, 후추 · 실고추 · 참기름 · 식용유 약간

만드는 법

(1) 무는 0.5cm 두께의 네모로 썰어 간장을 부어 가끔 위아래를 뒤적이면서 1시간 정도 절인다.

(2) 쇠고기는 잘게 썰어 양념을 넣고 무친다.

(3) 실파는 3cm 길이로 짧게 썬다.

(4) (1)의 무가 검게 절여졌으면 건져 행주에 싸서 물기를 뺀다.

(5) 번철에 기름을 두르고 양념한 쇠고기를 먼저 볶다가 무를 넣어 함께 볶은 후 (1)의 절였던 간장물을 반 정도만 넣어 조린다.

(6) (5)의 국물이 거의 없어지면 실파, 실고추를 넣고 잠시 더 익혀 그릇에 담아 낸다.

11) 매실장아찌

재료 및 분량

매실(청매) 1kg, 굵은소금 100g, 설탕 500g, 고추장 적당량

만드는 법

(1) 매실은 청매로 준비하여 깨끗이 씻어 소쿠리에 담아 물기를 완전히 제거한다.
(2) 소금물에 하룻밤 정도 절였다가 다시 소쿠리에 건져 놓는다.
(3) 항아리에 매실을 담고 설탕을 뿌려 한 달 정도 발효시키는데 이때 매실에서 빠져 나온 물은 따로 보관해 둔다(매실식초나 매실음료, 매실마늘장아찌를 담글 때 사용하면 된다).
(4) 발효된 매실을 건져 채반에 펼쳐 5일 정도 꾸덕꾸덕하게 말린다.
(5) 항아리에 매실과 고추장을 켜켜로 담고 맨 위에는 고추장을 듬뿍 담아서 공기가 통하지 않게 밀봉하여 2~3개월 후에 꺼내 먹는다.

12) 매실마늘장아찌

재료 및 분량

마늘 1kg, 굵은소금 적당량, 매실 물 1리터

만드는 법

(1) 마늘은 육쪽 마늘로 준비하여 통째로 잘 씻은 다음 소금을 부어 간을 해 열흘 정도 둔다.
(2) 간이 밴 마늘을 꺼내 껍질을 벗겨 항아리에 담는다.
(3) 매실장아찌를 담글 때 나온 매실 물을 팔팔 끓인 다음 완전히 식혀 마늘을 담은 항아리에 붓는다.
(4) (3)의 물을 따라 끓여 식힌 다음 붓기를 2~3일 간격으로 세 번 정도 반복한다.

(5) 열흘 정도 지나면 먹을 수 있다.

Tip

항아리에 끓인 매실 물을 부을 때는 매실이 푹 잠기도록 해야 한다.

13) 가지장아찌

재료 및 분량

가지 10개, 굵은소금 6큰술, 통마늘 2통, 건붉은 고추 4개, 양파 2개, 생강 1쪽, 간장 2컵, 설탕 5큰술, 식초 5큰술, 갖은양념(다진 파 · 마늘 · 통깨 · 고춧가루 · 참기름 약간)

만드는 법

(1) 가지는 작고 곧은 것으로 골라 씻어 오이소박이를 담듯 가운데에 칼집을 낸다.

(2) 끓는 물에 소금을 약간 넣은 다음 가지를 넣고 살짝 데친 후 채반에 건져 무거운 것으로 눌러 물기를 짠 후 꾸덕꾸덕하게 말려 항아리에 차곡차곡 담는다.

(3) 마늘과 생강은 편으로 썰고, 마른고추는 씨를 빼고 어슷하게 썬 다음 냄비에 담는다.

(4) 간장, 식초, 설탕, 물을 냄비에 함께 부어 팔팔 끓인 다음 식혀 가지를 담은 항아리에 붓는다. 이때 항아리 속의 가지가 위로 떠오르지 않도록 돌이나 접시로 눌러 3일 정도 둔다.

(5) 사흘 후에 항아리 속의 간장 물을 따라 내어 끓인 다음 식혀서 다시 항아리에 붓는 것을 2~3회 정도 반복한다.

(6) 1개월 정도 지나 가지가 맛이 들면 어슷썰거나 채 썰어서 갖은양념하여 무쳐 먹는다.

Tip

가지를 꾸덕꾸덕하게 말렸다가 간장에 절여 만들어 쫄깃쫄깃하고, 양념을 한 가지장아찌를 살짝 쪄서 먹기도 한다.

14) 마늘장아찌

재료 및 분량

풋마늘 30통, 식초 2컵, 설탕 1/3컵, 굵은소금 1/2컵, 간장 적당량

만드는 법

(1) 마늘은 줄기 부분을 잘라 내고 겉껍질을 한 번 벗긴 다음 씻어 식초물에 일주일 정도 담가 매운맛을 우려낸다.

(2) 마늘의 매운맛이 없어지면 식초물은 따라 내고 마늘은 소쿠리에 담아 물기를 제거한다.

(3) 따라 낸 식초물은 소금과 설탕을 넣고 다시 끓여 식혀 놓는다.

(4) 항아리에 마늘을 담고 끓여 식힌 식초물을 마늘이 잠기도록 붓고 뚜껑을 덮는다.

(5) 며칠 후 국물만 따라 내어 끓여 다시 식혀 붓기를 3~4회 정도 반복한다.

(6) 오래 두어도 맛이 변하지 않으며 상에 낼 때는 먹기 좋게 썰어 둥근 모양으로 담는다.

Tip

마늘은 육쪽 마늘로 껍질이 촉촉한 것을 골라 식초의 맛이 고루 배어들게 한 다음 설탕, 소금물을 넣고 저장하여 만든 장아찌이다.

15) 마늘종장아찌

재료 및 분량

마늘종 500g, 간장 1컵, 식초 1/3컵, 설탕 1/3컵, 고추장 적당량, 갖은양념(참기름 적당량, 통깨 · 설탕 · 다진 파 · 다진 마늘 약간)

만드는 법

(1) 마늘종은 깨끗이 씻고 질긴 부분은 잘라 내어 소쿠리에 건진 다음 물기를 제거한

후 항아리에 담는다.

(2) 간장과 식초, 설탕을 혼합하여 끓여 식힌 후 마늘종을 담은 항아리에 잘박하게 붓고 2~3일 정도 저장한다.

(3) 2~3일이 지나면 간장 물을 덜어 내어 끓여 식혀서 다시 붓기를 2~3회 정도 반복한다.

(4) 마늘종이 익으면 꺼내어 채반에 널어 3일 정도 꾸덕꾸덕하게 말린다.

(5) 꾸덕꾸덕하게 마른 마늘종은 5가닥 정도씩 말아서 풀리지 않게 묶는다.

(6) 마늘종을 고추장에 박아 둔다.

(7) 먹을 때 한 묶음씩 꺼내 먹기 좋은 크기로 썰어 갖은양념으로 무쳐 상에 낸다.

16) 실파장아찌

재료 및 분량

실파 1kg, 식초 1/2컵, 간장 2컵, 고춧가루 4큰술, 통깨 2큰술, 참기름 2큰술

만드는 법

(1) 실파는 다듬어 깨끗이 씻어서 물기를 빼 놓는다.

(2) 간장에 고춧가루와 통깨, 참기름, 식초를 섞어 양념장을 만든다.

(3) 물기 빠진 실파를 5뿌리씩 돌돌 묶어 양념장에 넣고 저장한다.

(4) 먹을 때 꺼내어 5cm 길이로 잘라 설탕, 참기름, 통깨를 뿌려 낸다.

Tip

실파장아찌는 만들어서 바로 먹을 수도 있는 장아찌로 갖은양념으로 버무릴 때는 손에 힘을 주면 파가 뭉그러지고 진액이 나와 맛이 떨어지므로 털듯이 버무린다.

17) 죽순장아찌

재료 및 분량

죽순 1kg, 건멸치 60g, 건다시마 50g, 건고추 5개, 진간장 1컵, 조선간장 1컵, 설탕 2컵, 물엿 2컵, 물 2컵

만드는 법

(1) 죽순은 쌀뜨물에 넣어 1시간 정도 삶아 껍질을 벗긴다.
(2) 껍질 벗긴 죽순은 찬물에 담갔다가 깨끗이 씻어 물기를 제거한 후 항아리에 차곡차곡 담는다.
(3) 다시마, 멸치, 진간장, 조선간장, 설탕, 물엿, 물을 넣어 2시간쯤 약한 불에서 뭉근하게 달여 달임 간장을 만든다.
(4) 죽순을 담은 항아리에 달임 간장을 붓고 1주일 후에 다시 끓여 식혀 붓기를 2~3회 반복한다.
(5) 간이 고루 밴 잘 삭은 죽순장아찌는 꺼내어 적당한 크기로 썰거나 채 썰어 통깨, 다진 마늘, 참기름을 넣고 고루 무친다.

Tip

죽순은 거담 및 이뇨작용을 돕고 소갈증, 불면증에 효과가 있으며 주독을 풀어 준다.

18) 오이지장아찌

재료 및 분량

오이지 5개, 굵은소금 약간, 깻잎 6장, 풋고추 5개, 붉은 고추 2개, 마늘 7쪽, 생강 2쪽, 대파 1대, 초간장국물(간장 3큰술, 식초 3큰술, 설탕 2큰술, 물 1컵)

만드는 법

(1) 소금에 절였던 오이지를 약간 싱거운 듯한 소금물에 담가 두어 짠맛을 빼 준다.

(2) 짠맛이 빠진 오이지는 양끝 1cm를 남기고 칼집을 낸다.
(3) 고추는 길이로 이등분하여 씨를 제거하여 채 썰고 파, 마늘, 생강도 곱게 채 썬다.
(4) 깻잎에 채 썬 고추, 파, 마늘, 생강을 적당량 놓고 돌돌 말아 칼집을 낸 오이지 사이에 채워 항아리에 차곡차곡 담는다.
(5) 초간장국물을 싱거운 듯 끓인 후 식혀 항아리에 붓는다.
(6) 1주일 후 다시 끓여 식혀 붓기를 2~3회 반복한다.
(7) 먹기 전에 한잎 크기로 보기 좋게 썰어 담고 국물을 부어 함께 낸다.

Tip

오이지를 할 때 오이가 너무 크면 간이 덜 배고 맛이 질겨 좋지 않으므로 작고 통통한 것으로 골라 사용하며 여름 장마철에는 간장만 따라서 한 번 더 끓여 부어야 변하지 않는다.

19) 깻잎된장장아찌

재료 및 분량

깻잎 5묶음, 굵은소금 1컵, 된장 적당량, 갖은양념(실고추 · 통깨 · 파 · 마늘 약간)

만드는 법

(1) 깻잎은 한 장씩 깨끗하게 씻어 소금물에 담가 놓는다.
(2) 소금물에 절인 깻잎은 소쿠리에 담아 수분을 제거하고 10장씩 포갠 후 반으로 접어 실로 묶는다.
(3) 된장에 묶은 깻잎을 박아 둔다.
(4) 2~3개월 후에 한 다발씩 꺼내어 갖은양념에 버무려 먹는다.

20) 호두장아찌

재료 및 분량

호두 300g, 간장 1/2컵, 물엿 1큰술, 쇠고기 100g, 쇠고기양념(간장 2작은술, 다진 파 2작은술, 다진 마늘 1작은술, 설탕 2작은술, 참기름 2작은술, 후추 약간)

만드는 법

(1) 호두는 미지근한 물에 잠시 담갔다가 꼬챙이로 속껍질을 벗겨 낸다.

(2) 쇠고기는 곱게 다져 양념을 한 후 작은 완자를 빚어 놓는다.

(3) 호두와 완자를 함께 넣고 간장을 부어 뭉근한 불에서 졸이다가 물엿을 넣어 윤기를 낸 후 불에서 내린다.

Tip

속껍질을 벗기면 호두가 물러서 뭉개지기 쉬우므로 굳이 속껍질은 벗기지 않고 그대로 사용해도 된다.

21) 전복장아찌

재료 및 분량

전복 10개, 생강 1쪽, 간장 5큰술, 설탕 2큰술

만드는 법

(1) 전복은 손질하여 깨끗이 씻은 다음 살을 빼내어 물기를 제거한 후 항아리에 담는다.

(2) 생강은 적당한 크기로 썰어 놓는다.

(3) 간장에 설탕과 생강을 넣어 끓여 식힌다.

(4) 전복 살을 담은 항아리에 간장 끓여 식힌 물을 붓는다.

(5) 2~3일 지나면 간장 물만 따라 내어 끓여 식힌 다음 다시 붓기를 2~3회 정도 반복한다.
(6) 20일쯤 지나 전복 살에 간이 배면 전복 살을 건져 양념에 무쳐 먹는다.

Tip

전복은 생전복을 사용하는 것이 좋다.

22) 밤장아찌

재료 및 분량

밤 30개, 간장 1큰술, 설탕 1/2큰술, 고추장 적당량

만드는 법

(1) 밤은 촉촉하고 신선한 것으로 준비하여 껍질을 벗긴 다음 꾸덕꾸덕하게 말린다.
(2) 간장, 설탕을 함께 넣어 끓여 식혀 둔 간장물에 말린 밤을 담가 2~3일 정도 삭힌다.
(3) 밤에 적당히 간이 배면 밤을 건져 다시 2~3일 정도 꾸덕꾸덕하게 말린 다음 고추장에 박아 둔다.
(4) 2~3개월 후 잘 삭으면 먹는다.

23) 미역장아찌

재료 및 분량

미역 300g, 진간장 1컵, 갖은양념(대파 1대, 마늘 3쪽, 참기름 · 통깨 약간)

만드는 법

(1) 잘 마른 미역을 마른 거즈로 깨끗하게 닦아 5cm 정도의 크기로 자른다.
(2) 자른 미역은 면주머니에 넣는다.

(3) 항아리에 미역을 넣은 면주머니를 넣고 진간장을 부은 다음 밀봉하여 1개월 정도 보관한다.
(4) 미역장아찌가 익어 맛이 나면 먹을 만큼 꺼내어 갖은양념으로 버무려 먹는다.

Tip

미역은 식이섬유가 풍부하고 미네랄 · 요오드는 많은 반면 열량이 전혀 없어 다이어트에 좋은 식품이다.

24) 우둔침장

재료 및 분량

쇠고기(우둔육) 1kg, 진간장 1컵, 물 2컵, 설탕 2/3컵, 물엿 2/3컵, 소주 4큰술, 식초 4큰술

만드는 법

(1) 쇠고기는 우둔육으로 준비하여 가로·세로 20cm, 두께 1cm 정도로 저며 자근자근 두드려 연하게 해 놓는다.
(2) 간장, 물, 설탕, 물엿, 소주, 식초를 한꺼번에 섞어 약한 불에서 뭉근하게 끓인 후 한 김 나가게 식혀 둔다.
(3) 항아리에 손질한 고기를 넣고 끓여 식힌 간장을 붓는다.
(4) 1개월 정도 지난 후 먹을 때 꺼내어 잘게 채 썰어 갖은양념에 무쳐 낸다.

25) 우무장아찌

재료 및 분량

우무묵 500g, 진간장 2컵, 설탕 1큰술, 고추장 적당량

만드는 법

(1) 우무묵은 큼직하게 썰어 물기를 완전히 제거하고 항아리에 담는다.

(2) 진간장에 설탕을 넣어 끓여 식힌 후 우무묵을 넣은 항아리에 부어 서늘한 곳에서 2주일 정도 봉해 둔다.
(3) 우무묵에 간이 배면 우무묵을 건져 물기를 제거한 후 고추장에 박아 둔다.
(4) 1개월 정도 지난 후 우무묵을 꺼내어 참기름, 통깨, 설탕을 넣어 무쳐 먹는다.

26) 더덕장아찌

재료 및 분량

더덕 1kg, 간장 2컵, 물엿 2/3컵, 물 4컵, 설탕 1컵, 식초 6큰술, 소주 6큰술, 고추장 적당량, 갖은양념(다진 파 · 다진 마늘 · 설탕 · 통깨 · 참기름 약간)

만드는 법

(1) 더덕은 껍질을 깨끗이 벗겨 소금물에 담궈 떫은맛을 우려낸다.
(2) 우려낸 더덕은 물기를 닦아 내고 방망이로 자근자근 두드린 후 채반에 널어 꾸덕꾸덕하게 말려 항아리에 담는다.
(3) 간장, 물엿, 물, 설탕, 식초, 소주를 넣어 뭉근히 끓인 후 완전히 식혀 둔다.
(4) 더덕을 넣은 항아리에 끓여 식힌 간장을 붓는다.
(5) 일주일 정도 지난 후에 더덕장아찌를 꺼내어 고추장에 박는다.
(6) 2개월 후 먹을 때 더덕을 꺼내어 잘게 찢은 후 갖은양념을 넣어 무친다.

Tip

발효가 덜 된 고추장에 더덕을 박아 두면 고추장의 날냄새가 더덕에 배어들어 맛이 덜하다.

27) 미삼장아찌

재료 및 분량

미삼 400g, 백청 6큰술(설탕 6큰술, 물 4큰술), 고추장 4큰술, 통깨 2작은술, 간장 2작은술, 마늘 · 생강 약간

만드는 법

(1) 미삼은 다듬어 깨끗이 씻은 후 채반에 널어 하루 정도 꾸덕꾸덕하게 말려 물기를 제거한다.

(2) 냄비에 설탕 6큰술, 물 4큰술을 넣고 젓지 말고 약한 불에서 설탕이 녹을 정도로만 끓여 백청을 만든다.

(3) 마늘과 생강은 다져 즙을 낸다.

(4) 백청냄비에 고추장, 고춧가루, 마늘즙, 생강즙, 간장을 넣고 약한 불에서 뭉근히 끓여 식힌다.

(5) 양념이 식으면 미삼을 넣고 잘 버무린 후 통깨를 뿌린다.

28) 사과장아찌

재료 및 분량

아오리 사과 10개, 고추장 적당량, 달임 간장(다시마국물 20컵, 물엿 10컵, 진간장 20컵, 소금 약간)

만드는 법

(1) 사과는 아오리 사과를 준비하여 깨끗이 씻은 후 껍질째로 6등분하여 씨를 도려낸 다음 소금에 살짝 절여 하룻밤 둔다.

(2) 절여진 사과는 물기를 제거한 후 항아리에 담는다.

(3) 달임 간장 재료를 끓여 차게 식힌다.

(4) 사과가 뜨지 않게 무거운 것으로 눌러 놓은 다음 달임 간장을 붓는다.

(5) 2~3일에 한 번씩 달임 간장을 따라 내어 끓여 식힌 후 항아리에 붓기를 2~3회 반복한다.

(6) 10일 후에 물기를 제거한 후 고추장에 박아 다시 20일 정도 둔다.

(7) 먹을 때 갖은양념하여 무친다.

29) 대추장아찌

재료 및 분량

대추 1kg, 달임간장 (물 5컵, 소주 15큰술, 설탕 3⅓컵, 식초 10큰술, 물엿 3⅓컵)

만드는 법

(1) 대추는 젖은 타월로 깨끗하게 닦아 길이로 반을 갈라 씨를 빼고 다시 반을 갈라 망에 넣는다.

(2) 달임 간장 재료를 모두 섞어 끓인 후 식혀 둔다.

(3) 대추 담은 망을 항아리에 담고 무거운 것으로 누른 다음 끓여 식힌 달임 간장을 붓는다.

(4) 한 달 후에 간이 밴 대추를 꺼내어 체에 밭쳐서 다시 꾸덕꾸덕하게 말린 후 고추장에 박아 1~2개월 더 숙성시킨다.

30) 양파장아찌

재료 및 분량

양파 1kg, 물 500cc, 간장 4kg, 식초 800g, 건붉은 고추 20g

만드는 법

(1) 양파는 작고 단단한 것으로 준비하여 껍질을 벗기고 깨끗이 씻어 물기를 제거한 후 식초물에 담가 둔다.

(2) 양파의 매운맛이 우러나면 양파를 건져 물기를 제거한 후 항아리에 차곡차곡 담는다.

(3) 물, 간장, 식초를 끓여 식혀 항아리에 붓고 건붉은 고추도 같이 넣는다. 2~3일에 한 번씩 2~3번 정도 끓여서 붓는다.

(4) 먹을 때 동그랗게 썰어 참기름과 통깨를 넣어 무친다.

31) 두부장

재료 및 분량

두부 1kg, 된장 적당량

만드는 법

(1) 두부는 베주머니에 넣어 무거운 것으로 눌러 물기를 꼭 짠다.

(2) 두부에 물기가 다 빠지면 베주머니채로 된장 속에 묻어 둔다.

(3) 한 달 후 먹을 양만큼씩 덜어 쌈에 싸 먹거나 양념을 해서 먹는다.

Tip

여름철에 상하기 쉬운 두부를 장으로 만들어 먹는 저장식으로 맛, 영양이 뛰어난 반면 먹을 때 많은 양을 덜어서 꺼내 놓으면 색이 변하므로 조금씩 꺼내도록 한다.

32) 달래장아찌

재료 및 분량

달래 500g, 무 1개, 양념간장(간장 $1\frac{1}{2}$컵, 식초 $1\frac{1}{2}$큰술, 참기름 $1\frac{1}{2}$큰술, 설탕 $1\frac{1}{2}$큰술, 통깨 $1\frac{1}{2}$큰술, 고춧가루 $1\frac{1}{2}$큰술)

만드는 법

(1) 달래는 검은 부분과 잔털은 제거하고 깨끗이 씻어 소쿠리에 건져 물기를 제거한 후 적당한 길이로 썰어 놓는다.

(2) 무는 껍질을 벗겨 곱게 채 썬다.

(3) 갖은 재료를 섞어 간장 양념장을 만든 후 준비해 놓는 달래와 무채에 버무려 보름 정도 재워 둔다.

33) 배추속대장과

재료 및 분량

배추속대 300g, 굵은소금 약간, 쇠고기 150g, 미나리 50g, 무 150g, 양념간장(간장 · 참기름 · 마늘 · 파 · 통깨 · 후춧가루 약간)

만드는 법

(1) 노란 배추속대를 깨끗이 씻어 소쿠리에 건져 물기를 제거한 후 길이 5cm, 폭 3cm로 썰어 채반에 펼쳐 꾸덕꾸덕하게 말린다.

(2) 쇠고기는 가늘게 채 썰어 볶고 미나리는 깨끗이 손질하여 4cm 길이로 썰어 소금물에 살짝 데친다.

(3) 갖은 재료를 섞어 양념간장을 만든다.

(4) 배추와 무를 항아리에 담고 양념간장을 부어 양념이 고루 배도록 절인 다음 절여진 간장국물은 따라 낸다.

(5) 절여진 배추와 무에 볶은 쇠고기, 미나리를 넣고 다시 재웠다가 낸다.

Tip

배추속대장과에 들어가는 생무 대신 무말랭이를 넣어 만들어도 된다.

34) 애호박장아찌

재료 및 분량

애호박 5개, 간장 · 고추장 적당량, 갖은양념(다진 파 · 다진 마늘 · 고춧가루 · 통깨 · 참기름 약간)

만드는 법

(1) 어린 애호박을 깨끗이 씻어 물기를 없애고 통째로 간장에 담가 반나절 정도 절인다.
(2) 애호박이 다 절여지면 꺼내어 꾸덕꾸덕하게 말린 후 다시 고추장에 묻어 둔다.
(3) 담근 지 2개월 후에 꺼내어 갖은양념을 하여 무쳐 먹는다.

Tip

서리가 오기 전 어린 애호박을 고추장에 넣었다가 꺼내어 양념하여 무친 것이다.

35) 고춧잎장아찌

재료 및 분량

고춧잎 500g, 굵은소금 약간, 간장 1컵, 마늘 3쪽, 생강 1쪽, 대파 1대, 갖은양념(참기름 · 소금 · 설탕 · 통깨 약간)

만드는 법

(1) 고춧잎의 줄기는 떼어 내고 잎사귀만 깨끗이 다듬어 씻는다.
(2) 끓는 소금물에 고춧잎을 살짝 데친 후 찬물에 헹구어 소쿠리에 담아 물기를 제거한다.

(3) 고춧잎의 물기가 어느 정도 빠지면 채반에 널어 그늘에서 말린다.

(4) 파는 굵직하게 채 썰고 마늘과 생강은 편으로 썬다.

(5) 항아리에 말린 고춧잎, 채 썬 파, 마늘, 생강을 담고 간장을 부어 꼭꼭 눌러 놓는다.

(6) 1개월이 지난 후 조금씩 꺼내어 간장은 짜낸 후 갖은양념 하여 먹거나 무말랭이와 함께 양념해서 무쳐 먹는다.

Tip

고춧잎은 연하고 부드러운 것을 따서 깨끗이 다듬은 후 끓는 소금물에 삶아 말리는데 이때 줄기가 단단한 것은 골라내고 채반에 널어 충분히 말려 소쿠리나 망사 주머니에 두고 나물이나 장아찌를 만들어 먹는다.

36) 오이갑장과

재료 및 분량

오이 3개, 굵은소금 적당량, 쇠고기(우둔살) 150g, 표고버섯 5장, 실고추 · 잣 약간, 쇠고기양념(진간장 $1\frac{1}{2}$큰술, 설탕 2작은술, 다진 파 3작은술, 다진 마늘 2작은술, 후춧가루 1/4작은술, 통깨 2작은술, 참기름 적당량), 표고버섯 양념(진간장 2작은술, 설탕 1작은술, 다진 파 2작은술, 다진 마늘 1작은술, 참기름 · 통깨 약간)

만드는 법

(1) 오이는 깨끗하게 씻어 4cm 길이로 토막 낸 후 껍질 쪽이 도톰하게 막대썰기로 썰어 소금에 30분 정도 절여 둔다.

(2) 오이가 절여지면 깨끗한 헝겊에 싸서 물기를 제거한다.

(3) 표고버섯은 깨끗하게 손질한 후 가늘게 채 썰어 양념한다.

(4) 실고추는 적당한 크기로 잘게 뜯어 놓는다.

(5) 잣은 고깔을 떼고 잣가루를 내어 둔다.

(6) 두꺼운 프라이팬에 식용유를 두르고 쇠고기를 먼저 볶다가 표고버섯, 오이를 살짝 볶으면서 실고추를 함께 넣고 섞는다.

(7) 넓은 그릇에 담아 펼쳐 식힌 후 통깨와 잣가루를 넣고 섞어 그릇에 담아 낸다.

Tip

오이갑장과와 무갑장과는 만드는 방법은 같으나 오이는 소금에, 무는 간장에 절인다는 점이 다르다.

37) 무장아찌

재료 및 분량

무 5개, 고추장 적당량, 달임 간장(진간장 1½컵, 식초 1컵, 소주 1½컵, 설탕 2컵, 물엿 2컵), 갖은양념(다진 파 · 다진 마늘 · 고춧가루 · 통깨 · 참기름 약간)

만드는 법

(1) 무는 깨끗이 씻어 물기를 제거한 후 길이로 잘라 6등분해 항아리에 차곡차곡 담는다.

(2) 갖은 재료를 넣어 달임 간장을 끓여 식혀 놓는다.

(3) 항아리에 담은 무를 돌로 눌러 준 후 식힌 달임 간장을 부어 준다.

(4) 한 달 후 무를 꺼내어 다시 꾸덕꾸덕하게 말린다.

(5) 말린 무를 망에 넣어 2개월 정도 고추장에 박아 둔다.

(6) 먹을 때 꺼내 잘게 썰어 갖은양념에 무쳐 낸다.

Tip

무는 여러 등분을 하는 것이 크게 등분하는 것보다 빨리 익고 맛도 골고루 배어 좋다.

38) 무청장아찌

재료 및 분량

무청 1kg, 굵은소금 적당량, 달임 간장(진간장 1컵, 설탕 1컵, 물엿 1컵, 물 2컵, 식초 3큰술, 소주 3큰술), 갖은양념(다진 파 · 다진 마늘 · 고춧가루 · 통깨 · 참기름 약간)

만드는 법

(1) 무청을 손질하여 깨끗이 씻은 후 소금에 살짝 절여 물에 헹구지 말고 그대로 소쿠리에 밭쳐 물기를 제거한다.
(2) 갖은 재료를 넣어 달임 간장을 끓여 식혀 둔다.
(3) 무청을 마른 행주로 닦아 항아리에 넣고 돌로 누른 후 달임 간장을 부어 준다.
(4) 2개월 정도 지나 꺼내어 채반에 펼쳐 꾸덕꾸덕하게 말린 후 고추장에 다시 2개월 정도 박아 둔다.
(5) 먹을 때 꺼내어 잘게 썰어 갖은양념에 무친다.

Tip

무청을 소금에 절일 때는 너무 오래 절이면 맛이 짜므로 숨만 죽도록 살짝 절인다.

39) 수박장아찌

재료 및 분량

수박 1통, 고추장 · 된장 적당량

만드는 법

(1) 수박을 길이로 8등분하여 속을 깨끗이 파낸 다음, 파란 겉껍질을 완전히 제거하고 그늘에서 꾸덕꾸덕하게 말린다.
(2) 말린 것을 그대로 된장에 박아서 1개월 가량 둔다.

(3) 노랗게 곰삭은 수박을 꺼내어 겉에 묻은 된장을 닦아 낸 후 다시 고추장에 1~2개월 정도 박았다가 꺼내 먹는다.

Tip

장아찌를 만들 때 수박 속의 붉은 부분이 들어가면 장아찌가 쉽게 상하므로 완전히 제거하고 파란 부분만 사용하도록 한다.

40) 감장아찌

재료 및 분량

감 3kg, 굵은소금 적당량, 물 · 고추장 적당량, 갖은양념(다진 파 · 다진 마늘 · 통깨 · 참기름 약간)

만드는 법

(1) 감은 씨가 없고 덜 익은 단감으로 준비하여 깨끗이 씻어 소금물에 4~5일 정도 담가 떫은맛을 제거한다.

(2) 떫은맛이 제거된 감은 채반에 건져 물기를 제거한 후 꾸덕꾸덕하게 말린다.

(3) 항아리에 감과 고추장을 켜켜로 담고, 감이 보이지 않을 정도로 맨 위에 고추장을 넉넉히 담은 후 꼭꼭 눌러 놓는다.

(4) 2~3개월 후 감이 쪼글쪼글해지면 꺼내어 적당히 썬 다음 갖은양념하여 무친다.

Tip

감나무에서 푸른 감을 따서 두 달 정도 고추장에 박아 둬도 감에 고추장 간이 배어 맛이 좋다.

41) 도라지장아찌

재료 및 분량

도라지 500g, 간장 1리터, 물 2컵, 식초 2큰술, 물엿 2큰술, 마늘 20g, 대파 1대, 실고추 약간

만드는 법

(1) 도라지는 껍질을 벗겨 깨끗이 씻어 소금물에 담가 쓴맛을 제거한 후 얇게 저민다.
(2) 저민 도라지는 채반에 펼쳐 꾸덕꾸덕하게 말린다.
(3) 간장에 물을 넣고 팔팔 끓여 식힌 후 2~3일 정도 도라지를 절여 놓는다.
(4) 도라지가 절여지면 간장 물을 따라 내어 설탕, 식초, 파, 마늘, 실고추를 넣고 낮은 불에서 뭉근히 끓여 졸인다.
(5) 1개월 정도 지나면 먹을 수 있다.

42) 노각장아찌

재료 및 분량

노각 2개, 굵은소금 8큰술, 물 10컵, 된장 적당량, 갖은양념(다진 마늘 · 고춧가루 · 참기름 약간)

만드는 법

(1) 노각은 껍질을 두껍게 벗겨 내고 반으로 갈라 씨를 제거한 후 큼직하게 썰어 소금물에 반나절 정도 절인다.
(2) 노각이 부드럽게 절여지면 적당한 길이로 썰어 물기를 꽉 짠 후 채반에 담아 2~3일 정도 꾸덕꾸덕하게 말린다.
(3) 항아리에 노각과 된장을 켜켜로 담아 2~3개월 정도 둔다.
(4) 먹을 때 노각에 묻은 된장을 털어 내고 갖은양념을 넣어 고루 버무린다.

Tip

노각은 늙은 오이를 말하는데 시원한 맛이 나므로 새콤달콤하게 무쳐 먹어도 좋다.

43) 참외장아찌

재료 및 분량

참외 5개, 굵은소금 500g, 양파 300g, 설탕 40g, 갖은양념(다진 파 · 다진 마늘 · 고춧가루 · 통깨 · 참기름 약간)

만드는 법

(1) 덜 익은 참외를 반으로 갈라 속은 긁어낸다.

(2) 양파는 껍질을 벗기고 깨끗이 씻어 물기를 제거한다.

(3) 참외와 양파를 항아리에 차곡차곡 담는다.

(4) 소금물을 끓여 식힌 후 항아리에 부어 보름 정도 익힌다.

(5) 익은 참외를 꺼내어 다시 채반에 펼쳐 2~3일간 꾸덕꾸덕하게 말린다.

(6) 먹을 때 꺼내어 잘게 썰어 갖은 양념하여 무쳐 먹는다.

Tip

- 참외는 푸른빛이 도는 덜 익고 작은 것으로 준비하여 7~8월에 장아찌를 담그는 것이 좋다.
- 양파를 함께 넣으면 맛이 좋다.

44) 마늘잎장아찌

재료 및 분량

마늘잎 1kg, 절임 간장(진간장 5컵, 설탕 1컵, 식초 5컵), 갖은양념(다진 파 · 다진 마늘 · 통깨 · 고춧가루 · 참기름 약간)

만드는 법

(1) 마늘잎은 뿌리와 겉잎을 떼어 내고 연한 것만 골라 깨끗이 씻어 물기를 제거한다.

(2) 마늘잎을 5cm 길이로 썰어 항아리에 담는다.

(3) 분량의 간장, 식초, 설탕을 섞어 절임 간장을 만들어 항아리에 부은 후 무거운 것

으로 눌러 놓는다.

(4) 초간장만 따라 내어 끓여 식힌 후 다시 붓기를 2~3회 반복한 후 2주일 이후부터 먹는다.

45) 가죽잎장아찌

재료 및 분량

가죽잎 1kg, 굵은소금 약간, 고추장 적당량, 갖은양념(다진 마늘 · 소금 · 설탕 · 통깨 · 참기름 약간)

만드는 법

(1) 가죽잎을 손질하여 깨끗이 씻은 후 소금물에 1시간 정도 절인다.

(2) 절여진 가죽잎은 소쿠리에 담아 물기를 제거한 후 채반에 펼쳐 꾸덕꾸덕하게 말린다.

(3) 가죽잎을 고추장에 묻어 2~3개월 둔다.

(4) 먹을 때 꺼내어 갖은양념하여 무친다.

46) 게된장박이

재료 및 분량

게 3kg, 된장 적당량

만드는 법

(1) 게는 살아 있는 싱싱한 것으로 준비하여 솔로 깨끗이 씻는다.

(2) 깨끗이 씻은 게를 망에 넣는다.

(3) 게가 들어 있는 망째로 된장에 박아 6~7일 정도 둔 후 꺼내 먹는다.

Tip

게된장박이는 된장에 1주일 이상 두게 되면 살이 녹아 맛이 없어진다.

47) 부추장아찌

재료 및 분량

부추 1kg, 간장 5큰술, 통깨 2작은술, 고춧가루 2작은술

만드는 법

(1) 부추는 손질하여 깨끗이 씻은 후 소쿠리에 담아 물기를 제거한다.

(2) 부추에 간장을 넣어 풋내가 나지 않도록 살짝 뒤적이면서 숨을 죽인다.

(3) (2)에 통깨, 고춧가루를 넣고 버무려 타래를 튼 후 항아리에 차곡차곡 담는다.

Tip

간장에 절인 것을 꺼내어 꾸덕꾸덕하게 말린 후 된장이나 고추장에 박아 두었다가 갖은양념에 무쳐 먹어도 좋다.

48) 토마토장아찌

재료 및 분량

토마토 1kg, 굵은소금 200g, 된장 적당량

만드는 법

(1) 토마토는 덜 익은 파란 토마토를 준비하여 꼭지를 떼고 깨끗하게 씻은 후 소금을 뿌려 2~3일 정도 둔다.

(2) 토마토가 절여지면 채반에 널어 꾸덕꾸덕하게 말린다.

(3) 항아리 바닥에 된장을 깔고 토마토를 한 켜 올리는 과정을 반복한 후 토마토가 보이지 않을 정도로 된장을 덮고 웃소금을 뿌린 다음 밀봉하여 한 달 정도 보관한다.

Tip

토마토장아찌를 만들 때 웃소금을 충분히 뿌려야 곰팡이가 생기지 않는다.

49) 청포묵장아찌

재료 및 분량

청포묵 1kg, 고추장 적당량, 갖은양념(다진 파 · 다진 마늘 · 고춧가루 · 통깨 · 참기름 약간)

만드는 법

(1) 청포묵은 큼직하게 썰어서 물기를 닦고 채반에 널어 말린다.

(2) 어느 정도 묵이 마르면 면주머니에 넣고 고추장에 묻어 둔다.

(3) 1개월 후 꺼내어 갖은양념을 하여 무친다.

Tip

묵을 말릴 때 너무 오랫동안 말리면 질겨지므로 약간만 꾸덕꾸덕하게 말린다.

50) 쪽장과

재료 및 분량

무 500g, 오이 500g, 당근 500g, 양파 300g, 붉은 고추 70g, 간장 2컵, 쇠고기 300g, 설탕 6작은술, 마늘 40g, 생강 30g, 쇠고기양념(간장 · 참기름 · 다진 파 · 다진 마늘 · 후추 · 설탕 · 통깨 약간)

만드는 법

(1) 무, 당근, 오이, 양파는 가로 2cm, 세로 3cm, 두께 1cm로 썰어 간장에 뒤적이며 절여 놓는다.

(2) 쇠고기는 곱게 채 썰어 양념해 둔다.

(3) 붉은 고추는 길이로 반 갈라 씨를 빼고 채 썬다.

(4) 마늘과 생강은 손질하여 얇게 편으로 썬다.

(5) 프라이팬에 기름을 두르고 쇠고기를 볶다가 간장에 절인 채소, 편 썬 마늘과 생강, 간장을 넣어 졸이다가 채 썬 붉은 고추를 얹어 준다.

51) 질경이장아찌

재료 및 분량

질경이 1kg, 굵은소금 적당량, 고추장 적당량, 갖은양념(다진 파 · 다진 마늘 · 통깨 · 고춧가루 · 참기름 약간)

만드는 법

(1) 질경이는 연한 것으로 준비하여 깨끗이 씻은 후 소금물에 살짝 데친다.

(2) 데친 질경이는 물기를 꼭 짜 채반에 널어 2~3일 꾸덕꾸덕하게 말린다.

(3) 말린 질경이는 고추장에 묻어 둔다.

(4) 2~3개월 후 꺼내어 갖은양념에 무쳐 먹는다.

52) 삼합장과

재료 및 분량

건해삼 5개, 홍합 15개, 전복 5개, 쇠고기 100g, 간장 4큰술, 생강즙 2작은술, 쇠고기양념(간장 4작은술, 설탕 4큰술, 다진 파 2큰술, 다진 마늘 2작은술, 참기름 · 후추 약간)

만드는 법

(1) 건해삼은 미지근한 물에 불려 가로 4cm, 세로 2cm 크기로 썰어 놓는다.

(2) 전복과 홍합은 살짝 쪄서 얇게 저민다.

(3) 쇠고기는 곱게 채 썰어 양념에 버무려 살짝 볶는다.

(4) 프라이팬에 해삼, 전복, 홍합을 담고 기름에 볶다가 쇠고기를 넣은 후 간장과 생강즙을 넣고 조린다.

Tip

삼합장과는 전복, 해삼, 홍합을 주재료로 하여 간장에 조린 것으로 생해삼은 가열하면 녹아 맛이 없어지므로 반드시 말린 것을 불려 사용해야 한다.

53) 샐러리장아찌

재료 및 분량

셀러리 1kg, 양파 1½개, 붉은 고추 5개, 청양고추 5개, 마늘 100g, 식초 3컵, 간장 2컵, 설탕 3컵, 굵은소금 3큰술

만드는 법

(1) 셀러리는 잎을 떼어 내고 깨끗하게 손질하여 씻은 후 어슷하게 썬다.
(2) 양파는 적당히 썰고 붉은 고추와 청양고추는 어슷하게 썬 후 씨는 털어 낸다.
(3) 마늘은 도톰하게 편으로 썬다.
(4) 용기에 셀러리, 양파, 고추, 마늘을 담고 식초, 간장, 설탕, 소금을 섞어 만든 장아찌 양념을 부어 준다.
(5) 하루가 지나면 국물만을 따라 낸 후 끓여 식혀 다시 부어주기를 2~3회 반복한다.

Tip

셀러리의 향과 아삭한 질감이 우수한 셀러리장아찌는 여름에는 만든 후 3일, 겨울에는 7일이 지나면 먹을 수 있다.

54) 멸치장아찌

재료 및 분량

건멸치 800g, 간장 5컵, 물엿 5컵, 설탕 5컵, 소주 2컵, 물 8컵, 식초 1컵, 고추장 적당량

만드는 법

(1) 건멸치는 중간것으로 준비하여 배를 갈라 내장과 뼈를 제거한다.
(2) 냄비에 간장, 물엿, 설탕, 소주, 물, 식초를 붓고 팔팔 끓인 후 식혀 간장물을 준비한다.

(3) (1)의 손질한 멸치를 항아리에 담고 끓여 식힌 간장물을 부은 후 서늘한 곳에서 2개월 동안 보관한다.

(4) 멸치가 절여지면 꺼내어 꾸덕꾸덕하게 말린 후 망에 담아 고추장에 한 달 정도 묻어 둔다.

고추장아찌

깻잎장아찌

더덕장아찌

무장아찌

씀바귀장아찌

지누아리장아찌

통마늘장아찌

파래장아찌

5. 부각 및 튀각

부각은 풋고추 · 깻잎 · 김 · 다시마 · 감자 · 국화잎 · 들깨송이 등의 식물성 식품에 찹쌀풀을 발라 말린 후 보관해 두었다가 필요할 때마다 기름에 튀겨 먹는 음식이고, 튀각은 부각과 조리 과정은 같으나 재료를 튀겨서 설탕이나 소금을 뿌려 먹는 것으로 그 종류로는 다시마 · 매듭자반 · 미역 등이 있다.

부각이나 튀각은 육류나 생선을 먹지 않는 사찰에서 부족 하기 쉬운 영양의 공급을 위하여 먹던 음식이었으나 오늘날에는 다양한 종류의 가치 있는 식품으로 일반인들에게도 안주나 마른 찬으로 널리 보급되었다.

부각이나 튀각에 사용되는 주재료들은 수분이 적고 향미가 많은 것이 적당한데 효소 작용과 미생물의 활동을 적게 함으로써 변질을 막기 위해 끓는 물에 데쳐 말리는 건조법을 사용하고 하지(夏至)에서 추분(秋分)까지는 눅눅해지므로 만들지 않는 것이 좋다. 또한 재료를 보관할 때는 비닐, 통 등에 밀봉하여 공기가 들어가 눅눅해지는 일이 없도록 조심한다.

1) 김부각

재료 및 분량

김 50장, 찹쌀가루 $1\frac{1}{2}$컵, 통깨 1컵, 참기름 · 소금 · 고춧가루 약간

만드는 법

(1) 김은 티를 골라 깨끗하게 준비한다.

(2) 냄비에 찹쌀가루와 물을 풀어 되직하게 찹쌀풀을 쑤다가 소금을 넣어서 간을 맞춘 후 식혀 놓는다.

(3) 김을 쟁반 위에 2~3장씩 겹쳐 펴고 찹쌀풀을 발라 깨를 뿌린 후 서늘한 곳에서 채반에 꾸덕꾸덕하게 말린다.

(4) 거의 건조되면 먹기 좋은 크기로 적당히 잘라 통깨와 고춧가루를 약간씩 뿌려 한 번 더 바짝 말린 뒤 공기가 통하지 않는 통에 보관한다.

(5) 먹기 직전 꺼내어 참기름을 발라 번철에 구워 낸다.

Tip

김에 찹쌀풀을 고르게 발라야 반듯하게 되며, 바람이 잘 통하는 곳에서 바짝 말려 한지상자에 담아 보관한다.

2) 깨보숭이부각

재료 및 분량

깨보숭이 100g, 찹쌀가루 1컵, 식용유 적당량

만드는 법

(1) 깨보숭이는 물에 깨끗이 씻어 소쿠리에 건져 물기를 제거한다.

(2) 찹쌀가루를 물에 풀어 저어가며 되직하게 찹쌀풀을 쑤어 식힌다.

(3) 준비한 깨보숭이에 찹쌀풀을 발라 햇볕에 말린 후 습기가 차지 않게 보관한다.

(4) 번철에 기름을 두르고 튀겨 낸다.

3) 깻잎부각

재료 및 분량

깻잎 30장, 물 1⅓컵, 찹쌀가루 2/3컵, 식용유 적당량, 소금 약간

만드는 법

(1) 깻잎을 한 장씩 깨끗이 씻은 후 마른 행주로 물기를 살짝 눌러 가며 잘 닦아 낸다.
(2) 찹쌀가루에 물을 풀어 소금 간을 한 후 잘 저어 가며 되직하게 찹쌀풀을 쑤어 식힌다.
(3) 비닐이나 랩을 깔고 그 위에 깻잎을 한 장씩 편 후 찹쌀풀을 윗면만 고루 바른다.
(4) 채반에 서로 붙지 않도록 놓고 바람이 잘 통하는 강한 햇볕에서 바짝 말린다.
(5) 먹을 때는 180℃ 정도의 높은 기름에서 바삭하게 얼른 튀겨 내 한지를 깐 소쿠리나 망에 담아 기름을 뺀다.

Tip

깻잎부각은 깻잎에 찹쌀풀을 발라 튀겨 낸 것으로 햇볕에 말릴 때 덜 마른 깻잎을 튀기면 찹쌀풀 찌꺼기가 가라앉아 지저분하므로 바짝 말리는 것이 좋다.

4) 다시마땅콩튀김

재료 및 분량

다시마 50cm, 땅콩 · 설탕 약간, 식용유 적당량

만드는 법

(1) 다시마는 촉촉한 거즈로 먼지를 깨끗하게 닦아 내고 1.5cm, 10cm 정도의 길이로 잘라 끝을 다듬어 놓는다.
(2) (1)의 다시마에 땅콩을 한 알씩 넣어 묶어 매듭 지은 후 바짝 말려 놓는다.
(3) 180℃의 식용유에 (2)의 다시마를 넣어 튀겨서 설탕을 약간 뿌려 놓는다.

5) 다시마부각

재료 및 분량

다시마 50g, 찹쌀 1컵, 식용유 적당량

만드는 법

(1) 찹쌀을 깨끗이 씻어 하룻밤 불린 후 찜통에 넣고 쌀이 잘 무르도록 고슬고슬하게 찐다.
(2) 다시마는 깨끗한 젖은 행주로 깨끗하게 닦아 내고 5cm 정도의 길이로 잘라 놓는다.
(3) 잘라 놓은 다시마에 찹쌀 밥알을 듬성듬성 붙여 채반에 펼쳐 놓고 바짝 말린다.
(4) 180℃ 정도의 높은 기름에서 바삭하게 얼른 튀겨낸다.

Tip

다시마부각은 도톰하고 감칠맛이 나는 좋은 다시마를 사용한다.

6) 산동백튀각

재료 및 분량

산동백잎 30장, 물 1$\frac{1}{3}$컵, 찹쌀가루 2/3컵, 식용유 적당량, 소금 약간

만드는 법

(1) 동백잎은 연한 것을 따서 깨끗하게 씻어 물기를 뺀다.
(2) 찹쌀가루에 물을 넣고 풀어 소금 간을 한 후 자연스럽게 흐를 정도로 묽게 찹쌀풀을 쑨다.
(3) 비닐이나 랩을 깔고 동백잎의 뒷면에 찹쌀풀을 바른 뒤 채반에 담아 통풍이 잘되는 곳에서 바짝 말린다.

(4) 번철에 식용유를 부어 180℃ 정도의 높은 온도에서 얼른 튀겨 낸다.

Tip

- 동백잎은 7월이 제일 좋을 때인데 동백튀각에 사용되는 찹쌀풀은 특히 농도에 유의해야 한다.
- 찹쌀풀의 농도가 너무 묽으면 풀이 묻어나지 않고 너무 되직하면 딱딱하게 된다.

7) 참죽부각

재료 및 분량

참죽잎 500g, 물 1컵, 찹쌀가루 1/2컵, 식용유 적당량, 소금 약간

만드는 법

(1) 참죽잎을 잘 다듬어 끓는 소금물에 살짝 데쳐 짠 후 채반에 널어 물기를 없앤다.

(2) 찹쌀가루에 물과 소금을 넣어 찹쌀풀을 쑤어 식힌다.

(3) 비닐이나 랩을 깔고 참죽잎을 놓은 후 붓으로 찹쌀풀을 골고루 발라 햇볕에 바짝 말린다.

(4) 거의 말랐을 때 가위로 적당히 잘라 공기가 통하지 않는 통에 넣어 보관한다.

(5) 먹을 때 180℃의 끓는 기름에 튀겨 한지 위에 담는다.

8) 풋고추부각

재료 및 분량

어린 풋고추 50g, 밀가루 1/2컵, 물 2컵, 식용유 적당량, 소금 약간

만드는 법

(1) 어린 풋고추는 작은 것으로 골라 깨끗이 씻어 꼭지를 떼어 내고 소금에 살짝 절인다.

(2) 절여진 풋고추는 밀가루를 묻혀 찜통에 찐 다음 햇볕에 말린다.

(3) 잘 마르면 습기가 차지 않게 보관한다.

(4) 170℃의 기름에 튀겨 그릇에 담는다.

Tip

고추부각은 맵지 않은 어리고 작은 풋고추를 사용해야 연하고 맛도 좋다.

9) 가죽부각

재료 및 분량

가죽나무순 20대, 물 1컵, 찹쌀가루 1/2컵, 간장 · 고춧가루 · 통깨 약간

만드는 법

(1) 가죽나무순은 연한 것으로 준비하여 손질한 후 찜통에 살짝 찐다.
(2) 냄비에 찹쌀가루와 물을 넣고 되직하게 찹쌀풀을 쑤어 식힌다.
(3) 간장, 고춧가루, 통깨를 넣고 간을 맞춘 후 쪄 낸 가죽나무순에 찹쌀풀을 발라 바짝 말린 후 밀봉하여 보관한다.
(4) 먹을 때마다 짤막하게 잘라 170℃ 기름에서 재빨리 튀겨 낸다.

Tip

가죽부각은 가죽나무의 어린순으로 만드는데 독특한 향미가 있다.

10) 미역자반

재료 및 분량

자반미역 30g, 설탕 2큰술, 통깨 2작은술, 식용유 적당량

만드는 법

(1) 줄기 없이 잎만 말린 30cm 정도 길이의 자반미역을 깨끗이 손질하여 5cm 길이로 자른다.

(2) 번철에 식용유를 두르고 150℃ 정도의 온도에서 미역을 넣고 재빨리 볶아 낸다.

(3) 볶은 미역에 설탕과 통깨를 뿌려 낸다.

Tip

- 미역은 칼슘 성분이 풍부하고 변비 예방 및 성인병 예방에도 탁월한 효과가 있는 알칼리성 식품이다.
- 미역자반은 줄기 없이 잎만을 말린 자반미역을 물수건으로 깨끗이 닦아 기름에 볶아 만든 마른 찬이다.

11) 매듭자반

재료 및 분량

다시마 50g, 잣 4큰술, 통후추 2큰술, 설탕 2큰술, 식용유 적당량

만드는 법

(1) 다시마는 젖은 행주로 깨끗이 닦아 가로 10cm, 세로 12cm의 긴 끈 모양으로 자른다.

(2) 다시마를 한 번 묶어 매듭이 지어지면 매듭 사이에 잣과 통후추를 하나씩 끼운다.

(3) 160℃ 기름에 튀겨서 빨리 건져 뜨거울 때 설탕을 뿌린다.

Tip

- 매듭자반용 다시마는 도톰하고 주름지지 않은 것으로 선택하고 바짝 마른 것은 부러지기 쉬우므로 젖은 행주 등으로 눅눅하게 만들어 매듭을 짓는다.
- 다시마는 단백질의 주성분인 글루타민산이 감칠맛을 내고 칼슘, 회분 등의 무기질이 풍부한 알칼리성 식품이다.

12) 감자부각

재료 및 분량

감자 10개, 소금 2작은술, 식용유 적당량, 설탕 약간

만드는 법

(1) 감자는 껍질을 벗겨 2mm 두께로 얇게 썰어 찬물에 1~2시간 정도 담궜다가 건진다.
(2) 소금물에 (1)의 감자를 2~3분간 삶아 건져서 채반에 펼쳐 햇볕에서 바짝 말려 밀봉하여 보관한다.
(3) 필요할 때 기름에 튀겨 소금이나 설탕을 뿌려 먹는다.

Tip

적당한 부각 튀김의 기름 온도는 소금을 넣어 보아 '딱' 하는 퍼지는 소리가 날 때이다.

13) 박주가리잎부각

재료 및 분량

박주가리잎 500g, 찹쌀가루 2컵, 소금 1작은술, 통깨 2큰술, 실고추 약간, 식용유 적당량

만드는 법

(1) 박주가리잎은 싱싱하고 연한 것으로 골라 깨끗이 씻어 채반에 넌 후 물기를 제거한다.
(2) 찹쌀가루는 되직하게 풀을 쑤어 소금으로 간 한 다음 식힌다.
(3) 말린 박주가리잎을 한 장 씩 펴서 찹쌀풀을 골고루 바른 후 통깨를 뿌려 바람이 잘 통하는 곳에서 꾸덕꾸덕하게 말린다.
(4) 바람이 통하지 않게 보관해 두었다가 먹을 때마다 160℃ 정도의 식용유를 붓고 튀겨 낸다.

14) 참죽고추장부각

재료 및 분량

참죽잎 300g, 찹쌀가루 1컵, 식용유 적당량

만드는 법

(1) 참죽잎은 부드러운 것으로 골라 살짝 데친 후 찬물에 헹구어 꾸덕꾸덕하게 말린다.
(2) 찹쌀풀을 되직하게 끓여 식힌 후 고추장을 넣고 고루 섞어 양념장을 만든다.
(3) 말린 참죽잎에 찹쌀풀 양념을 도톰하게 발라 채반에 널어 꾸덕꾸덕하게 말린 후 줄에 매달아 완전히 말린다.
(4) 바람이 통하지 않게 보관하면서 먹을 때마다 식용유에 튀겨 낸다.

15) 감잎부각

재료 및 분량

감잎 300g, 찹쌀가루 2컵, 소금 3큰술, 식용유 적당량, 설탕 약간

만드는 법

(1) 감잎은 연한 것으로 준비하여 깨끗이 씻은 후 물기를 제거한다.
(2) 준비된 찹쌀가루의 2/3는 되직한 풀을 쑤어 소금 간을 한 뒤 식힌 후 감잎에 골고루 바른다.
(3) 시루에 물이 끓으면 남은 1/3의 찹쌀가루를 묻혀 5분 동안 쪄 낸 후 채반에 널어 햇볕에 바짝 말린다.
(4) 160℃의 식용유에 노릇하게 튀겨 기름을 뺀 뒤 설탕을 약간 뿌린다.

Tip

감잎은 4~6월에 채취하는 것이 가장 연하고 영양이 많다.

16) 모시잎부각

재료 및 분량

모시잎 50장, 찹쌀가루 1컵, 소금 · 후춧가루 · 마늘 · 생강즙 약간, 식용유 적당량

만드는 법

(1) 모시잎을 깨끗하게 손질하여 소금물에 데치고 채반에 널어 꾸덕꾸덕하게 말린다.
(2) 냄비에 찹쌀가루와 물을 넣고 풀어서 되직하게 풀을 쑤다가 생강즙, 소금, 마늘, 후춧가루를 넣고 덩어리지지 않게 나무주걱으로 저어 가며 풀을 쑨다.
(3) 모시잎에 찹쌀풀을 발라 햇볕에 바짝 말린다.
(4) 160℃의 식용유에 튀겨낸다.

17) 쇠미역튀각

재료 및 분량

마른 쇠미역 500g, 식용유 적당량, 설탕 약간

만드는 법

(1) 마른 쇠미역을 깨끗하게 손질하여 적당한 크기로 자른 후 160℃ 정도의 식용유에 튀긴다.
(2) 튀겨 낸 후 설탕을 뿌린다.

18) 아카시아꽃부각

재료 및 분량

아카시아꽃 500g, 찹쌀가루 1컵, 소금 1/2작은술, 식용유 적당량

만드는 법

(1) 아카시아꽃을 꽃줄기째 따서 깨끗하게 씻어 둔다.
(2) 찹쌀가루는 소금을 섞어 체에 내린다.
(3) 씻어 둔 아카시아꽃에 찹쌀가루를 고루 뿌린다.
(4) 김이 오르는 찜통에 찹쌀가루 묻힌 아카시아꽃을 살짝 찐다.
(5) 한 김 오른 아카시아꽃에 다시 나머지 찹쌀가루를 고루 뿌려 찐 다음 그늘 진 곳에서 채반에 널어 말린다.
(6) 잘 말려진 아카시아꽃부각을 160~170℃의 기름 온도에서 재빨리 튀겨 낸다.

Tip

아카시아꽃은 꽃망울을 터뜨리기 시작한 것을 사용하고 튀겨 낸 후 바로 설탕을 뿌리면 간식으로 좋다.

고추튀각

김부각

다시마튀각

미역튀각

6. 식초류

식초는 인류가 만든 최초의 조미료로 과실주가 자연발생적으로 발효되어 만들어진, 신맛을 내기 위한 유일한 양념이다.

식초의 기원은 주류의 발달과 함께 이루어진 것으로 볼 수 있는데 서양에서는 그리스의 히포크라테스(기원전 460~377년)가 환자를 위해 처방한 것으로 보아 식초가 처음에는 의약용으로 사용되었음을 알 수 있고 우리나라는 조선 초기에 발달하기 시작해 조선 후기에 그 종류가 다양해졌다. 그러나 술이 발달하지 않은 이슬람 문화권, 인도, 남태평양 등에서는 신맛 나는 과실의 즙이나 요구르트, 크림 등으로 식초의 신맛을 대신했다고 한다.

식초는 주류, 과실주, 곡류 등을 주원료로 발효시킨 양조식초와 빙초산을 희석하여 제조한 합성식초로 나눌 수가 있다.

이러한 식초는 초산 이외에 16종에 달하는 각종 유기산, 필수 아미노산 및 각종 미네랄을 함유하고 있을 뿐 아니라 소화기관을 자극하여 식욕을 돋우어 주고 신체의 산성화를 중화시켜 주며 음식의 쓴맛과 비린내를 제거하고 살균에도 도움을 준다. 또한 숙취예방에도 효과적이고 동맥경화증, 뇌졸중에도 탁월한 효험이 있으며 백선증과 같은 피부 질환에도 식초의 효과가 인정되고 있다.

1) 매실식초

재료 및 분량

매실 4kg, 황설탕 1kg

만드는 법

(1) 매실을 깨끗이 씻은 뒤 물기를 완전히 닦아 내고 깨끗한 항아리에 매실과 황설탕을 켜켜로 담는다.

(2) 매실이 보이지 않도록 황설탕으로 위를 소복하게 덮어 준다.

(3) 햇볕이 잘 드는 곳에 항아리를 두어 5개월 정도 발효를 시킨 다음 베보자기로 압착하여 매실물을 걸러 낸다.

(4) 걸러 낸 매실물은 두 시간 정도 약한 불에서 뭉근하게 달여 완전히 식힌 다음 밀봉한다.

(5) 다시 5개월간 숙성시키면 매실식초가 만들어진다.

Tip

- 매실에 설탕을 넣는 이유는 발효가 진행될 때 잡균의 침입 및 부패를 예방하고, 매실의 신맛을 덜어 주기 위해서이다.
- 완성된 매실식초는 사과식초보다 산도가 더 높아 산뜻한 맛이 강하므로 소스에 넣으면 좋다.

2) 사과식초

재료 및 분량

사과 5kg, 설탕 450g, 물 적당량

만드는 법

(1) 싱싱한 아오리 사과를 준비하여 깨끗하게 씻고 물기를 닦아 사과의 껍질을 벗겨 얇게 썬다.

(2) 얇게 썬 사과와 설탕을 켜켜로 담고 사과가 보이지 않도록 설탕을 소복하게 담는다.

(3) 항아리를 망사로 씌운 후 뚜껑을 덮어 20~25℃에서 하루 한 번씩 흔들어 주며 발효를 시킨다.

(4) 한 달 정도 후 베보자기로 압착하여 주액을 걸러 낸다.

(5) 걸러 낸 주액을 서늘한 곳에서 다시 2~3개월간 숙성시킨 후 깨끗하게 걸러 다른 병에 옮겨 저장해 두고 먹는다.

Tip

발효를 시킬 때 하루 한 번씩 흔들어 주는 이유는 산소 공급을 위해서이다.

3) 양조식초

재료 및 분량

멥쌀 2.7kg, 누룩 1.5kg, 끓여 식힌 물 10리터, 소주 180㎖

만드는 법

(1) 멥쌀을 깨끗이 씻어 물에 하룻동안 담갔다가 고슬고슬하게 밥을 지어 차게 식힌다.

(2) (1)에 누룩가루와 물을 함께 섞어 치댄 후 항아리에 담고 밀봉하여 술을 안친다.

(3) 볕이 좋고 바람이 잘 통하는 서늘한 곳에서 1주일 정도 알코올 발효시켜 술을 익힌다.

(4) 술이 다 익으면 고운체에 걸러 막걸리를 받아 낸다.

(5) 막걸리에 소주를 섞어 다시 항아리에 담아 초산발효시킨다.

(6) 22℃ 내외의 온도에서 일주일 정도 두면 초눈이 생겨나면서 초가 된다.

Tip

- 식초를 만들기에 가장 좋은 조건은 오전에는 햇볕이 들었다가 오후에는 그늘이 지면서 바람이 드는 곳으로 한여름이 적당하다.
- 용기는 오지그릇 또는 유리병이 좋으며 항아리 입구는 그물망으로 덮어 초균이 숨을 쉴 수 있도록 해 준다.

4) 허브식초

재료 및 분량

· 과일식초 200ml, 허브(딜 · 민트 · 티라곤 · 타임 · 스위트바질 등) 10g

만드는 법

(1) 허브를 손질하여 깨끗이 씻어 소쿠리에 담아 물기를 말린 후 손으로 적당히 뜯어 항아리에 넣는다.

(2) 과일 식초를 살짝 끓인 뒤 식혀 (1)의 항아리에 붓고 뚜껑을 덮고 망사 천으로 한 번 더 덮어 2주 정도 숙성시키며 맛과 향이 잘 배도록 한다. 이때 공기가 들어가면 산이나 철분이 생겨 좋지 않으니 반드시 밀봉한다.

(3) 숙성하는 동안 가끔씩 병을 흔들어 맛과 향이 고루 배도록 한다.

Tip

- 허브식초는 육류나 생선의 비린내를 없애주고 질병에 대한 면역력을 높이며 샐러드드레싱으로 사용해도 좋다.
- 허브식초를 만들 때 금속 뚜껑을 사용하면 금속이 산화되면서 식초를 부패하게 하므로 사용하지 말아야 한다.

5) 참다래식초

재료 및 분량

참다래 4kg, 쌀막걸리 4리터, 흑설탕 1.5kg

만드는 법

(1) 막걸리는 멥쌀로 지은 고두밥에 누룩과 물을 넣어 발효시킨 쌀막걸리로 준비한다.

(2) 참다래는 깨끗이 씻어 물기를 제거한 후 적당히 잘라 둔다.

(3) 막걸리에 참다래와 흑설탕을 한께 버무려서 항아리에 담아 30℃ 정도의 온도에

서 발효시킨다.

(4) 15일 가량 지나면 식초가 된다.

Tip

참다래식초에 흑설탕을 넣는 이유는 발효 시 참다래의 당화 촉진 및 부패를 막기 위함이며 고혈압 예방에도 효능이 있는 식초이다.

6) 유자식초

재료 및 분량

유자 2kg, 설탕 600g, 막걸리 1리터

만드는 법

(1) 유자는 늦가을에서 초겨울 사이에 수확한 것으로 준비하여 껍질과 씨는 벗겨 낸다.

(2) 항아리에 유자와 설탕을 켜켜로 설탕이 소복하게 쌓이도록 담는다.

(3) 막걸리는 멥쌀로 지은 고두밥에 누룩과 물을 넣어 발효시킨 쌀막걸리를 준비하여 유자를 담은 항아리에 붓는다.

(4) 항아리 입구를 베보자기로 덮고 24℃에서 3개월 정도 발효시킨다.

Tip

비타민 C를 레몬의 3배나 함유하고 있는 유자는 피로 회복에 좋고 감기, 신경통, 풍의 치료와 예방에 효과적이며 우리 몸속의 모세혈관을 튼튼히 보호해 주는 데 탁월한 효과가 있다.

7) 감식초

재료 및 분량

연시 5kg, 끓여 식힌 물 적당량

만드는 법

(1) 빨갛게 잘 익은 연시를 물에 살짝 씻어 물기를 닦아 으깬 후 물기 없는 항아리에 80% 정도 담는다. 80% 이상이 되면 발효될 때 넘친다.

(2) 항아리 입구를 베보자기나 망사 천으로 덮어 공기가 잘 통하게 한다.

(3) 처음에는 낮은 온도로 시작하다 점차 온도를 높이면서 6개월~1년간 자연 발효시킨다.

(4) '폭폭' 소리가 나면 발효가 일어나기 시작하는 것이므로 이때는 항아리를 흔들어 산소 공급을 원활하게 해 줘 발효를 시켜 준다.

(5) (4)를 베주머니에 담아 압착하여 걸러 낸다. 이때 너무 세게 압착하면 찌꺼기가 흘러나올 수 있으므로 주의한다.

(6) 걸러 낸 액에 끓여 식힌 물을 붓고 희석한 후, 다시 항아리에 담아 30℃ 내외의 온도에서 3개월간 초산발효시킨다.

(7) 초산발효 후 깨끗한 유리병에 식초를 옮겨 넣고 60~65℃에서 30분, 80℃에서 5분간 가열하여 살균한다.

(8) 살균 후 마개를 꼭 막아 서늘한 곳에서 보관한다.

Tip

- 감은 다른 과일의 8배나 되는 비타민 C를 함유하고 있으며 피부노화를 막고 고혈압, 심장병 등의 순환기계 질병에 탁월한 효과가 있다.
- 식초를 6개월 이상 저장하면 초산의 자극적인 냄새가 감소되고 향기와 맛을 내게 되는데 이는 숙성 중의 에스테르 때문이다.

8) 보리식초

재료 및 분량

보리쌀 3kg, 누룩가루 300g

만드는 법

(1) 보리쌀을 물에 깨끗이 씻어 하룻밤 불린 후 죽처럼 질게 밥을 지어 넓은 그릇에 펼쳐 한 김 나가게 식힌다.

(2) 보리쌀이 미지근하게 식으면 누룩가루를 넣고 버무려 항아리에 80% 정도 담고 항아리 입구를 베보자기로 덮어 준다.

(3) 20℃ 내외의 온도에서 일주일 정도 발효시켜 보리술을 만든다.

(4) 보리술이 완성되면 베보자기로 압착하여 보리와 누룩건더기를 걸러 낸다.

(5) 물기 없는 항아리에 걸러 낸 보리술을 담고 베보자기로 입구를 다시 막아 25~30℃에서 2~3개월간 발효시킨다.

Tip

- 보리쌀과 누룩가루의 비율은 누룩의 양이 많아도 상관없으나 일반적으로 10:1 정도가 적당하다.
- 완성된 보리식초는 식욕을 증진시키고 살균효과가 있어 더운 날씨에 음식이 상할 우려가 있을 때 보리식초를 넣어 조리하면 좋다.

9) 현미식초

재료 및 분량

현미쌀 3kg, 누룩가루 2kg, 끓여 식힌 물 12리터, 소주 200ml

만드는 법

(1) 현미쌀을 깨끗이 씻어 물에 하룻밤 담갔다가 고슬고슬하게 밥을 지어 완전히 차게 식힌다.

(2) 식은 현미쌀밥에 누룩가루와 물을 섞어 고루 치댄 후 항아리에 담고 베보자기로 밀봉한다.

(3) 햇볕이 좋은 한여름에 바람이 잘 통하는 곳에서(보통 25~30℃) 1주일 정도 알코올 발효를 시켜 술을 익힌다.

(4) 술이 다 익으면 고운체에 걸러 막걸리를 받아 낸다.

(5) 받아 낸 막걸리와 소주를 섞어 다시 항아리에 담은 후 초산발효에 들어간다.

(6) 22~23℃ 온도에서 일주일 정도 두면 식초가 완성된다.

Tip

현미식초에 소주와 흑설탕을 섞어 2~3일간 두었다가 흑설탕이 완전히 녹았을 때 음료로 마시면 식욕 촉진 효과에도 좋다.

10) 포도식초

재료 및 분량

포도알 3kg, 설탕 300g

만드는 법

(1) 포도를 한 알 한 알 딴 뒤 깨끗이 씻어 물기를 제거한 후 씨앗째 으깨어 항아리에 담는다.

(2) 포도를 담은 항아리에 설탕을 넣고 20~25℃에서 2~3개월간 알코올 발효를 시킨다.

(3) 알코올 발효가 끝나면 베보자기에 담아 압착하여 찌꺼기는 버리고 10개월 정도 초산발효를 한다.

(4) 초산발효가 끝난 것을 다시 고운체에 걸러 깨끗한 유리병에 옮겨 담고 중탕 살균을 한 뒤 서늘한 곳에 보관하면 포도식초가 완성된다.

Tip

포도식초는 칼륨의 함유량이 높아 고혈압에 좋고 피로회복 및 식욕증진에도 효과가 있으며 담그는 시기는 9~10월경이 가장 적합하다.

11) 산머루식초

재료 및 분량

산머루 3kg, 설탕 400g

만드는 법

(1) 잘 익은 산머루를 줄기는 제거하고 알만 떼어 깨끗이 씻은 다음 소쿠리에 건져 물기를 제거한다.
(2) 항아리에 산머루와 설탕을 켜켜로 담고 산머루가 보이지 않을 정도로 설탕을 소복하게 담아 2~3개월간 발효시킨다.
(3) 발효가 끝나면 고운체에 걸러 찌꺼기는 버리고 다시 9개월간 초산발효를 시킨다.
(4) 초산발효가 끝나면 고운체로 다시 걸러 깨끗한 유리병에 옮겨 담고 중탕 살균을 한 뒤 서늘한 곳에 보관하여 사용한다.

12) 복숭아식초

재료 및 분량

산머루 3kg, 설탕 400g, 끓여 식힌 물 적당량

만드는 법

(1) 싱싱하고 잘 익은 복숭아를 깨끗이 씻어 물기를 닦아 으깬다.
(2) 항아리에 복숭아와 설탕을 켜켜로 담고 서늘한 곳에서 5일 정도 당화시킨 뒤, 완전 밀봉하여 10일 정도 알코올 발효를 시킨다.
(3) 발효가 끝나면 베주머니에 넣어 꼭꼭 눌러 찌꺼기는 버리고 주액을 받아 둔다.
(4) 알코올 발효된 주액에 알코올 농도가 4~6% 되도록 물을 섞은 뒤 20℃에서 2~3개월 발효시킨다.

(5) 발효가 다 된 것을 다시 고운체로 걸러 깨끗한 병으로 옮겨 담아 중탕 살균하여 서늘한 곳에다 보관해 두고 사용한다.

Tip

초산발효가 끝난 식초를 깨끗한 유리병에 옮겨 담는 이유는 초산균 외에 내산성의 불완전균이 남아 있을 수 있기 때문이다.

13) 바나나식초

재료 및 분량

현미식초 1kg, 바나나 500g, 흑설탕 200g

만드는 법

(1) 바나나는 껍질을 벗기고 3cm 정도의 두께로 적당히 잘라 준다.

(2) 항아리에 흑설탕과 자른 바나나를 켜켜히 담고 서늘한 곳에서 10일 정도 알코올 발효를 시킨다.

(3) 발효가 끝나면 베주머니에 넣어 꼭꼭 눌러 찌꺼기는 버리고 주액을 받아 둔다.

(4) 받아 낸 주액은 밀봉하여 2~3개월 더 발효시킨 뒤 깨끗한 병에 옮겨 담아 중탕 살균하여 서늘한 곳에 보관해 둔다.

Tip

실온에서 1년간 보존이 가능하며 꺼낸 바나나는 버리지 말고 그냥 먹어도 된다.

14) 과일식초

재료 및 분량

레몬 10개, 자몽 1개, 구기자 100g, 검은콩 100g, 꿀 100g, 설탕 200g, 양조식초 1리터, 레드와인 300ml, 화이트와인 200ml, 매실엑기스 200ml, 소금(또는 베이킹 소다) 약간

만드는 법

(1) 병은 깨끗하게 씻은 후에 뜨거운 물을 부어 소독한 후 엎어서 물기를 제거한다.
(2) 레몬은 따뜻한 물에 담가 왁스를 제거한 후 소금이나 베이킹 소다로 깨끗하게 닦고 다시 식초물에 30분 정도 담갔다가 소쿠리에 담아 물기를 완전히 제거한다.
(3) 레몬을 꼭지와 배꼽 부분만 살짝 도려내고 4등분한다.
(4) 구기자와 콩도 깨끗하게 씻어서 물기를 제거한다.
(5) 병에 레몬과 설탕을 켜켜로 담고 반 정도 레몬이 차면 꿀을 넣고 그 위에 구기자와 콩을 얹는다.
(6) 다시 레몬과 설탕을 병의 80% 정도가 되도록 채운 후 매실엑기스와 와인을 부어준다.
(7) 마지막으로 식초를 병뚜껑까지 차도록 붓고 공기가 들어가지 않도록 밀봉해 한 달 정도 숙성시킨 후 베주머니에 넣어 압착하여 찌꺼기는 버리고 주액은 받아 둔다.
(8) 걸러 낸 식초는 깨끗한 다른 병에 옮겨 중탕 살균한 뒤 서늘한 곳에서 보관한다.

15) 딸기식초

재료 및 분량

딸기(또는 산딸기) 2kg, 드라이 이스트 2g

만드는 법

(1) 딸기는 물에 깨끗하게 씻어 과즙 모양이 될 때까지 곱게 으깬다.

(2) 으깬 것을 60℃에서 2~3분간 가열 살균한 뒤 베보자기에 걸러 찌꺼기는 버리고 과액을 차게 식힌다.

(3) (2)에 드라이 이스트를 섞은 다음 용기를 종이나 거즈로 덮고 보관한다.

(4) 약 3개월 정도면 식초가 완성되는데 2개월 정도 더 숙성시킨다.

Tip

- 담그는 시기는 4~5월이 적당하며 비타민과 나트륨의 함유량이 풍부하여 피로회복과 고혈압 등에 효과가 있다.
- 샐러드나 생야채에 사용하기도 하고 음료로도 마실 수 있다.

7. 주류

술은 탄수화물이 미생물의 분해 작용에 의해 알코올 및 여러 성분을 생성함으로써 발효된 음료로 〈성서(聖書)〉에는 노아시대에 이미 포도주가 등장할 만큼 인류가 만든 음료 중 가장 오래된 음료라 할 수 있다.

술의 주성분은 주정(酒精)으로서 흔히 알코올(alcohol)이라고도 하며, 에탄올(ethanol) 또는 에칠알코올(ethylalcohol)로도 불린다.

술의 어원은 술이 빚어지는 과정에서 유추해 볼 수가 있는데 찹쌀을 쪄 식힌 후 주모(酒母)와 누룩을 섞어 물을 부어 발효시킬 때 어느 정도의 시간이 지나면 부글부글 끓어 오르면서 거품이 생기는 것을 본 옛사람들이 '물에서 불이 붙는다'는 생각에 '수불'이라 한 것을 시작으로 수블〉수울〉수을〉술로 변하게 된 것으로 추측된다.

막걸리는 우리나라에서 역사가 가장 오래된 술이며 술을 빚은 뒤 그대로 거른 술로 색이 탁하다고 하여 '탁주'라고도 하고 집집마다 마신다하여 '가주(家酒)', 빛이 희다고 하여 '백주(白酒)', 농가에서의 필수적인 술이라 하여 '농주(農酒)'라고도 부른다. 청주는 숙성이 끝난 술에서 맑은술을 떠낸 것으로 막걸리에 비하여 맑은 술이다. 소주는 곡류와 서류 등을 원료로 증류하여 만든 술로 증류법은 중세 페르시아에서 몽고를 통해 우리나라에 전해진 것으로 처음에는 약용으로 이용되었으며 값 또한 비쌌다. 또한 질병을 다스리는 효능을 가진 약용주는 과실 및 약초를 재료로 담근 것으로 숙성 기간이 길수록 맛과 향이 뛰어나고 약효도 우수하다.

전통주

1) 오메기술

재료 및 분량

차좁쌀 1kg, 대나무 잎 150g, 누룩가루 500g, 끓여 식힌 물 2.2리터

만드는 법

(1) 차좁쌀을 깨끗이 씻어 곱게 갈아 뜨거운 물로 익반죽 한 다음 한가운데 구멍을 내어 구멍떡을 만든다.

(2) 펄펄 끓는 물에 구멍떡을 삶다가 구멍떡이 떠오르면 건져 내어 한 김 나가게 식힌다.

(3) 큰 그릇에 구멍떡을 담고 끓여 식힌 물을 조금씩 넣어 가며 으깨어 풀처럼 풀어 놓는다.

(4) (3)에 누룩을 섞어 반죽하여 항아리 바닥에 대나무 잎을 깔고 부어 준다.

(5) 물을 (4)의 항아리에 다시 붓고 잘 섞이도록 고루 휘저어 20~30℃에서 일주일가량 발효시킨다.

(6) 술이 다 익어 술 표면에 검은색 기름이 뜨면 살짝 걷어 낸다.

(7) 그냥 먹으면 새콤한 맛의 오메기술이 되고 체에 거르면 탁주가 된다.

Tip

- 오메기떡은 도넛처럼 한가운데 구멍을 내고 삶아 팥이나 콩고물을 입혀 설탕시럽을 찍어 먹는 떡으로 제주도 사람들이 오메기떡으로 술을 빚는다고 하여 제주오메기술이라고도 한다.
- 항아리 바닥에 대나무 잎을 까는 이유는 술의 발효촉진과 변질 방지를 위해서이다.

2) 이화주

재료 및 분량

멥쌀 1.6kg, 찹쌀 400g, 쌀누룩가루 22g, 엿기름가루 300g, 소주 400cc

만드는 법

(1) 멥쌀과 찹쌀을 깨끗이 씻어 하룻밤 물에 담갔다가 가루로 빻아 구멍떡을 만들어 끓는 물에 삶아 건진 후 한 김 나가게 식힌다.

(2) 구멍떡이 미지근하게 식으면 큰 그릇에 담고 엿기름가루를 함께 넣어 치대어 된 죽처럼 풀어 놓는다.

(3) (2)에 쌀누룩가루와 소주 300cc를 넣고 반죽해 항아리에 담은 후 그 위에 나머지 소주를 붓는다.

(4) 항아리 입구를 베보자기로 덮은 다음 밀봉하여 25℃에서 20~30일간 발효시킨다.

(5) 술이 되직해지고 곰팡이 막이 생기기 시작하면 찍어 먹어 보아 단맛이 나면 술이 다 익은 것이다.

Tip

- 배꽃이 필 무렵부터 빚는다 하여 '이화주'라 하는데 다른 술과 달리 매우 순하고 맛이 있어서 옛날에는 아기들에게 젖 대신 먹였다고 한다.
- 완성된 술은 물에 타서 마시기도 한다.

3) 계명주

재료 및 분량

옥수수 3kg, 누룩 900g, 엿기름가루 1.7kg, 수수 700g, 끓여 식힌 물 1리터, 솔잎 적당량

만드는 법

(1) 옥수수와 수수를 8:2의 비율로 섞어 반나절 동안 물에 담가 둔다.

(2) 누룩가루는 물에 담가 일주일 정도 불린다.

(3) (1)의 물에 불려 둔 옥수수와 수수를 곱게 갈아 물과 엿기름가루를 넣어 혼합한다.

(4) (3)을 가마솥에 넣어 잘 삭을 때 까지 약한 불에서 뭉근하게 끓인다.

(5) 뭉근히 끓여 완전히 삭으면 자루에 담아 눌러 짜서 건더기는 걸러 내고 다시 끓여서 차게 식힌다.

(6) 불려 둔 누룩과 솔잎을 넣고 고루 잘 섞어 술항아리에 담아 8일간 발효시킨다.

(7) 완전히 발효되면 걸러 계명주를 완성한다.

Tip

옛부터 고구려 서민들에게 애용되던 술로 알코올 함량이 11%로 비교적 낮고 다른 술과는 달리 멥쌀이나 찹쌀 대신 옥수수와 수수, 엿기름, 솔잎 등을 재료로 쓴다.

4) 모주

재료 및 분량

생강 50g, 대추 30g, 감초 30g, 인삼 30g, 칡 30g, 쌀막걸리 3리터, 계피가루 약간

만드는 법

(1) 생강은 날것으로 깨끗하게 씻어 준비하고 감초는 건조한 것으로 준비하여 적당히 썰어 둔다.

(2) 인삼과 칡은 날것으로 준비하여 갈아 두고 대추는 씨를 발라내고 잘게 썰어 준비한다.

(3) 쌀막걸리를 가마솥에 붓고 끓기 시작하면 계피가루를 제외한 모든 재료들을 넣고 약한 불로 술의 양이 절반이 될 때까지 뭉근하게 끓여 준다.

(4) 술의 양이 줄어 알코올 성분이 거의 없어졌을 때 계피가루를 넣어 준다.

Tip

모주는 따뜻할 때 마셔야 제 맛인 단맛을 느낄 수 있고 그 빛깔이 조청과도 흡사하다 하여 '단술' 또는 '감주(甘酒)'라고도 부른다.

5) 부의주(浮蟻酒)

재료 및 분량

찹쌀 4kg, 누룩가루 1kg, 끓여 식힌 물 10리터

만드는 법

(1) 찹쌀은 깨끗하게 씻어 하룻밤 불린 후 건져 찜통에 고슬고슬하게 밥을 지어 차게 식힌다.

(2) 누룩은 물과 섞어 반죽을 하여 고루 버무려 둔다.

(3) 깨끗한 항아리에 물로 반죽한 누룩과 고두밥, 끓여 식힌 물을 붓고 섞어 베보자기로 덮은 후 30℃ 정도에서 한 달간 발효시킨다.

(4) 술덧이 잠잠해지면서 쌀알이 동동 뜨면 완성된 것이다.

Tip

- 부의주는 최근의 동동주를 일컫는 말로 흰쌀이 개미 알처럼 뜬다고 해서 붙인 이름이다.
- 평상시에는 1개월 정도 저장이 가능하나 여름에는 4~5일 정도만 보관하고 11℃ 정도에서 마셨을 때 맛이 가장 좋다.

6) 대추술

재료 및 분량

- 밑술 : 멥쌀 500g, 누룩가루 100g, 끓여 식힌 물 1리터
- 덧술 : 멥쌀 2kg, 찹쌀 2.5kg, 대추 1kg, 물 7리터, 솔잎 적당량

만드는 법

(1) 밑술 만들기

① 멥쌀을 깨끗이 씻어 하룻밤 물에 불린 후 고들고들하게 밥을 지어 채반에 펼쳐 차게 식힌다.

② ①에 누룩가루와 끓여 식힌 물을 섞어 깨끗한 항아리에 담는다.

③ 30℃ 상태에서 일주일간 발효시킨다.

(2) 덧술 만들기

④ 멥쌀과 찹쌀을 섞어서 깨끗이 씻은 후 하룻밤 물에 불려 건진 후 깨끗이 씻은 솔잎을 섞어서 고들고들하게 밥을 지어 식혀 놓는다.

⑤ 4리터의 물에 대추를 넣고 달인 물의 양이 절반이 될 때까지 약한 불에서 뭉근하게 끓인다.

⑥ 대추 달인 물, 차게 식혀 둔 고두밥, 누룩가루, 나머지 물을 섞어서 밑술 항아리에 부어 준다.

⑦ 20℃의 온도를 유지하면서 2~3일간 발효시키면 포도주 색을 띤 순하고 부드러운 대추술이 완성된다.

Tip

대추술은 관절통, 신경쇠약, 허약체질, 해열, 인후염, 불면증, 피로회복, 이뇨, 조갈, 식욕증진, 강장 등에 효과가 있는 술이다.

7) 송순주(松荀酒)

재료 및 분량

찹쌀 9.2kg(밑술용), 누룩가루 1.6kg, 물 5리터, 송순 3kg, 소주 4리터

만드는 법

(1) 멥쌀 3.2kg을 깨끗하게 씻어서 하룻밤 담갔다 건져 가루로 빻아 백설기를 쪄 놓는다.

(2) 끓인 물 1.5리터에 백설기를 풀어 죽같이 만들고 차게 식힌 후 누룩가루와 섞는다.

(3) (2)를 항아리에 담고 25℃ 내외의 온도에서 3~4일 둔다.

(4) 찹쌀 6kg을 깨끗하게 씻어 하룻밤 담갔다가 건져 고슬고슬하게 쪄 펼쳐 식힌다.

(5) 송순은 다듬어 끓는 물에 살짝 데친다.

(6) (3)을 고운체에 걸러 건더기는 버리고 고두밥과 송순은 고루 섞어 항아리에 담아 25℃에서 5~6일 보관한다.

(7) 단맛이 들면 소주 4리터를 부어 25℃에서 1~2주 정도 더 두면 술이 완성된다.

Tip

- 송순주는 4~5월에 소나무 잎가지에서 돋아난 10~15cm 길이의 송순을 사용하여 빚은 술이며 원래 치료의 목적으로 제조되었던 술이다.
- 신경통 및 위장병, 풍치예방에 효과가 있는 술이다.

8) 과하주(過夏酒)

재료 및 분량

찹쌀 1kg, 누룩가루 250g, 소주 1리터, 대추 100g, 생강 100g, 곶감 3개, 끓여 식힌 물 1.5리터

만드는 법

(1) 찹쌀은 깨끗이 씻어 하룻밤 정도 물에 담갔다가 건져 물이 빠지면 고슬고슬하게 밥을 지어 차게 식힌다.

(2) 생강은 곱게 다지고 곶감은 꼭지를 떼어 2~3조각으로 찢어 놓는다.

(3) 대추는 팬에 구워 준비한다.

(4) 누룩가루와 고두밥을 골고루 섞은 후 대추, 생강, 곶감과 물을 넣고 다시 버무려 항아리에 담는다.

(5) 3일 정도 지나 발효가 되면 단맛이 드는데 이때 소주를 부어 일주일 정도 둔다.

(6) 일주일 후 발효가 끝나 밥알이 동동 뜨면 체에 걸러 보관한다.

Tip

과하주는 무더운 여름을 아무 탈 없이 날 수 있는 술이라는 뜻에서 붙여진 이름으로 혼양주류에 속한다.

9) 송절주

재료 및 분량

- 밑술 : 멥쌀 1kg, 누룩가루 700g, 물 3.5리터, 소나무 150g, 당귀 · 희첨 약간
- 덧술 : 멥쌀 1.7kg, 찹쌀 1.7kg, 누룩가루 1.7kg, 물 3.5리터, 소나무 · 당귀 · 희첨 약간

만드는 법

(1) 밑술 만들기

① 멥쌀을 깨끗이 씻어 하룻밤 물에 담갔다가 건져 빻아 가루를 내어 시루에서 백설기로 찐 후 차게 식힌다.

② 작고 싱싱한 소나무 마디를 깨끗이 씻고 당귀, 희첨도 깨끗이 씻어 물 3.5리터를 붓고 2시간 정도 뭉근하게 끓인 후 고운체에 걸러 차게 식혀 둔다,

③ ②를 백설기, 누룩가루와 섞어 20℃에서 5~6일간 발효시켜 밑술을 담근다.

(2) 덧술 만들기

④ 일주일 정도 지난 후에 찹쌀과 멥쌀을 깨끗하게 씻어 하룻밤 물에 불려 건진 후 고슬고슬하게 밥을 지어 펼쳐 식힌다.

⑤ ②와 같은 방법으로 소나무, 당귀, 희첨과 물 3.5리터를 2리터가 될 때까지 뭉근히 끓여 체에 걸러 식혀 둔다.

⑥ 밑술과 소나무 삶은 물, 누룩가루를 고루 섞어 큰 항아리에 넣는다.

⑦ 항아리 밑에 소나무 잎을 깔고 덧술을 붓고 20일 정도 지난 후 고운체에 걸러 보관한다.

10) 삼해주(三亥酒)

재료 및 분량

- 1차술 : 멥쌀 1kg, 누룩가루 1kg, 물 1.8리터
- 2차술 : 멥쌀 2kg, 밀가루 400g
- 3차술 : 물 5리터, 멥쌀 3kg

만드는 법

(1) 1차술 만들기

① 쌀 1kg을 깨끗이 씻어 하룻밤 담갔다가 건져 곱게 빻는다.

② 물 1.8리터를 끓여 빻아 놓은 쌀가루를 익반죽 한 후 차게 식힌다.

③ ②에 누룩가루를 고루 섞어 항아리에 담아 밀봉한 후 2~4주 정도 보관한다.

(2) 2차술 만들기

④ 쌀 2kg을 깨끗이 씻어 하룻밤 담갔다가 건져 빻아 가루로 만든다.

⑤ 밀가루 400g을 고루 섞어 끓는 물로 익반죽 하여 여러 개의 덩어리를 만든다.

⑥ 밀가루 덩어리를 끓는 물에 넣어 익혀 건져 낸 후 식혀 여러 조각으로 쪼갠다.

⑦ ⑥에 (1)의 밑술을 부어 버무려 차게 식힌 후 항아리에 넣고 밀봉해서 2~4주 정도 보관한다.

(3) 3차술 만들기

⑧ 하루 전날 물 5리터를 끓여 식혀 놓는다.

⑨ 멥쌀 7kg을 깨끗이 씻어 하룻밤 물에 담갔다 건져 고슬고슬하게 찐 후 펼쳐 식힌다.

⑩ 고두밥이 차게 식으면 (2)의 밑술과 끓여 식혀 놓은 고두밥을 잘 섞어 항아리에 담는다.

⑪ 항아리를 밀봉해서 20일간 발효시킨다.

Tip

- 삼해주는 정월 첫 해일(亥日)을 시작으로 12일 간격으로 돼지날만 골라 세 번 안쳐 빚었다 하여 붙여진 이름으로 담가 마시기까지 100일이 걸린다 하여 백일주(百日酒)라고도 한다.
- 다른 술보다 누룩을 적게 사용하여 맛이 맑고 향이 좋으며 주도가 높은 약주(藥酒)이다.

11) 소주

재료 및 분량

멥쌀 1kg, 누룩가루 600g, 끓여 식힌 물 6리터

만드는 법

(1) 멥쌀은 깨끗이 씻어 하룻밤 정도 물에 불린 후 건져 찜통에 고슬고슬하게 쪄 펼쳐 식힌다.

(2) 누룩가루는 물로 반죽하여 고루 버무려 둔다.

(3) 식힌 고두밥에 물로 반죽한 누룩을 함께 넣고 다시 버무려 술항아리에 담고 열흘간 발효시킨다.

(4) 발효된 술을 증류시키면 소주가 된다.

Tip

증류식 소주는 페르시아로부터 몽고를 통해 국내에 전래되면서 변화한 것으로 그 맛은 누룩빚기와 불의 세기 정도에 의해 결정된다.

12) 홍주

재료 및 분량

밀 2kg, 보리 2kg, 보리쌀 2kg, 끓여 식힌 물 10리터, 지초뿌리 60g, 짚 약간

만드는 법

(1) 밀과 보리는 섞어 거칠게 빻아 물을 뿌려 잘 비빈 후 누룩 틀에 꼭꼭 눌러 담아 단단하게 모양을 만든다.

(2) 짚을 깔고 그 위에 누룩덩어리를 놓아 서로 닿지 않게 하면서 35℃ 내외의 온도에서 띄운다.

(3) 노란 곰팡이가 피면 건조실로 옮겨 2주일 정도 더 건조시킨다.

(4) 다시 실온에서 두 달 정도 저장한 후 곱게 빻아 볕에 2~3일 정도 말려 누룩가루를 만든다.

(5) 보리쌀은 깨끗이 씻어 하룻밤 물에 담갔다가 물기를 뺀 뒤 고들고들하게 보리밥을 지어 차게 식힌다.

(6) 차게 식힌 보리밥에 누룩가루를 섞고 술항아리에 담은 뒤 물을 붓고 잘 저어 준다.

(7) 25~30℃에서 뚜껑을 덮은 채로 2~4주 정도 발효시킨다.

(8) 술이 다 익으면 고운체에 걸러 찌꺼기는 버리고 가마솥에 붓고 나무주걱으로 저어 주며 가열한다.

(9) 김이 오르기 시작하면 시루번을 붙이고 낮은 온도에서 뭉근히 계속 가열하여 술을 증류시킨다.

Tip

- 일명 '홍로주' 또는 '지초주'라고 하며 국내 유일의 홍색을 띤, 진도 지방의 전통술이다.
- 술 제조 시 무리하게 빨리 증류를 시키면, 술을 마셨을 때 두통이 동반되고 깨끗한 술맛을 낼 수가 없다.

13) 인삼주

재료 및 분량

멥쌀 1kg, 수삼 300g, 누룩가루 400g, 찹쌀 2kg, 끓여 식힌 물 3리터, 솔잎 약간

만드는 법

(1) 멥쌀은 깨끗이 씻어 하룻밤 담갔다가 건져 고들고들하게 밥을 쪄 식힌다.
(2) 수삼 100g은 깨끗이 손질하여 적당히 다져 둔다.
(3) 고두밥에 누룩가루를 섞으면서 다진 수삼과 버무려 끓여 식힌 물 700g을 붓고 술항아리에 담아 26℃에서 3일간 발효시킨다.
(4) 찹쌀은 깨끗이 씻어 하룻밤 담갔다가 건져 고슬고슬하게 밥을 쪄 식힌다.
(5) 수삼 200g을 다져 (3)과 (4)와 버무리면서 끓여 식힌 물 2리터를 술항아리에 담아 20℃ 정도에서 2주일 정도 발효시킨다.

약용주

1) 매실주

재료 및 분량

청매 500g, 소주 1리터, 설탕 300g

만드는 법

(1) 익기 직전의 매실을 깨끗이 씻어 물기를 완전히 없앤다.
(2) 소독된 항아리에 매실과 설탕을 켜켜이 담은 후 30도 이상의 소주를 부어 밀봉을 시켜 둔다.
(3) 서늘한 곳에서 3~4개월 정도 지나면 매실을 건져 낸 다음 밀봉을 해 둔다.
(4) 3~5년 정도 지난 후에 먹어야 제 맛을 음미할 수 있다.

Tip

- 매실에 설탕을 뿌려 3일쯤 지난 후에 소주를 붓기도 하는데 매실을 넣어 둔 채 1년 정도 지나면 핑크빛의 술이 된다.
- 위장병, 급성장염, 피로회복, 차멀미, 신경통 등에 효능이 큰 과실주이다.

2) 구기자주

재료 및 분량

구기자 열매 300g, 소주 3.6리터

만드는 법

(1) 구기자는 깨끗이 씻어 꾸덕꾸덕하게 말린 후 씨를 제거한다.

(2) 씨를 제거한 구기자는 깨끗이 손질하여 항아리에 넣고 소주를 부어 밀봉한다.

(3) 어둡고 서늘한 곳에서 6개월 정도 저장하면 진홍색의 구기자주가 완성된다.

(4) 체에 걸러 깨끗한 다른 병에 옮겨 서늘한 곳에서 저장한다.

Tip

- 구기자는 알코올 도수 18~20도의 새콤한 술로 적당히 복용하면 피로회복, 정력증진, 치통, 위궤양 및 성인병 예방에 효과가 있고 허를 보하고 살을 찌게 한다.
- 술을 담글 때 구기자 잎, 뿌리 등을 함께 넣으면 더욱 좋다.

3) 국화주

재료 및 분량

국화꽃 1kg(말린 것은 800g), 소주 1.8리터

만드는 법

(1) 꽃은 송이째로 꺾어 시든 부분은 제거하고 살짝 물에 헹구어 소쿠리에 담아 물기

를 제거한다.

(2) 손질한 국화를 항아리에 담고 소주를 부어 밀봉한 후 서늘한 곳에서 3개월 정도 저장한다.

(3) 술이 다 익으면 체에 밭쳐 찌꺼기는 걸러 내고 보관할 병으로 옮겨 서늘한 곳에서 보관한다.

Tip

- 국화주는 9월 초순이 술 담그기에 가장 적절한 시기이다.
- 국화주는 두통, 식욕 증진, 소화불량, 신경통에 효과가 있는 등 다수의 약효가 있기는 하나 약효를 목적으로 마시기보다는 국화 향을 즐기는 진귀한 약술이다.

4) 당귀주

재료 및 분량

당귀뿌리 300g(말린 것은 250g), 소주 1.8리터

만드는 법

(1) 당귀는 겨울에 캔 뿌리만으로 준비하여 깨끗이 씻고 하룻밤 물에 담갔다가 그늘에서 말린다. 이때 벌레가 생기지 않도록 주의한다.

(2) 말린 당귀 뿌리는 잘게 썰어 면주머니에 넣는다.

(3) 봉한 주머니를 항아리에 넣고 소주를 부어 준 후 밀봉하여 서늘하고 그늘진 곳에 저장한다.

(4) 3개월 후면 엷은 황색의 약간 맵고 단맛의 당귀주가 완성되는데 면주머니는 건져 내고 깨끗한 병에 보관한다.

Tip

당귀는 뿌리가 굵고 윤기가 있는 것이 좋고 향이 짙고 강하며 달짝지근한 것이 좋다.

5) 포도주

재료 및 분량

포도 1kg, 설탕 300g, 소주 1.5리터

만드는 법

(1) 포도는 잘 씻어 바람이 잘 통하는 그늘에서 2~3일 정도 꾸덕꾸덕하게 말린다.
(2) 마른 포도송이를 한 알씩 따서 항아리에 설탕과 포도를 켜켜로 안쳐 하룻밤을 재운다.
(3) 소주를 붓고 밀봉하여 볕이 들지 않는 서늘한 곳에서 3~6개월 저장한다.
(4) 담근 지 3~6개월쯤 지나면 알맹이는 건져서 짜내고 술은 깨끗이 밭쳐서 다른 병에 옮겨 다시 숙성시킨다.
(5) 1~2년 후에 마시면 맛이 훨씬 부드럽다.

Tip

포도주는 인류가 최초로 마시던 술로 피로회복, 소화불량, 심장병, 허약체질 등에 좋으며 감미가 풍부하고 향기도 좋아 식사 중의 반주나 칵테일, 여성용 술로서 많이 애용된다.

6) 칡주

재료 및 분량

칡뿌리 350g(말린 것은 300g), 소주 1.8리터

만드는 법

(1) 칡뿌리를 잘 씻어 적당한 크기로 토막을 내어 꾸덕꾸덕하게 말린다.
(2) 말린 칡뿌리를 항아리에 넣고 소주를 부어 밀봉한 후 서늘한 곳에서 보관한다.
(3) 3~6개월 정도 지나면 짙은 커피색으로 칡주 특유의 맛과 향기를 지닌 술이 완성되는데, 기호에 따라 꿀이나 매실주, 모과주에 섞어 마시기도 한다.

(4) 맑은 술은 체에 걸러 떠내고 소주를 한 번 더 부어 밀봉, 저장하면 더 좋은 칡주를 얻을 수 있다.

Tip

칡뿌리는 '갈근'이라 하여 약용으로 쓰이는데, 전분이 다량 함유되어 있어 칡주에 건더기가 오랫동안 있으면 혼탁해질 수 있으므로 체에 밭쳐 맑은 술만을 저장한다.

7) 도라지주

재료 및 분량

도라지뿌리 200g, 소주 1.5리터

만드는 법

(1) 도라지 뿌리를 잘 씻어 물기를 뺀 다음 적당한 길이로 자른다.

(2) 도라지 뿌리를 항아리에 담아 분량의 소주를 부어 밀봉한다.

(3) 서늘한 곳에서 6개월 정도 저장하면 엷은 호박색의 도라지주가 완성된다.

(4) 완성된 술은 체에 걸러 건더기는 버리고 액은 깨끗한 병에 옮겨 담아 보관한다.

Tip

도라지주는 사포닌(saponin)을 함유하고 있어 쌉쌀한 맛이 특징으로 거담제, 천식, 인후염, 폐기능 보호 등의 약용주로 많이 이용된다.

8) 생강주

재료 및 분량

생강 400g, 소주 3리터

만드는 법

(1) 생강은 흙을 털고 껍질을 벗겨 깨끗이 씻은 다음 물기를 없애고 3mm 두께로 얇게 썬다.

(2) 얇게 썬 생강은 항아리에 담고 소주를 부어 서늘한 곳에서 3~4개월 정도 보관한다.

(3) 술이 완성되면 고운체에 걸러 짜 건더기는 버리고 깨끗한 병에 옮겨 담고 서늘한 곳에서 보관한다.

Tip

생강주는 엷은 호박색의 생강 특유의 향과 매콤하고 쌉쌀한 맛이 나는데 대추주와 섞어 마시면 비위(脾胃)의 원기를 늘리고, 속을 덥게 하여 습(濕)을 없애 주는 역할을 하며 특히 생강즙은 중풍 및 개에 물렸을 때 마시면 효능이 있다.

9) 오가피주

재료 및 분량

오가피잎 300g, 소주 1.8리터, 꿀 40g

만드는 법

(1) 여름에 오가피 잎과 가지를 깨끗이 씻어 2~3cm 크기로 잘게 썬 다음 그늘에서 꾸덕꾸덕하게 말린다.

(2) (1)을 용기에 담아 소주를 붓고 밀봉한 후 그늘지고 서늘한 곳에서 3개월 저장한다.

(3) 약 3개월 후 고운체에 걸러 찌꺼기는 건져 짜고 주둥이가 좁은 병으로 옮겨 꿀을 가미해 잘 흔들어 20일 더 저장한 후에 이용한다.

Tip

오가피주는 오갈피나무의 뿌리나 열매를 채취하여 이용하는데 강장, 강정 효과, 당뇨, 혈액순환, 고혈압, 신경통 등에 좋다.

10) 솔방울주(松實酒)

재료 및 분량

솔방울 1kg, 소주 3.6리터

만드는 법

(1) 적송(赤松)의 솔방울은 깨끗이 씻어 소쿠리에 담아 물기를 빼고 그늘에서 꾸덕꾸덕하게 말린다.

(2) 말린 솔방울은 항아리에 넣고 소주를 부어 밀봉한다.

(3) 솔방울은 건지지 말고 그대로 두는데 완성된 솔방울주는 짙은 호박색이고, 솔냄새가 은은하며 떫은맛과 향긋한 맛이 진하다. 또한 송진(松津) 냄새가 진하므로 6개월 이상 오래 두는 것이 순한 맛을 얻을 수 있다.

Tip

솔방울주에 사용되는 소나무는 검붉은 소나무(적송:赤松)로 다른 소나무에 비해 잎이 다섯 개가 하나로 되어 있다.

11) 등꽃주

재료 및 분량

등꽃 1kg, 소주 3.5리터

만드는 법

(1) 등꽃은 봉오리 부분을 따서 살짝 헹구어 물기를 제거한 후 꾸덕꾸덕하게 말린다.
(2) (1)을 술 항아리에 담고, 소주 3.5리터를 부어 밀봉하여 서늘한 곳에 보관한다.
(3) 1개월이 지나면 담황색으로 익는데 고운체에 걸러 찌꺼기는 버리고 호박색의 등꽃주만을 깨끗한 병에 옮겨 담아 저장한다.

Tip

등꽃주는 물기가 많은 토지, 계곡에서 야생하는 등나무의 꽃을 따 5월경에 담는 술로 피로회복, 진정, 식욕 증진, 최면과 통증을 멎게 하는 효과가 있다.

12) 마늘주

재료 및 분량

마늘 300g, 소주 1.8리터, 식초 적당량

만드는 법

(1) 마늘은 껍질을 깨끗이 벗기고 씻어 큰 것은 두 쪽으로, 작은 것은 그대로 식초에 하룻밤 담가 두었다가 건져 내어 소쿠리에 담아 물기를 뺀다.
(2) 물기 빠진 마늘을 항아리에 담고 소주를 부어 밀봉한 다음 서늘한 곳에서 1년 이상 보관한다.
(3) 술이 완성되면 엷은 호박색을 띠는데 알맹이는 거르지 말고 그대로 두고 마신다.

Tip

마늘에는 비타민 B, C가 풍부해 신진대사를 왕성하게 해 주는데 특히 마늘주는 강장, 감기, 냉증, 신경통, 변비 등에 효과가 있다.

13) 산수유주

재료 및 분량

산수유 500g, 소주 1.8리터

만드는 법

(1) 완전히 익은 산수유 열매는 잘 씻어 물기를 제거한 다음 꾸덕꾸덕하게 말려 칼로 과피를 찢어 씨를 없앤다.

(2) 씨를 없앤 산수유를 항아리에 담고 소주를 부어 밀봉한다.

(3) 그늘지고 서늘한 곳에 3개월 정도 저장하면 달고 신맛이 나는 산수유주가 완성된다.

Tip

산수유는 강정, 노화방지, 피로회복에 좋고 스테미너를 증진시키는 생약성분으로 진통의 효과가 있는 천궁(川芎)과 증혈작용을 하는 지황(地黃)을 잘게 빻아 함께 넣기도 한다.

14) 율무주

재료 및 분량

율무쌀 1kg, 대추 400g, 소주 3.5리터

만드는 법

(1) 율무쌀은 까불러서 깨끗이 씻은 후 체에 밭쳐 물기를 빼 놓는다.

(2) 대추는 깨끗이 씻어 물기를 뺀 다음 율무쌀과 함께 항아리에 넣고 소주를 부어 밀봉한다.

(3) 서늘한 곳에서 2개월 정도 저장하면 마시기 좋은 약술이 된다.

(4) 고운체에 걸러 건더기는 버리고 깨끗한 병에 옮겨 저장한다.

Tip

율무주는 이뇨, 신장결석, 고혈압, 각기병, 신경통, 결핵, 신장염에 좋다.

15) 앵두주

재료 및 분량

앵두 500g, 설탕 700g, 소주 2리터

만드는 법

(1) 앵두는 잘 씻어 물기를 완전히 제거한다.

(2) 항아리에 앵두와 설탕을 켜켜이 담고 소주를 부어 밀봉한다.

(3) 서늘한 곳에서 3개월 정도 저장해 술이 완성되면 고운체에 걸러 열매는 버리고 깨끗한 병에 옮겨 저장한다.

Tip

앵두주는 소주잔으로 하루 2~3회 정도 마시면 피로회복, 식욕증진, 조갈, 변비, 각기, 이뇨 등에 좋고 다른 과실주나 양주와 칵테일해도 좋다.

16) 쇠무릅주

재료 및 분량

쇠무릅뿌리 400g(말린 것은 300g), 소주 3.5리터

만드는 법

(1) 쇠무릅나무 뿌리는 깨끗하게 잘 씻어 채반에 널어 꾸덕꾸덕하게 말린다.

(2) (1)을 항아리에 담고 소주를 부어 밀봉한다.

(3) 서늘한 곳에서 6개월 정도 저장하면 술이 완성된다.

(4) 고운체에 걸러 찌꺼기는 걸러 버리고 깨끗한 병에 옮겨 보관한다.

17) 쥐똥나무주

재료 및 분량

쥐똥나무 열매 200g, 소주 1.8리터

만드는 법

(1) 쥐똥나무 열매는 깨끗하게 손질하여 씻어 채반에 펼쳐 완전히 말린다.
(2) 완전히 건조시킨 열매를 항아리에 넣고 소주를 부어 밀봉한다.
(3) 서늘한 곳에서 6~7개월 저장한다.
(4) 체에 걸러 찌꺼기는 버리고 깨끗한 병에 옮겨 담아 보관한다.

Tip

쥐똥나무주는 토혈, 허약체질, 각기병, 강상보호, 신기허약 등에 좋다.

18) 두충주

재료 및 분량

두충나무 껍데기 200g(말린 것은 150g), 소주 1.8리터

만드는 법

(1) 두충나무의 껍질만을 채취하여 깨끗하게 손질한 후 잘게 썬다.
(2) 잘게 썬 두충나무 껍질을 채반에 펼쳐 완전히 말린다.
(3) 항아리에 두충나무 껍질을 넣고 소주를 부어 밀봉한다.
(4) 서늘한 곳에서 4~5개월 정도 저장하면 술이 완성된다.
(5) 고운체에 걸러 찌끼기는 버리고 깨끗한 병에 옮겨 담아 보관한다

Tip

두충나무주를 담글때는 15년 이상 된 두충나무의 껍질을 사용하고 소주잔으로 한 잔씩 마시면 신경통, 근육통, 관절염, 각기병, 이뇨, 발작성 복통 등에 효과가 있다.

19) 해당화주

재료 및 분량

해당화꽃 200g, 해당화열매 200g, 소주 1.8리터

만드는 법

(1) 해당화의 꽃과 열매를 물에 살짝 헹구어 소쿠리에 담아 물기를 없앤 후 꾸덕꾸덕하게 말린다.

(2) (1)을 항아리에 담고 소주를 부어 밀봉한다.

(3) 서늘한 곳에서 3개월 정도 저장한 후 고운체에 걸러 찌꺼기는 버리고 보관한다.

20) 알로에주

재료 및 분량

알로에잎 300g, 설탕 200g, 소주 1.8리터

만드는 법

(1) 알로에잎을 깨끗이 닦아 2cm 정도로 썰어 놓는다.

(2) 썰어 놓은 알로에잎을 설탕과 함께 항아리에 켜켜로 담고 소주를 부어 밀봉한다.

(3) 약 6개월 이상 저장하고 알맹이는 걸러 내지 말고 그대로 두고 사용한다.

21) 오미자주

재료 및 분량

오미자 300g(말린 것은 200g), 소주 1.8리터

만드는 법

(1) 오미자는 물에 깨끗이 씻어 소쿠리에 담아 물기를 뺀다.

(2) 항아리에 오미자를 넣고 소주를 부어 밀봉한다

(3) 서늘한 곳에서 3~6개월 정도 저장한다.

(4) 고운체에 걸러 알맹이는 걸러 내고 깨끗한 병에 옮겨 담아 보관한다.

Tip

오미자주는 꿀이나 설탕을 가미하여 마셔도 좋고 기침, 천식, 뇌신경질환 등에 좋다.

22) 쑥주

재료 및 분량

쑥 400g(말린 쑥은 300g), 소주 3.5리터

만드는 법

(1) 쑥을 물에 잘 씻어 물기를 뺀 다음 채반에 널어 완전히 말린다.

(2) 항아리에 쑥을 넣고 소주를 부어 밀봉한다.

(3) 서늘한 곳에서 약 3개월 정도 저장하고 고운체에 걸러 쑥은 버리고 보관한다.

23) 엄나무주

재료 및 분량

엄나무뿌리 200g(말린 것 150g), 소주 1.8리터(35도)

만드는 법

(1) 엄나무 뿌리는 잘 씻어 채반에 널어 완전히 말린다.
(2) (1)을 항아리에 넣고 소주를 부어 밀봉한다.
(3) 서늘한 곳에서 6개월 이상 저장한 후 알맹이는 걸러 내지 말고 그대로 두고 사용한다.

24) 더덕주

재료 및 분량

더덕 뿌리 300g(말린 것은 200g), 소주 1.8리터, 설탕 100g

만드는 법

(1) 더덕 뿌리를 잘 씻어 물기를 뺀 다음 꾸덕꾸덕하게 말린다.
(2) 말린 더덕 뿌리를 3cm 정도의 크기로 썰어 용기에 넣고 소주를 부어 밀봉한다.
(3) 서늘한 곳에서 한 달이 지나면 설탕을 넣어 섞어 주고 다시 6개월 이상 저장한다.
(4) 더덕술이 완성되면 거르지 않고 알맹이를 그대로 두고 사용해도 좋다.
(5) 술이 되직해지고 곰팡이 막이 생기기 시작하며 찍어 먹어 보아 단맛이 나면 술이 다 익은 것이다.
(6) 완성된 술을 물에 타서 마시기도 한다.

Tip

더덕주는 주로 더덕을 말려 사용하는데 생더덕일 때는 보통 더덕의 5배 분량의 술을 넣어야 하고 3개월이 지나면 마실 수 있으나 최소한 6개월 이상은 숙성시켜야 제 맛과 효과가 있다.

25) 다래주

재료 및 분량

다래 1kg, 소주 1.8리터

만든는 법

(1) 완전히 익지 않은 다래 열매를 살짝 씻어 소쿠리에 담아 물기를 제거하고 꾸덕꾸덕하게 말린다.

(2) 말린 다래를 항아리에 담고 소주를 부어 밀봉한다.

(3) 서늘한 곳에서 2~3개월 정도 저장하면 호박색의 잘 익은 다래주가 완성된다.

(4) 체에 거르지 않고 알맹이를 그대로 두고 사용해도 좋다.

Tip

다래는 9~10월경에 맛이 시고 단 노란색의 열매를 따 술을 담그는데 피로회복, 보혈, 건위, 병후회복 등에 효과가 있다.

참고문헌

1. 고승태, 성공하는 음식장사, 청목미디어, 1997
2. 김만조, Hi kimchi 작은 김치 이야기, 1024think, 2002
3. 김성옥 외 2인, 외식사업의 창업과 프랜차이저, 도서출판 효일, 2004
4. 김하진, 김하진의 365일, 밥반찬, 웅진닷컴, 2003
5. 박건영 · 최승주, 몸에 좋은 된장요리 65, 리스컴, 2003
6. 서상호 외 8인, 세상에서 처음 맛보는 퓨전 天國, 디자인 하우스, 2000
7. 이진랑, 세상에서 가장 맛있는 보약 된장의 달인들, 지오북, 2004
8. 이종호, 특허와 창업개론, 형설출판사, 2003
9. 이춘자 · 김귀영 · 박혜원, 김치, 대원사, 2001
10. 이효지, 한국의 김치문화, 신광출판사, 2000
11. 이효지, 한국음식의 맛과 멋, 신광출판사, 2005
12. 염초애 · 장명숙 · 윤숙자, 한국음식, 효일출판사, 2002
13. 요리 · 한국의 맛 연구회, 건강밑반찬, 동아일보사, 2004
14. 원융희, 맥酒 이야기, 학문사, 2003
15. 윤서석, 한국식품사연구, 신광출판사, 1998
16. 윤숙자, 굿모닝 김치, 질시루, 2003
17. 윤숙자, 한국의 저장 발효음식, 신광출판사, 2003
18. 윤숙자 · 박석훈, 한국의 민속주에 관한 고찰(II), 한국식문화학회지, Vol.9, No. 4, 1994
19. (주)농심 www.noodle.com, 면요리 120가지, Young Jin.com Y, 2006
20. 전병길 · 최수근, 레스토랑 창업론, 지구문화사, 2003
21. 정동효 · 이한창 · 심상국 · 한복려, 콩 발효식품, 홍익재, 2006
22. 조정형, 우리 땅에서 익은 우리 술, 서해문집, 2003
23. 장명숙 · 윤숙자, 한국음식, 효일출판사, 2003
24. 조후종 · 윤숙자, 통과의례와 우리음식, 한림출판사, 2002
25. 최홍식, 김치의 담금과 가공저장, 효일출판사, 2005
26. 한국문화재보호재단, 한국음식대관 제4권 발효 · 저장 · 가공식품, 한림출판사, 2002

27. 한국조리사 연구회 7인, 7人7色 한식밥상, Woman Sense, 2006
28. 한복진, 우리생활 100년 · 음식, 현암사, 2001
29. 한복려 · 한복진, 장담그는 법, 도서출판 둥지, 1995
30. 황혜성 · 한복려 · 한복진, 한국의 전통음식, 교문사, 1998

찾아보기

가

나

다

라

마

바

사

아

자

A～Z

저자약력

◆ 황재희

단국대학교 대학원 졸업(이학 박사)
세종대학교 대학원 졸업(가정학 석사)
한국관광공사 깨끗한 식당 선정위원
국가기술 자격검정 실기시험 감독위원
한국식품영양과학회 평위원
한국식품조리과학회 평이사
강원도 지방공무원 임용필기시험 문제출제위원
현)강릉영동대학 호텔조리과 교수

◆ 정수진

성신여자대학교 대학원 식품영양학과 졸업(단체급식 전공)
강원도립대학 관광과 외래교수
국가기술자격검정 실기시험 감독위원
현)강릉영동대학 호텔조리과 겸임교수

창업 및 퓨전 음식

2008년 3월 1일 초판 인쇄
2008년 3월 8일 초판 발행

지 은 이 • 황재희·정수진
발 행 인 • 김 홍 용
펴 낸 곳 • **도서출판 효 일**
주 소 • 서울시 동대문구 용두2동 102-201
전 화 • 02) 928-6644
팩 스 • 02) 927-7703
홈페이지 • www.hyoilbooks.com
e-mail • hyoilbooks@hyoilbooks.com
등 록 • 1987년 11월 18일 제6-0045호

값 20,000원

ISBN 978-89-8489-238-5